やわらかアカデミズム
〈わかる〉シリーズ

よくわかる
高等教育論

橋本鉱市/阿曽沼明裕
［編著］

ミネルヴァ書房

はじめに

　本書は，大学・高等教育について知りたい，理解したい，という学部学生の
みなさんや社会人の方に，入門的なテキストして作られています。また大学教
育の中身については，中学や高校ではほとんど知る機会がないため，大学進学
を考えている高校生の方にも，その一端に触れる機会が得られることを期待し
て編集しています。さらに高等教育に関係する授業を担当される教員の方にも，
手軽に使っていただけるよう工夫を凝らしています。

　さて，大学・高等教育は，エリート層しか進学しない時代では，社会の指導
者層を養成してきたという点で重要であったものの，必ずしも大きな注目を浴
びる制度・営みではありませんでした。しかし，戦後の高等教育の大衆化を通
じて，多くの人びとが関わるようになり，とりわけ個人のキャリア形成におい
て不可欠の制度となるに及んで，社会の中で最も関心を呼ぶ社会制度の一つと
なってきました。また，ただ関心を呼ぶだけでなく，情報化社会，脱工業化社
会の進展を経て，知識基盤経済・知識基盤社会と呼ばれる現代においては，大
学・高等教育は経済成長や社会の発展においても大きな役割を果たす制度とな
っています。

　ひるがえってわが国をみてみると，大学・高等教育をめぐる状況は，1990年
代以降に大きく変化し，「大学改革」の時代が到来しました。1960年代から始
まった急速な高等教育の拡大期においてつねに問題とされてきたのは，受験競
争や学歴社会の弊害といったことがらでした。大学・高等教育の「選抜機能」
に関心が偏っていたといってよいでしょう。しかし，1990年前後にピークアウ
トした18歳人口が減少していく中で，大学全入つまり高等教育の供給過剰とい
う事態が出現しました。大学経営が困難になるとともに，選抜機能が低下して，
代わって教育機能そのものに焦点があてられるようになりました。さらに1990
年前後のバブル崩壊以降，日本経済はデフレが続き，世界的にもまれな低成長
が続くなかで大学の人材養成機能への期待が高まることになりました。政府の
財政難のもとで，大学・高等教育機関はそのアカウンタビリティ（説明責任）
を強く求められています。

　このように重要性を増してきた大学・高等教育ですが，そのあり方や問題は
きわめて多種多様であり，またその分析のアプローチも多岐にわたります。な
じみのない初学者の学生や社会人の方には，なかなかとっつきにくいところで
しょう。また大学の授業においても，学部学生を対象とした適切な教科書（テ

キスト）が少ないというのも悩みの種でありました。

　そこで企画されたのが本書というわけです。本書は，「大学に入るまで」「大学を出てから」「カリキュラム・内容」「構成員と組織」「システムと制度」「ガバナンスと政策」「大学の歴史：中世から20世紀前半まで」「現代の大学：20世紀後半以降」「グローバリゼーションのなかの大学」「財政・財務・経営」「研究者の世界」「大学と社会・経済」といった13の章で構成されています。各章はさらに細かく90程度の項目に分け，それぞれの項目には参考文献もついているので，関心のある方はより深く学習を進められるでしょう。読者はどこからでも読めるような構成になっていますし，テキストとして授業に利用する際には，全ての項目を網羅する必要はなく，関連のあるいくつかの項目を使って1回の授業をすることができると思います。さまざまな立場のひとが，それぞれの創意工夫で本書を使ってくださること，それが私たち編者の望みです。

　2021年3月

編　者

もくじ

SERIES
ya
やわらかアカデミズム・〈わかる〉シリーズ

よくわかる
高等教育論

大学へ行く意義

大学の意義と機能

　「大学へ行く意義」は，「行く」という主体を考えると学生にとっての意義となるが，政府にとって，企業にとって，社会全体にとってなど，立場に応じた意義もある。たとえば，経済成長は社会にとって意義はあるが，学生にとっては直接的な意義は感じられないだろう。以下では一般的な意味での大学の意義を踏まえたうえで，学生にとっての意義を考える。

　歴史的に見れば，大学は中世ヨーロッパで生まれた。中世大学は神学部，法学部，医学部で，聖職者，法律家（行政官），医師といった古典的な専門職を養成した。またイギリスの大学では支配階級となるいわゆるジェントルマンが養成された。いずれにしても大学は社会の指導者層を養成する場だったのである。

　その後大学は停滞した時期があり，特に大学の主要な役割である専門職養成機能が実質的に失われてしまった。しかし近代啓蒙主義を取り込み，近代的な専門職や専門家の養成を担うように変革し，伝統的な専門職も近代化することで近代大学として生き残ることができた。その際大学は国家の職業資格制度に組み込まれ，近代の社会制度を動かす人材供給源としての地位を確立していき，[1]現在でも政府や企業に専門的な人材を提供し続けている。

　また大学は教育だけでなく研究の場でもある。中世では科学研究はアカデミーなど大学の外で行われていたが，19世紀後半にドイツの大学が研究機能を取り込み，知識を生産・創造する機関として機能するようになった。大学で生まれる知識は国の産業，経済，安全保障から国民の健康や長寿にまで貢献し，また人々の文化・思潮さらには世界観を構成する知識の提供の場ともなった。

　現代において大学は，経済的には大学入学や学歴付与による選抜が社会の人材資源配分機能の重要な一翼を担い，人的資本形成の場として経済成長や国富の増大に寄与し，情報化社会・知識基盤経済といわれる今日，イノベーションを起こす中核拠点と期待されている。社会的には社会階層の移動（社会移動）によって社会の流動化を促すメカニズムの中核に位置し，学生文化や青年文化の拠点でもある。政治的には高等教育の大衆化とともに，多くの人に高等教育の機会を提供し，民主主義社会における市民育成の場ともなっている。キャンパスはしばしば学生運動や民主化運動の拠点として民主化を推進する場となることもある。

▷1　マクラレンド，チャールズ・E.，望田幸男監訳，1993，『近代ドイツの専門職 ——官吏・弁護士・医師・聖職者・教師・技術者』晃洋書房；望田幸男編，1995，『近代ドイツ＝「資格社会」の制度と機能』名古屋大学出版会。

❷　学生にとっての大学に行く意義

　では学生の立場からすると，大学に行く意義とは何か。学生が大学で何を得るのかについて，カレッジ・インパクト（College Impact）の研究によれば，知識，言語能力，数量的能力，論理的思考力，抽象的思考力，批判的思考力，複雑な概念の理解力，問題解決能力などの認知的な発達および多様性や多様な価値に対する寛容，文化的・芸術的活動への関心，道徳的アイデンティティ，自己アイデンティティ・自己概念・自己効力感，自己コントロール能力などの情緒的な発達がみられるとされる。こうした発達面で獲得されたものは，その後の人生を豊かにするだろうし，大学が付与する学歴と相まって経済的な恩恵ももたらすであろうから，大学に行く意義はある。

　しかし，何にせよ物事には意義があると考えれば，ことさら大学に行く意義は何かというような問いを発する必要はない。この問いが発せられるのは，わざわざお金と時間をかけてまで行く意義があるのか，という疑念があるからだろう。これについては経済学で人的資本理論というものがあり，大学教育を受けることを投資と考え，ベネフィット（便益，利益）がコスト（費用）を上回れば大学進学を選択するというモデルで，（教育投資の）収益率を推計するが，その考え方が参考になる。

　たとえば，利益には経済的（金銭的）利益と非経済的利益がある。経済的利益には，大学に進学して卒業することで，人的資本が形成され，高卒と大卒との賃金格差が生じ，その生涯賃金の増加部分が大学教育の経済的利益になる。非経済的利益には，大学教育そのものを楽しむ（教育の消費的側面），大学で得た教養がその後の人生を充実させる（将来の文化的な利益），友達ができる（人生の宝物），高い学歴・所得の結婚相手を選ぶ可能性が高い，といった利益がある。また，大学に行って自分の望む職業に就くことで自己実現の可能性が高まるとか，大学を卒業することでそれまでと違った社会に移動できるとか，学生の間のモラトリアムの期間が自分にふさわしいキャリア選択に資する可能性につながるといった利益もあるかもしれない。

　費用には経済的（金銭的）費用と非経済的費用があり，それぞれに直接費用と間接費用とがある。経済的費用には，直接費用として就学に要する費用（入学金や授業料等），自宅外生であれば在学期間中の住居費があり，間接費用としては高卒で働いていたら得たはずの所得（**機会費用**，放棄所得ともいう）がある。非経済的費用には，勉強や試験の連続で生じる精神的な苦痛やみんなが行くから行かねばならないという心理的負担がありうる。また間接的な機会費用としては，大学進学で失われた他の選択肢のキャリアでの経験（職業経験や社会経験）があるだろう。

　人的資本理論では，数値にできる利益と費用のみから内部収益率を推計し，

▷2　ガンポート，P. J. 編著，伊藤彰浩・橋本鉱市・阿曽沼明裕監訳，2015，『高等教育の社会学』玉川大学出版部，第4章など参照。

▷3　ベッカー，G. S.，佐野陽訳，1976，『人的資本——教育を中心とした理論的・経験的分析』東洋経済新報社；金子元久・小林雅之，2000，『教育の政治経済学』放送大学教育振興会。ここで挙げた利益と費用の例も概ね後者の本に倣っている。Ⅲ-7も参照。

▷4　**機会費用**
機会費用(opportunity cost)とは，ある生産要素を特定の目的に用いたために放棄された，他の機会での利用方法から得られたであろうと思われる利益の最大のものである。放棄所得ともいい，大学に進学すると，高卒で働いていたら得ていたはずの所得（在学4年間の累積所得）を放棄することになる。

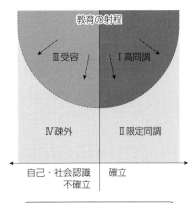

図Ⅰ-1-1　大学教育の射程と学生

出所：金子元久，2007，『大学の教育力——何を教え，学ぶか』ちくま新書，図表0-1より作成。

▷5　金子元久，2007，『大学の教育力——何を教え，学ぶか』ちくま新書；金子元久，2013，『大学教育の再構築』玉川大学出版部。

▷6　トロウ，M.，天野郁夫・喜多村和之訳，1976，『高学歴社会の大学』東京大学出版会。

収益率が市場金利より上であれば，費用をかけても大学進学を選択するのが投資として合理的であると結論する。そしてふつう収益率を推計すれば，大学教育を受けることは合理的である。非金銭的な利益を考えれば，さらに合理的である。その意味で，一般的には大学に行く意義は大いにあるといえる。

❸ 意義は学生によって異なる：意義の相対性

しかし，以上はあくまで平均的な見方である。学生には多様性があり，たとえば貧困家庭では，経済的なコストは他の家庭よりも実質的に大きくなるであろうし，富裕な家庭にとって生涯賃金の格差は実質的に大きくないだろう。非金銭的なコストやベネフィットについてはさらに個人的な違いはより大きい。たとえば，勉強の苦手な学生にとっては受験勉強のコストは大きいだろうし，職人になりたい若者にとっては大学に行くコスト（機会費用）はより大きなものかもしれない。したがって，個人が大学に行く意義を考える際には，その人の置かれた文脈を無視して一般的な議論をしてもあまり意味はない。

こうした意味で学生の多様性が重要である。たとえば金子は，大学が教育したいことと，学生がしたいことを組み合わせて，学生を次の4つのタイプに分類した[5]。「高同調型」は，大学が教育したいことと自分が学びたいことが一致しているタイプであり，たとえば研究者志望，医師志望，教師志望の学生等で，大学教育への満足度も高い。「独立型（限定同調型）」は，自分でやりたいことはあるが，大学教育には期待していないタイプで，たとえばサラリーマン志望の学生で，大学教育に関心がない。「受容型」は，自分でしたいことははっきりしないが，大学で学習することではっきりさせたいと考えるタイプで，大学教育の要求に進んで従おうとするが，大学が期待に沿わねば不満は高まる。「疎外型」は，自分でしたいことがはっきりしておらず，大学での学びにもあまり関心がないタイプであり，サークルや大学外の活動にも行き場を求められない学生で大学もその実態を把握できない（図Ⅰ-1-1）。日本では高同調型は3割程度で，受容型と疎外型が増えているといわれる。高同調型の学生はあたりまえに大学に行く意義があると理解しているのに対し，受容型の学生は大学の意義を期待するが，独立型や疎外型の学生には大学の意義はよく見えない。

❹ 高等教育の大衆化と職業レリバンス

こうした学生の多様化の背景には，いうまでもなく高等教育の大衆化がある。マーチン・トロウによれば，高等教育はエリート型（在学率15％まで）からマス型（在学率15～50％まで），さらにユニバーサル・アクセス型（在学率50％以上）へと進む[6]。当然ごく一部が大学生になる場合と比べれば，多くが大学に入学す

るような時代では学生の多様性は増大する。出身家庭も学力も多様になるし，自己に対する理解も社会に対する理解もそれらの度合いも多様になるであろう。多様になれば，先に見た高同調型以外の独立型，受容型，さらには疎外型が増えても不思議ではない。

　他方で，高等教育の大衆化は産業構造や就業構造の変化とともに進展する。もともと大学の役割は先に述べたように専門職や専門家の養成であったが，高等教育の大衆化は大卒を増やし，労働者の高学歴化をもたらした。経済成長は成長に必要な人材養成を要求し，産業構造の変化，たとえば第一次産業から第二次産業，さらに第三次産業への変化は，事務職やサービス業の需要を増大させ，第三次産業に大卒が就業するようになった。専門職や専門家でなくても大卒という高学歴を有するようになった。さらには技術革新などによる産業の急速な変化は，大学教育で得られる知識を急速に陳腐化させるようになる。次第に大学で学ぶ知識内容は職場で必要な知識やスキルとは必ずしも結びつかなくなっていった。長期勤続をベースにした内部労働市場や企業内教育訓練が整っていた企業が，大学に即戦力を求めず，大学教育と職業との関連性に無関心であったことも，大学教育と職業との距離を大きくする要因となった。

　かつて，たとえば法学部は官僚や弁護士，医学部は医師，工学部は技術者，教育学部は教師，理学部や文学部は中等教育機関の教師，経済学部は経営者，という具合に学部名称はそのまま専門的な職業と結びついてイメージすることができたが，いわゆるサラリーマン（会社員）の増加でこうしたイメージは次第に持てなくなっていった。大学教育の職業的なレリバンス（関連性，適切性）がよく見えなくなってきたのである。もちろん，いまだに医師，弁護士，教師など大学教育と職業との関係が見えやすい職種はあるが，学生の多くが企業のサラリーマン（会社員）となり，学部名称と職業との関係も曖昧になると，必然的に大学教育の意義が見えにくくなった。大学教育と職業とのレリバンスが複雑化したために大学の意義を見いだし難い学生が増えるのも無理はない。

　このような本質的な問題があるなか，より多くの学生に大学を意義あるものとするには，大学側が，大学教育の「射程」（どのような学生の育成を目標とし，どの程度の幅の学生に積極的な影響を及ぼすことが意図されるのか）を広げ，学生の学習への関与（engagement）を促すことが大事である。そして同時に学生は，自分自身は何者か，社会はどうなっているのか，自分を社会でどう位置づけることができるのか，自分には何ができるのか，といった「自己・社会認識」を深める必要がある。それが学びへの意欲や興味を形成し，大学へ行く意義を見出すきっかけとなるだろう。

（阿曽沼明裕）

▷7　▷5の文献。

▷8　▷5の文献。

（参考文献）
金子元久・小林雅之，2000，『教育の政治経済学』放送大学教育振興会。
金子元久，2007，『大学の教育力──何を教え，学ぶか』ちくま新書。
ガンポート，P. J. 編著，伊藤彰浩・橋本鉱市・阿曽沼明裕監訳，2015，『高等教育の社会学』玉川大学出版部。
児玉善仁編集委員代表，2018，『大学事典』平凡社。

高等教育研究史

① 高等教育研究の成立と発展

　高等教育研究は,「academic field（研究分野・領域）」として理解されることが多い。これは，一定の理論と体系的な知識や方法論を特徴とする discipline（学問体系）というよりは，社会科学を中心としたさまざまな分野の学際的な方法論や洞察を，高等教育という特定の対象や問題に活用する応用的な領域であることを意味する。

　大学（広く言えば高等教育）は20世紀に入るまで，ごくわずかの限られたエリートのみがアクセスできる，そしてまたそれゆえにエリートのみが関心を引く制度や機関であった。したがって，こうした時代には，大学についての問題が認識されることはなく，また研究対象とされることも少なかった。しかし，本書で解説されるように，大学（高等教育機関）は，第二次世界大戦後，全世界的に広く国民に開放されるようになっていく。大学はこの「大衆化」のプロセスとともに経済社会の発展において重要な能力（知識・スキル）を養成し，また人々はその修了証（学歴）によって社会的移動が可能になる。国家と社会双方にとって，大学はきわめて重要な制度と理解されるようになったのである。こうした大学観の成熟と軌を一にして，大学（高等教育機関）を対象とした研究も急増していく。つまり，高等教育研究がひとつの研究領域として立ち上がってきた（＝制度化）のである。

　以下では，「高等教育研究」の制度化の過程を追いかけながら，その背景にはいかなる「要請」があったのか，またその制度化を支えた「知識」と「組織」とはどのようなものだったのか，国際的な趨勢とわが国の特徴を軸に考察を加えてみたい。

② 国際的な展開と研究テーマ

　さて，高等教育研究のあり方は，各国の持つ高等教育システムの歴史，規模，発展形態と密接に関連しているが，その指標として，ランブレイらは，各国別に専門研究機関，学位プログラム，専門の研究雑誌などについて調査している。それによると，高等教育の研究センター・機関数については，アメリカ50，中国45，イギリス18，日本11，ドイツ8，カナダ7，オーストラリア5（以下略），となっている。大学における学位プログラムについては，各国別に見てみると，

▷1　わが国では，最近，日本学術振興会の科学研究費助成事業において「高等教育学関連」という小区分が新設されるなど，「高等教育学」という言葉が使われるようになってきている。「学」としての制度化が進みつつあるとも言えるかもしれない。

▷2　Altbach, P. G., 2014, "The emergence of a field: Research and training in higher education," *Studies in Higher Education*, 39(8), p. 1319; Kehm, B. M., 2015, "Higher education as a field of study and research in Europe," *European Journal of Education*, 50(1), p. 60.

▷3　Rumbley, L. E., P. G. Altbach, D. A. Stanfield, Y. Shimmi, A. de Gayardon, and R. Chan eds., 2014, *Higher education: A worldwide inventory of research centers, academic programs, and journals and publications*, 3rd Edition, Lemmens Media, p. 25.

表 I-2-1 高等教育研究のテーマと方法論

テーマ	方法論						計
	ドキュメント分析	インタビュー	多変量解析	概念分析	現象記述学	伝記	
ティーチング・学習		3	14		3	1	21
コースデザイン	42	43	60	13	2	16	176
学生経験	8	33	92	2		1	136
質保証	14	3	22			2	41
システム・政策	38	3	12	1			54
組織マネージメント	25	7	17	2		2	53
学術研究	15	24	27	2	1	2	71
知識と研究	8	3	3	1			15
計	150	119	247	21	6	24	567

出所：Tight, M., 2012, *Researching Higher Education* (Second edition), Open University Press, p. 26より筆者作成。

アメリカ194，中国31，イギリス13，日本6，南アフリカ4，カナダ3（以下略），また専門ジャーナル，出版物については，アメリカ101，イギリス34，日本27，中国27，カナダ9，オーストラリア9（以下略），となっている。このあと見るように，アメリカの研究体制が際立っていることがわかるが，それに次いで中国も急速に台頭してきている[5]。

　ところで，こうした組織や制度によって支えられる高等教育研究では，どのような研究テーマが取り上げられているだろうか。ケームは，タイヒラーが整理した4テーマに，新たに自ら3テーマを加えて分類している。すなわち，①量的・構造的側面（高等教育へのアクセスと入学，エリート・マス段階における高等教育システム，高等教育機関の多様化・種別，学位プログラムの期間・種類，教育と職業との連関，収入と地位，教育投資と収益率，雇用と移動など），②知識とそれに関連する側面（ディシプリンと学際的アプローチ，学術と専門職プログラム，質保証，コンピテンシーと能力，雇用と能力，教育過剰，教育・研究・カリキュラム開発との関係など），③教育・学習に関連する側面（教授・学習におけるコミュニケーション・アドバイス・動機付け・スタイル，評価と試験，学生と教員など），④制度，組織，ガバナンスの側面（計画，管理・運営，ガバナンス，権力，対立とコンセンサス，意思決定プロセス，効率と有効性，資金調達と配分など），そして最近の動向として，⑤技術移転，地域における高等教育機関の役割，高等教育と産業の関係，⑥研究，革新，創造性に関する分析，⑦ランキング，評価，卓越性，競争，エリート機関，という7つである[6]。

　具体的なテーマと方法論について，タイトは2010年に発刊された国際的な高等教育関連の学会誌15誌を対象に，それらに掲載された567論文の内容と分析方法をまとめている（表 I-2-1 参照）。研究テーマとしてはコースデザインや学生経験に関する調査分析が多く，また方法論としては多変量解析を用いた計量分析が全体の4割以上を占め（特に学生経験に関する調査研究に使われることが

▷ 4　Rumbley, L. E. et al. eds., 2014, *Higher education : A worldwide inventory of research centers, academic programs, and journals and publications, 3rd Edition*, p. 28, p. 31.

▷ 5　アジアの高等教育研究については，Jung, J., Horta, H., and Yonezawa, A., eds., 2018, *Researching Higher Education in Asia*, Springer. を参照。

▷ 6　Teichler, U., 2005, "Research on higher education in Europe," *European Journal of Education*, 40(4), pp. 450-451. Kehm, B. M., 2015, "Higher education as a field of study and research in Europe," *European Journal of Education*, 50(1), p. 66.

▷7 Altbach, P. G., 2014, "The emergence of a field: Research and training in higher education," *Studies in Higher Education*, 39(8), p. 1309.

▷8 Rumbley, L. E. et al. eds., 2014, *Higher education : A worldwide inventory of research centers, academic programs, and journals and publications, 3rd Edition*, Lemmens Media. p. 15, p. 121.

▷9 Kehm, B. M., 2015, "Higher education as a field of study and research in Europe," *European Journal of Education*, 50(1): pp. 61-62.

▷10 Rumbley, L. E. et al. eds., 2014, *Higher education : A worldwide inventory of research centers, academic programs, and journals and publications, 3rd Edition*, Lemmens Media. pp. 29-30.

▷11 [IX-1] 参照。

多い），次いでドキュメント分析（全体の４分の１）やインタビュー（２割）といった質的な方法論の研究が続いている。高等教育研究には，さまざまな分析対象とアプローチがあること，また同時にそれぞれのテーマにはふさわしい分析手法があることが見て取れるだろう。

❸ アメリカにおける研究の特徴

さて，以上のように，今日では幅広いテーマが扱われ，専門の学位プログラム提供もされているが，高等教育に関する研究がいち早く制度化され，また今日でも最も隆盛しているのは，上記のようにアメリカである。アメリカは研究者の層も分厚く，方法論的にも幅広く（特に量的調査），またそれを支える大学での学位プログラムや研究センターも数多く設置されている。

アメリカでは，1893年にスタンレー・ホールがクラーク大学（マサチューセッツ州）で高等教育に関するコースを初めて開講したと言われており，その後20世紀後半にかけて，バートン・クラーク，マーチン・トロウ，クラーク・カー，S. M. リップセットなど，錚々たる研究者を輩出してきた。また1956年にカリフォルニア大学バークレー校の高等教育研究センター設立されたは，この[7]分野では世界で最初の研究センターといわれている。また世界的にも最大規模の専門学会であるアメリカ高等教育学会（ASHE: Association for the Study of Higher Education, 1976年設立）を擁している。[8]

ところで，先に見たように高等教育研究のテーマは非常に幅広いが，しかし何に重点が置かれるかは各国の文脈や要請によって異なっている。マクロの視点から国家と大学との関連がメインとなっているヨーロッパ諸国に比べて，アメリカではミクロからミドルレベルでの研究に注力されており，対照的であることが指摘されている。[9]また，アメリカでの学位プログラムにおける主な焦点と専門分野も，他国とは大きく異なっている。アメリカ，アメリカ以外それぞれの比率を示すと，いずれの国でも，「管理・運営，リーダーシップ」（99.5，75.0）が最も多く提供されているが，アメリカでは学生問題や学生の育成に焦点を当てたトレーニングに明確な関心があり（「学生問題，学生開発」（67.7，14.5）），「学生のアイデンティティ，多様性，多文化主義（性別，エスニシティ，マイノリティなど）」（18.8，5.3），「コミュニティカレッジ，職業・技術教育」（18.2，5.3）などもアメリカに特徴的である。一方で，アメリカ以外の国々で重視されているプログラムは，「カリキュラム・指導，教育・学習」（24.5，40.8），「比較，国際研究」（24.0，44.7），「高等教育の経済，金融，ファンディング」（18.2，31.6），がメインとなっている。[10]

以上のように，アメリカにおける高等教育研究の質・量に関する特徴は，マス化・ユニバーサル化にいち早く適用できた（せざるをえなかった）ことが大きく影響していよう。[11]エリート段階としての高等教育が長く続き，また公的支出

に大きく依存してきたヨーロッパとは大きな差異が認められるのである。

④ わが国の経緯と特質

　では，わが国の高等教育研究は，欧米と比較した場合，どのような特質があるだろうか。戦前期にも大学制度に関する研究として，各大学の年史や大久保利謙『日本の大学』（1943年）などの研究はあるが，戦後の教育改革期以降，家永三郎『大学の自由の歴史』（1962年），永井道雄『日本の大学──産業社会にはたす役割』（1965年）など，大学の自治・学問の自由，産業社会における役割などさまざまな視点から，いわゆる「大学論」が数多く出版されるようになる。近代化の後発国における大学理念やあり方を問う色彩が強く，「大学史研究会」（1968年発足）はそうした関心を持つ研究者を糾合した。また，1954年設立の民主教育協会は会誌『IDE 現代の高等教育』を発行し，1979年には高等教育研究所を併設するなど，国内外の大学研究を牽引してきた。

　これらの活動は「Invisible College（見えない大学）」として研究者をネットワーク化し，中山茂，寺崎昌男，潮木守一，喜多村和之，有本章，天野郁夫をはじめとする数多くの高等教育研究者の輩出にも大きな役割を果たすこととなった。ようやく高等教育研究がひとつの研究分野として制度化され始めるのは，大学紛争を契機として1972年に広島大学に「大学問題調査室」が設置されて以降のことである。同室はわが国初の高等教育研究の専門機関であり，当初は学内共同センターでスタッフも少なかったが，その後，「高等教育研究開発センター」として全国共同利用施設へと発展していき，現在では同様の研究センターが全国に開設され，全国大学教育研究センター等協議会は37校を擁するまでになっている。こうしたセンター類増加の背景には，1990年代以降に大学改革が本格化したことがあるが，これは高等教育研究者のアカデミックポストの拡大にもつながった。高等教育研究を専門とする機関や研究者の増加によって，1997年には高等教育学会，大学教育学会（一般教育学会から改称），大学管理行政学会の3学会が設置・改組されるなど，1990年代はわが国の高等教育研究のひとつの画期となった。またこうした研究者の拠り所だけでなく，現在では多くの大学に高等教育関連の授業科目が用意され，大学院レベルの学位プログラムも6大学で提供されるまでになっている（広島，桜美林，京都，名古屋，東京，筑波の各大学）。さらに各種のテキストや学会誌なども充実して，若手研究者の再生産の構造も制度化されてきている。

　以上のように，わが国の高等教育研究は，戦後改革や60年代後半の大学紛争，90年代以降の大学改革など，時代や社会・国家からの要請を背景として大学内外の研究者の関心と耳目を引きつけつつ，また高等教育のマス化・ユニバーサル化とともに拡大，組織化されてきたと理解できるのである。　　（橋本鉱市）

アドミッション・入学

1　入試・入学者選抜・入学システム

　日本では大学の入口と言えば「入試（入学試験）」であり，学力試験の公平性や受験競争・学歴社会の問題が取り沙汰される。だが，日本のように個別大学が学力筆記試験を実施する国は珍しく，また学力試験以外の方法で選抜を行う場合も多いので，入試よりも「入学者選抜」というべきであろう。さらには，アメリカのコミュニティ・カレッジのように，実質的に選抜がなく入学者を決定する場合もある。アメリカには入学方法として「競争選抜（competitive）」「資格選抜（selective）」「開放入学（open）」という分類があるが，その開放入学に相当する。したがって入学者選抜よりも「入学システム（admission system）」と呼ぶべきかもしれない。この入学システムの機能は「高等教育機会の適正配分」，つまり誰にどのような高等教育機会を提供するのかを，本人の希望や能力，社会的な要求・制約を踏まえて決定する機能である。

2　大学入学システムを規定する制度的要因：学校教育体系

　競争選抜・資格選抜・開放入学の違いは個別機関の違いだけでなく一国全体の特徴でもある。たとえば日本は競争選抜的だが，ヨーロッパ大陸では伝統的に中等教育修了資格で大学入学者が決定され，資格選抜的である。こうした違いはどのような要因によるのか。まずは学校教育体系の違いが重要であろう。学校教育体系では中等教育で複数の学校系列をもつ教育システムを「複線型（分岐型）」と呼び，複数の系列をひとつに統合した教育システムを「単線型」と呼ぶ。

　複線型（分岐型）では，中等教育段階で大学進学コースと職業教育コースとに分かれ，大学進学コースの学校に進めば，中等教育修了資格がそのまま必要条件ではなく十分条件に近い大学入学資格になる。複線型（分岐型）では，子どもの進路は早期に決まり，高等教育を受けるための選抜は中等教育入学段階が中心となり，大学入学は資格選抜となる。これに対し，アメリカや戦後日本のような単線型では，多くの子どもたちは中等学校段階では普通教育を受けるので進路決定は遅く，大学入学時に選抜が集中する。つまり，一方で複線型（分岐型）をベースにした「資格選抜型大学入学」，他方で単線型をベースにした「競争選抜型大学入学」が想定される。

▷1　College Board et al., 2002, *Challenges in College Admissions 2000*; 舘昭，1995，『現代学校論』放送大学教育振興会。競争選抜は学力試験の相対評価に基づき，資格選抜は絶対評価に基づく。

▷2　[Ⅵ-1] 参照。

▷3　フランスのリセ，ドイツのギムナジウム，戦前日本の旧制高校等が該当する。

▷4　トロウ，M.，天野郁夫・喜多村和之訳，1976，『高学歴社会の大学』東京大学出版会。

▷5　高等教育機会の需要と供給の関係（需給関係）

③ 大学入学システムを規定する動的要因：需給関係

マーチン・トロウによれば，高等教育の大衆化に伴って，学生の選抜原理は中等教育での成績または試験による選抜（能力主義）から，教育機会の均等化原理，万人のための教育保証へとシフトし[4]，選抜から開放入学へと進む。大衆化に先んじたアメリカは単線型で，大衆化に遅れたヨーロッパが複線型（分岐型）なので，学校教育体系は大衆化を通じて入学システムを規定する。しかし直接的には高等教育機会の需要と供給の関係（需給関係）が重要となる[5]。

需要とは具体的には大学就学を希望する学生数，供給とは学生収容力，言い換えれば学生定員である。端的に言えば，需要超過になれば競争選抜になり，供給過剰になれば競争選抜は低下する[6]。開放入学は，需要超過では選抜せざるを得ないので供給過剰が前提となる。こうした需給関係は，社会構造，人口動態，経済状況，政府の高等教育政策など多様な要因に影響を受ける。

④ 大学入学システムの戦後日本的構造とその変容

戦後日本は，戦前の複線型から単線型の学校教育体系へ移行し，1960年代に進学需要が大きく増加した[7]。他方で大学側も学生定員を増やしたが，その増加は進学需要を満たさず，つねに需要超過が維持された。さらに1970年代には政府の学生定員抑制政策により需要超過は強まり，大学入学者選抜競争の激化をもたらした。1979年の共通一次試験の導入は偏差値による全国的な大学の序列化を招き，全国的に標準化した高校の教育課程も競争的選抜を促した。こうして競争選抜が戦後日本の大学入学システムの特徴となり，それは1990年頃まで続く。このため受験競争，学歴主義に対する批判も激化した。

これらの批判がありつつも，長期雇用を基に企業内教育訓練で社員を教育できるため，即戦力より基礎能力を表す学歴を重視する企業社会では，競争選抜型入学システムと学歴主義は支持された。また学歴主義は高学歴の若年労働者を生んで子どもたちに高いモチベーションと学力形成をもたらし，日本の経済成長を支えた。競争選抜型大学入学はこの「Jモード[8]」の核にあったのである。

だが，1990年代初頭のバブル経済崩壊以降，長期的デフレーションで日本的雇用慣行が崩壊する一方，18歳人口減少によって需要超過が供給過剰に移行し，定員割れと全入時代に突入した。大学は学生確保のために入試の多様化（特別選抜，AO入試，推薦入試等）や軽量化（受験科目削減）を進め，高校側も総合学習導入などゆとり教育が進み，実質的に選抜が機能しなくなって来た。

選抜機能はこれまで，人的資源の配置，高学力とその品質管理，学習へのモチベーション，高校と大学の接続などのさまざまな問題を解決するメカニズムだったが，それが機能しなくなれば，他に求めざるを得ない。問題の本質が入試から大学教育そのものに移っていると言われる所以である。（阿曽沼明裕）

については，金子元久・小林雅之，2000，『教育の政治経済学』放送大学教育振興会。

▷ 6　資格選抜型は，学校教育体系上の制度的枠組みを使って，大学入学時に教育機会の需要超過が起きないように中等教育段階で調整している（需要を絞っている）と解釈できる。

▷ 7　人口動態の変化（第一次ベビーブーム），新制高校への就学者の急増，高度経済成長を背景とした人材需要と家計所得上昇による高等教育費用負担能力の向上が原因である。

▷ 8　Jモード
学歴主義と受験体制が日本経済社会の帰結であると同時に，逆に日本経済の成長を支えるメカニズムとしても機能してきたという，その相互的な関係のことを指す。金子元久・小林雅之，2000，『教育の政治経済学』放送大学教育振興会を参照。

参考文献

阿曽沼明裕，2015，「入試改革と大学教育——選抜から教育へ」早川操・伊藤彰浩編『教育と学びの原理——変動する社会と向き合うために』玉川大学出版部。

荒井克弘・橋本昭彦編，2005，『高校と大学の接続——入試選抜から教育接続へ』玉川大学出版部。

金子元久，2000，「経済発展と大学入試——効率性と公正性」中島直忠編『日本・中国高等教育と入試——21世紀への課題と展望』玉川大学出版部。

入学者選抜方法

▷1　イギリスのGCE A レベルとは, General Cer-tificate of Education Ad-vanced Level の略であり, 中等教育修了認定である。A レベル取得は, 1 年目は AS レベル (Advanced Subsidiary Level), 2 年目は A2 レベルと呼ばれ, 各大学が個別に定めた指定科目の成績の到達をもって, 大学に出願できる。フランスのバカロレアは国家資格であり, 高等学校教育の修了を認定する。この資格を取得することによって, 原則, 大学の入学が許可される。高校技術科を対象とする技術バカロレア試験や職業高校を対象とする職業バカロレア試験もある。ドイツのアビトゥーアは, ギムナジウムの生徒が受験する中等教育卒業試験であり, 同時に大学入学資格も兼ね, そのスコアによって各大学が入学許可を与える。

▷2　中国の全国普通高等学校招入学考試 (高考), 台湾の大学学科能力測験, 韓国の大学修学能力試験, 日本の大学入試センター試験という東アジアの共通試験が一回限りの受験しか認めないのに対し, アメリカの SAT や ACT は年に複数回受験が可能なように設計されている。SAT とは Scholastic Assessment Test の略であり, アメリ

1　資格選抜と試験選抜

　入学者選抜方法には大きく分けて2種類ある。ひとつは資格選抜であり, もうひとつが試験選抜である。前者は, 中等教育修了資格や高等教育入学資格を根拠に行う選抜であり, イギリスの GCE やフランスのバカロレア, ドイツのアビトゥーアが代表例である。後者は, 1 回または複数回の試験成績を根拠に選抜する方式である。ただ, 2種類の選抜方法があり, それがそのまま2種類の選抜制度に対応するわけではない。ある一定要件を満たすことによって資格自体は得られるが, その取得のために事前に何らかのテストや成果物の提出が課され, 資格には段階評価やスコアが付与される。資格のみで合否が決まる場合もあれば, 選抜性の高い大学や学部学科ではその段階評価やスコアが合否や待機時間に大きく影響を与える場合もある。あるいは, 資格選抜の国から, わが国のような試験選抜重視の国へ留学したり, 帰国生として受験したりする場合, 資格成績と試験成績を組み合わせて合否が総合判定される場合もある。また, わが国の学校推薦型選抜や総合型選抜などでは, 語学や専門技能に関する外部検定資格などの成績も試験や他の成績資料と総合して判定する形で選抜を行う場合がある。

2　試験選抜の2類型：共通試験型と個別試験型

　試験選抜には, 全国統一的に行われる共通試験型と, 個別大学で行われる個別試験型の2類型がある。実際の選抜は, 共通試験型のみ実施する場合と, 共通試験型と個別試験型の両方を実施する場合, 個別試験型のみを行う場合がある。共通試験型といっても, その受験生は, 中国の高孝で1031万人 (2019年度), アメリカの SAT で220万人 (2019年度高校卒業生), 日本の大学入試センター試験で55万人 (2020年度) と, その規模は国によって大きく異なる。共通試験の規模は, 実施のオペレーションを考えると大きな問題であるため, たとえば, 中国の高考では, 地域ごとに複数のテスト冊子が存在する。また, 教科履修を前提とした共通試験型の試験問題の作成には, 単線型の学校体系でかつ全国統一のカリキュラムを履修した生徒の存在が欠かせない。複線型の学校体系や地方ごとに異なるカリキュラムの場合, 教科の履修を前提とした共通試験型の試験選抜が成り立たなくなるので, ①試験選抜科目を軽量化する, ②基礎基本の

確認のみに留める，③カリキュラムに依らない知能テストに近い問題を課す，④共通試験によらない選抜ルートを作る，のいずれかとなる。この問題は共通試験型試験制度のジレンマにつながる問題であり，教育が大衆化する過程で共通試験型を採用すればするほど，その受験（を前提とする教科履修）の枠組みに入りきらない生徒を高等教育機関に収容する必要が出てくるため，大学入試を多様化せざるを得なくなる，という事態を引き起こす。

❸ 多元化する測定対象能力と選抜方式

　具体的な選抜方式は，何を何で測るのか，という測定対象能力と測定用具の組み合わせの数に限定される。測定対象能力は，学力や知能などの認知的能力と意欲や性格などの非認知的能力に大きく分けられる。測定用具は，口頭試験（集団面接を含む），筆記試験，コンピュータなどの器具を用いる試験，書類審査に分類される。これらの組み合わせパターンが増えるにつれ，選抜方式は多様化しており，わが国の大学入学者選抜実施要綱（令和3年度）では，学力検査のほか，小論文，面接，ディベート，集団討論，プレゼンテーション，実技があげられている。これとは別に，調査書の内容，各種大会や顕彰等の記録，総合的な学習の時間などにおける生徒の探究的な学習の成果などに関する資料，資格・検定試験の成績などは，事前に提出された書類によって評定が行われる。回答と採点が一意に定まる客観式の学力検査以外では，ルーブリックなどの基準に基づいて評定されるものの，評定者間の信頼性が問題とされることが多い。そういった厳密な信頼性を重視することと，高等学校以下の学校への影響の双方を考慮したうえで，選抜方式については議論される必要がある。

❹ 選抜権限をめぐる問題

　わが国では，2015年の学校教育法の改正以前は，学生の入学に関する審議権は教授会に置かれていた。このことが，わが国の大学入学者選抜の位置付けを大きく決定づけていた。つまり，大学入試は教授会の専権事項であり，部局教員のみの関与が絶対であった。1963年の中央教育審議会答申で初めてアドミッション・オフィス（入試事務局）が言及され，その後，各大学に入試課や入学者選抜方法研究委員会（追跡調査を行う学内組織）が整備されていくこととなる。1985年の臨時教育審議会の第一次答申，1997年の中央教育審議会答申，1999年の大学審議会答申と再三にわたりアドミッション・オフィスの整備が謳われ，1999年に東北大学・筑波大学・九州大学の国立大学3大学にアドミッション・センターが設置され，入試専門教員（アドミッション・オフィサー）[3] が配置された。だが，大学入試の権限は依然として教授会にあり，アメリカのように入試専門教員や職員が入試の合否判定に直接関与するよりも，多くは追跡調査や広報の要員と見なされることが多い。[4]　　　　　　　　　（木村拓也）

カの非営利機関カレッジ・ボードが主催するテストである。言語能力や数理的能力を測るSAT推論試験（オプションでエッセイテストがある）と，教科に基づくSAT教科別試験の2種類がある。これとは別に，別団体が運営するACT（The American College Testing Program）もあり，こちらは，英語，読解，数学，科学（オプションで，ライティングがある）と4種類のテストがある。

▷ 3　アメリカには大学入学相談活動協会（NACAC）などの専門職団体があるが，日本でも2020年に（一社）大学アドミッション専門職協会が発足している。

▷ 4　2007年に制度設計された韓国の入学査定官制度などは，入学査定官の権限を職階ごとに段階設定し，入試に直接権限を持った教員を配置するとともに，その業務に必要な教育・訓練も同時に位置付けたところに特徴がある。日本においても大学入試センターや九州大学などの機関において入試業務に必要な研修が行われている。

（参考文献）
荒井克弘・橋本昭彦編，2005，『高校と大学の接続──入試選抜から教育選抜へ』玉川大学出版部。
木村拓也，2014，「大学入試の歴史と展望」繁桝算男編『新しい時代の大学入試』金子書房，pp. 1-35。
南部広孝，2016，『東アジアの大学・大学院入学者選抜制度の比較──中国・台湾・韓国・日本』東信堂。

高大接続

1　高大接続の背景と問題構図

　わが国において，高大接続が注目された契機は，臨時教育審議会答申（1985年～1987年）にまでさかのぼる。**能研テスト**が開始された1963年には，高等学校への進学率が66.8％，大学への進学率が12.0％，共通第一次学力試験が開始された1979年には，高等学校への進学率が94.0％，大学への進学率が26.1％と，大学への進学が狭き門であったがゆえに，受験競争の緩和を謳う大学入試制度改革が課題とされ高大接続が注目された。

　個性重視の原則，生涯学習体系への移行が謳われた臨時教育審議会答申以後，高等学校教育では，学校制度の多様化（総合学科，単位制高校，中等教育学校等）改革が進み，従来の普通科と専門学科の二系統以外の多様な学びを修了した高校生を，広く大学に受け入れるという構造的な変化が生じた。大学進学率も，2002年に40％，2009年に50％を超える状況を迎え，高大接続の問題は，単なる入試接続から教育接続へと質的に転換してきている。大学入試では，大学入試センター試験のアラカルト受験やAO入試（現在の「総合型選抜」）の導入といった入試の多様化が進み，大学教育では，大学教育へのスムーズな適応を図る入学前教育や，高等学校までの基礎学習の不足を補うリメディアル教育，大学への学びの転換を図る初年次教育などが行われるようになった。

　高等教育の大衆化を契機とした，高等学校教育の多様化に対応する大学入試や大学教育の変化は，大学教育と高等学校教育のそもそもの異質性を前提にしながら一貫性を希求するという，大きな矛盾を抱えることになる。つまり，1996年の中央教育審議会答申で述べられた「生きる力」や，2007年の学校教育法の改正で条文化された，学力の3要素のうち，「思考力・判断力・表現力等の能力」や「主体的に学習に取り組む態度」を高等学校までの教育で強調し，その延長線上で大学入試でもその評価を求めながら近年の大学入試改革は議論されてきた（2014年中央教育審議会答申）。教育目標に非認知的能力を追加する教育政策が進められるなかで，高大接続自身が測定に不向きであるという矛盾を改革では抱え込む構図となっている。

2　大学入試以外の高大接続の具体的な方法論

　大学入試以外の，教育接続としての高大接続の具体的な方法論には，①高大

▷1　能研テスト
中央教育審議会答申の38答申を元に，1963年から68年まで実施された大規模共通選抜試験であり，教科学力のみならず，進学適性能力，及び，職業適性能力を測るテストがあった。項目反応理論を援用したり，2年生版のテストを設けるなど，現在から見ても画期的な制度であった。

▷2　共通第一次学力試験では，五教科すべての受験が必須とされており，大学入試センター試験のように，必要な受験科目のみを選択して受験することを認められていなかった。

▷3　中央教育審議会『21世紀を展望したわが国の教育の在り方について』第一次答申（1996年7月19日）。

▷4　中央教育審議会『新しい時代にふさわしい高大接続の実現に向けた高等学校教育，大学教育，大学入学者選抜の一体的改革について——すべての若者が夢や目標を芽吹かせ，未来に花開かせるために（答申）』（2014年12月22日）。

連携，②飛び入学，③アドバンス・プレイスメントの3点が代表的なものとして挙げられる。

高大連携は，高校生が大学に赴くものと，大学教育が高校に赴くものに大きく二分される。前者については，1998年より高校生が大学での科目を履修しそれを高等学校で単位認定することが制度化されている。後者については，それぞれの学校の進路指導方針に基づいて高等学校の年間計画の中で大学教員が大学や学部の説明をしたり，自身の研究や教育を高校生に話すことで進路選択の一助にする模擬講義や出前講義を行ったりする。

飛び入学については，1994年からパイロット事業が始まり，1997年の学校教育法施行規則の改正を経て1998年度から飛び入学制度が創設され，満17歳以上に飛び入学を認めている。当初は数学・物理の分野に限定されていたが，2002年度より全分野に拡大されている。

アドバンス・プレイスメントは，アメリカの非営利団体であるカレッジ・ボードが運営するもので，高校生に大学レベルの講義を高校で受講させ，受講終了後は毎年5月に行われるテストを受験させ，それに合格すれば大学入学後に単位認定される仕組みである。近年では，アメリカ以外での国でも，特にアジア諸国を中心に，アドバンス・プレイスメントを導入することはグローバル化に伴う高校生の海外大学進学の準備教育として注目されている。

❸ 海外との高大接続に関する新展開

わが国の大学入学資格は，それまで外国にいた場合は学校教育で12年の課程を修了することを要件とする課程年数主義を採用しており，かつ18歳以上という年齢要件も課してきた。学生のモビリティが世界的に高まっているグローバル社会の中で，大学入学資格を有する年齢や学事歴，早期卒業に関する規定など，各国の教育制度の違い（11年の課程を有する国）が問題化され，ある国では大学入学資格があるものの，別の国では大学入学資格が認められない，という事態が生じている。2019年度より学校教育法施行規則が改正され，外国における学校教育を修了した者に対する，18歳以上の年齢制限が撤廃されたことにより，留学生や帰国生，インターナショナルスクール生には18歳未満でも大学入学する道が開かれることとなった。

わが国の大学入試においても，留学生の受け入れ人数の増加と出身国の多様化に伴い，外国での学習履歴に関する情報提供を必要とする機会が増えている。ユネスコにおいて高等教育の資格の承認に関する規約が地域ごとに定められており，ヨーロッパ（北米を含む）では1999年にリスボン承認規約が発効，アジア（豪州を含む）では2018年に東京規約が発効され，2019年には世界規約が締結された。

（木村拓也）

▷5 同様に，総合的な学習の時間などを活用して高校単位で大学を訪問し，大学教員の講義を受ける場合もある。また，オープンキャンパスなどで大学の学習を体験したりすることもある。

▷6 大学の教員が，高校の求めに応じ，高校生の課題探究活動の助言指導を行ったり，評価委員を務めたりすることもある。

▷7 2019年度現在，飛び入学を実施している大学は8大学（千葉大学，名城大学，エリザベト音楽大学，会津大学，日本体育大学，東京藝術大学，京都大学，桐朋学園大学）あり，大学院博士課程を有することが条件となっている。

▷8 この規約に基づき，日本では，2019年9月に独立行政法人大学改革・学位授与機構の中に高等教育資格承認情報センター（https://www.nicjp.niad.ac.jp/）が設立されている。

【参考文献】

荒井克弘編，2000，『学生は高校で何を学んでくるか』大学入試センター研究開発部。

荒井克弘・橋本昭彦編，2005，『高校と大学の接続——入試選抜から教育選抜へ』玉川大学出版部。

関西国際大学編，2014，『米国におけるAP（アドバンスプレイスメント）の実施状況等に関する調査研究』平成25年度先導的大学改革推進委託事業調査研究報告書。

受験競争・受験体制

受験競争の変遷

　受験競争は小中高の段階でもあり得るが，ここでは大学入試をめぐって受験者間でおきている競争を中心に考える。**図Ⅱ-4-1**は18歳人口が戦後1回目のピークを迎えた1966年，2回目のピークの1992年，その間に底を打った1976年，私大の定員未充足が目立ち始めた1999年，そして大学進学率が50％を超えた2009年について，高卒者数・大学志願者数・大学入学者数および大学進学率の推移（いずれも男女計）をあわせて示したものである。

　大学志願者数と入学者数の乖離が大きくなれば受験競争が激化すると考えられるので，この図からは第二次ベビーブーマーが進学期を迎えた1992年頃に競争が最も激しかったといえる。このとき両者の差は37.8万人に達していた。ただし第一次ベビーブーマーの進学期であった1966年の両者の差がそれより少ない22.0万人であったといっても，進学率はわずか11.8％であり，学力が高いエリート間での競争は熾烈であった。当時は「受験戦争」とまでいわれ，後に「詰め込み教育」とともに批判の対象とされた。

　ところが1990年代初頭を境に，受験競争に変化が生じる。2009年に差が6.0万人にまで縮小し，選り好みしなければ数の上では大学進学はかなり容易になった。大学は受験生を選ぶ側から選ばれる側に変わり，やがて「大学全入時代」が到来するとも言われる。入試の方法も，国公立大学では従来通り学力試験が中心の一般入試であるのに対し，私立大学では推薦入試やAO入試などでの入学者が半数に及び，現役生の比率が高まっている。

受験体制の確立と継続

　高度経済成長が続いて受験者が急増した1960年代には，受験競争の激化や入試における難問奇問の続出が問題となっていた。そこで1979年度から国公立大学では各大学個別の入試のほか，共通一次試験が課されるようになった。これは当初，各大学の二次試験での面接・小論文あるいは高校の調査書などと組み合わせて学力検査に偏らない多様な選抜を目指して導入された[1]。しかし結果的にこの頃から入学難易度を示す偏差値が大学の選択に際して多用されるようになり，私大にも適用されたため，すべての大学の序列化が進行した[2]。

　偏差値を算出する根拠となるデータは模試から得られるので，それを実施す

　　▷1　永井道雄，1983，『教育の流れを変えよう』朝日新聞社。

　　▷2　中井浩一，2007，『大学入試の戦後史——受験地獄から全入時代へ』中央公論新社の7章，中村高康，2011，『大衆化とメリトクラシー——教育選抜をめぐる試験と推薦のパラドクス』東京大学出版会を参照。

る大手予備校の存在感が浪人生の
みならず現役生にとって増すとと
もに，通信添削などいわゆる受験
産業が拡大した。1990年度以降は
共通一次試験が大学入試センター
試験へ移行し，1987年度から始ま
っていた国公立大学の複数受験の
ほか私大の参加が可能になるなど
制度に変更が加えられた。もっと
も，偏差値を中心に大学を選ぶと
いう受験体制の骨格は，今日まで
あまり変化していないようにみえ
る。

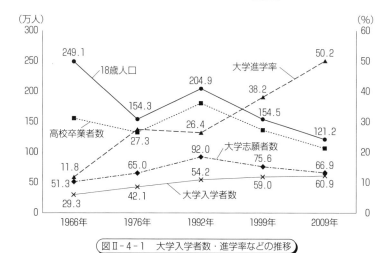

図Ⅱ-4-1　大学入学者数・進学率などの推移

出所：文部科学省，2013，「大学入学者選抜，大学教育の現状」（同省ホームページ）。

③　なぜ受験競争が続くのか

　それでは程度の差こそあれ，なぜ受験競争は続くのであろうか。1990年代頃
までは「よい大学に入れば，よい就職ができる」という希望を抱いて，それ以
降は「せめて大学に入らないと，就職ができないのでは」という恐怖から競争
が続いた。いずれにせよ日本が学歴社会だから，というのがひとつの答えであ
る。とはいえ，学歴社会であるすべての国で受験競争がおきているわけではな
い。

　その背景のひとつは選抜の方法にある。欧米では入試のほか，高校（相当）
段階での学習の到達度を測定する「資格試験」の結果を総合して，大学の合格
者を決める国が多い。なかにはイギリスのように中等教育のなかに進学予備課
程を設置している国もある。もうひとつは合格基準である。大学志願者数が同
じでも，合格者数が多ければ競争は緩和される。欧米では，入学後の成績管理
を厳格にして基準に満たない者は容赦なく落第あるいは退学させる代わりに，
入試の合格基準を緩くする傾向がある。つまり日本のように一発勝負の入試
（だけ）ではなく，かなりの時間をかけて大学教育を受ける資格のある者を多
めに選抜しているため，受験競争がおきにくいと考えられる。

　もちろん欧米の方法が最善かどうかは議論があるが，日本は選抜が入試に集
中する受験体制が続いていることを忘れてはならない。日本の大学生は中高生
より学業に当てる時間が短い。大学受験が終わったら勉学から離れるというの
が，長い目で見たとき本人にとっても社会にとっても本当に望ましいことなの
か。受験競争というと受験前の小中高での弊害に目が向きがちだが，入試とい
う一時点のみならず，高大接続や大学教育，社会的選抜などより広い視点から
の考察が重要であろう。　　　　　　　　　　　　　　　　　　（平沢和司）

▷3　学歴社会に関しては
Ⅻ-8 参照。

▷4　荒井克弘・橋本昭彦
編，2005，『高校と大学の
接続──入試選抜から教育
接続へ』玉川大学出版部。

▷5　これはいわゆる「入
学がしやすく卒業が難しい
大学」であるが，日本で名
の知れた海外の大学は，実
際には「入学も卒業も難し
い」ことが多い。

▷6　日本でも推薦入試や
AO入試など高校時代のふ
だんの学習成果を評価する
入試もあるが，欧米では学
力重視の入試でもそうした
評価をあわせて行っている
ことに違いがある。

▷7　総務省2016年社会生
活基本調査における「学
業」の時間数。

▷8　高大接続とは，高校
以前と大学以降の異なる目
的を持った教育課程を接合
する制度上の仕組みを指す。
Ⅱ-3 参照。

5 機会均等・進路選択

1 教育の機会均等を問うためには

　高等教育の機会は均等か。その程度を判断するには，進路選択の実態を明らかにする必要がある。なぜ機会均等と進路選択は密接に関わるのだろうか。

　戦前の日本では，女子の大学入学は制度的に難しかった。女子高等師範学校や専門学校の卒業者などに入学を認める場合に限られたためである。今では法律において，教育上「差別」を受けないとされる[41]。だが戦後も女子の大学進学率は，男子よりずっと低い時期が続いた。社会科学系や工学系の卒業生を多く雇用する大企業は，長期勤続による技能蓄積を重視する。特に，男女雇用機会均等法（1986年施行）以前は，結婚や出産による就業中断が起こりうる女性の昇進が難しい慣行もあった。そのため女子生徒の側も，4年制大学以外の進路を選ぶことにもなる。

　つまり，法制度上はアクセスの平等があっても，ある雇用慣行の下での将来を見通し，自ら進路を選択する（させられる）ことにより，進学率の差は生じうるということだ。よって制度的障壁の有無にかかわらず，進路選択の実態を検討することを通して，機会均等の実現度合いを問う必要がある。

2 進路選択のメカニズム：教育経済学による説明

　もちろん教育機会の平等と，結果（ここでは進学率）の平等は異なる。だが，「機会均等性」を立証するには，人々の進路選択に影響するさまざまな条件（性別，所得，親の学歴，出身地域…）を揃えた後も格差が残るかどうかを調べて，事後的に判断するしかない。それには成育歴を含む膨大な情報が必要となり，現実には困難である。結局，同時点での集団（例：所得階級）間の教育達成（進路選択の結果）の比較を通じて，機会の均等度を論じる場合が多くなる。

　では，大学進学という投資には，将来の経済的なリターンが見込まれるはずなのに，なぜ進学する人と，しない人に分かれるのだろうか。教育経済学（人的資本理論）の確立に寄与したベッカーは，こう説明する[44]。

　まず，横軸に教育投資の量（例：教育年数），縦軸に限界収益率（教育投資量を追加的に1単位増やした場合に得られる利回り）を取る図を考え，2本の曲線をX状に書き込む。右下がりの「限界収益率曲線」は，教育を多く受けるほど，追加の「1単位」から得られる収益は減っていくことを表す。一方，右上がりの

▷1　旧帝大や官立大は旧制高校（男子のみ）卒業者の進学先であり，私立大も旧制中学（男子のみ）から予科に入る者が多かった。

▷2　「すべて国民は，ひとしく，その能力に応じた教育を受ける機会を与えられなければならず，人種，信条，性別，社会的身分，経済的地位又は門地によって，教育上差別されない」（教育基本法第4条第1項）。

▷3　Ⅲ-7 参照。

▷4　企業の設備投資行動を説明するマクロ経済学の新古典派投資理論と同型である。

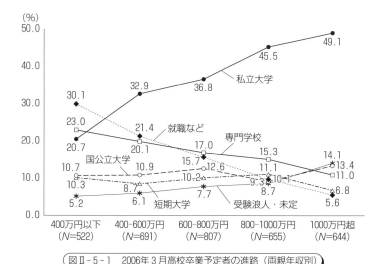

図Ⅱ-5-1 2006年3月高校卒業予定者の進路（両親年収別）

出所：東京大学大学院教育学研究科大学経営・政策研究センター，2009，「高校生の進路と親の年収の関連について」等より作成。

「限界費用曲線」は，より多く教育を受けると「1単位」あたりの費用も高まることを示す（図の縦軸は借入の限界利子率も表す）。個人ごとに2曲線の位置は異なり，最適な教育投資量と，限界収益率（利子率）は両者の交点で定まるため，「進学するか否か」の選択も異なるのだ。

　どういうことか。高学力の生徒ほど，選抜性の高い大学に入学でき，将来の大企業への就職などに有利だから，同じ投資量でもより多くの収益が期待できる（限界収益率曲線がより右側に位置する）。一方，家計所得が多いほど，教育資金の借入に要する利子率は低く，投資費用は少なくなる（限界費用曲線がより右側）[5]。こうして，2曲線がより右側にある人ほど投資量が多い（進学の確率が高い）ことが予想される。

　実際，2006年3月に高校を卒業した人に調査した結果では，両親年収が計400万円以下の場合，4年制大学への進学率（国公私立計）は約3割だが，1000万円超では6割を超え，所得が高いほど進学率も高い傾向がある。ただし，学力で選抜される国公立大学への進学率は，どの所得階級も約10%だった（図Ⅱ-5-1）。この国公立大学進学のように，所得（出自）による進学率の差が小さい状態を，高等教育における機会均等のひとつの定義とすることができる。

　現実には，所得以外の属性による教育機会の実質的不平等も見られる。これはどう説明できるのか。ベッカー自身は，人種や性別に基づく雇用主からの差別がある場合や，農村部など卒業後の就職先が限られる地域は限界収益率が小さくなり，教育投資量が少なくなるとした。教育投資の回収期間は引退までの長期に渡るから，将来手にする収益を，より少ない現在価値で評価する人もいる[6]。こうした「現在志向」は親が非大卒ほど強いとすれば，親学歴による「進学格差」[7]も，経済学的枠組みで説明できる[8]。　　　　（朴澤泰男）

▷5　自己資金で賄うにせよ，それを貸し出していれば得られたはずの利息も費用に含まれる。

▷6　Ⅲ-7 参照。

▷7　アメリカでも，両親とも4年制大学を卒えていない「第一世代」学生の進学や学業面の困難，中退の問題など，親学歴の重要性に関心が高まっている。

▷8　親学歴による差は，家庭の文化的背景の影響とも解釈できる。機会不平等や進路選択の社会学的説明については，平沢和司，2014，『格差の社会学入門──学歴と階層から考える』北海道大学出版会が的確な見取り図を与えている。

参考文献

ベッカー，G.，佐野陽子訳，1976，『人的資本──教育を中心とした理論的・経験的分析』東洋経済新報社。

荒井一博，1995，『教育の経済学──大学進学行動の分析』有斐閣。

金子元久，1987，「教育機会均等の理念と現実」『教育社会学研究』42：pp. 38-50。

小林雅之，2009，『大学進学の機会──均等化政策の検証』東京大学出版会。

東京大学大学院教育学研究科大学経営・政策研究センター，2009，「高校生の進路と親の年収の関連について」。

矢野眞和，2015，『大学の条件──大衆化と市場化の経済分析』東京大学出版会。

就　職

❶ 日本における新規大卒者の採用・就職活動の特徴

　日本における新規大卒労働市場の特徴として，求人（雇用主）側からみれば「①在学中の選考」「②専攻分野不問の採用」「③仕事（職務）内容を指定しない採用」「④年１回の一括採用」を指摘できる。求職（学生）側からみれば大学３年生の後半から就職活動が本格化し，大学で何を専攻し学んだかはあまり重視されず，文系と理系，総合職と一般職といった区分はあるものの実際にどんな仕事をするかははっきりしないまま内定を得て，毎年４月に新入社員が一斉に入社する。われわれにとってはおなじみの光景だが，世界に目を転じてみると決して標準的とはいえない。

　欧米では仕事（Job）を中心とした「ジョブ型」雇用が主流とされる[1]。そこでは，仕事の内容と範囲が明確に定義され，仕事に必要な技能や資格をすでに習得した者を，その職務が会社にとって必要なとき，必要な期間だけ雇う[2]。したがって採用は，前任者が離職してポストが空いたときに，職務に近い分野を大学で専攻した者から行うので，基本的に通年採用であり，就職活動は大学卒業後に行われることが多い。

　それに対して日本では，人を中心とした「メンバーシップ型」雇用が主流である。日本の大企業では，数年おきに各社員の職務を変えることが多いので，職務を特定した採用はしにくい（→③）。それぞれの職務に必要な技能はおもに入社後のOJT[3]によって習得させる。そのため雇用主は入社時には各職務に要する専門的な知識や技術は必ずしも求めず（→②），大学卒業まで採用活動を待つ必要もない（→①）。入社後の訓練は一斉に行うほうが企業にとって効率的なので，一括採用が好まれる（→④）。

❷ 日本的な雇用慣行の明暗

　こうした雇用慣行は，雇用主と学生にとってメリットとデメリットがあり，学生の間でも利害が異なる。第一に，日本では若年者の失業率が欧米諸国に比べて明らかに低い。欧米では学卒後入社までの求職期間は失業者と数えられるのに対して，日本では多くの者が卒業と同時に就業できるからである[4]。これを学校から職業への間断のない移行という。ただしその裏返しとして，いったん移行に失敗すると不況が原因であっても「問題のある者」と見なされがちであ

▷１　「ジョブ型」「メンバーシップ型」という呼称は濱口による。濱口桂一郎，2013，『若者と労働──「入社」の仕組みから解きほぐす』中央公論新社。

▷２　欧米でも長期雇用されている被雇用者はいるが，日本に比べて解雇規制が弱い国が多い。水町勇一郎，2019，『労働法入門』［新版］岩波書店の第３章を参照。

▷３　OJT
OJT（On the Job Training）とは職務に就かせながら行う技能訓練。これに対し職務から離れて行う研修や技能訓練を Off-JT という。

▷４　清家篤，2013，『雇用再生──持続可能な働き方を考える』NHK 出版，第３章を参照。

る。とくに卒業がたまたま不景気の時期にあたって就職できなかった者などに
は不利益が大きい。実際，バブル経済が崩壊した後の1990年代半ばから10年間
は「就職氷河期」といわれ，その前後の時期に比べて大卒者の就職率が明らか
に下がり，フリーターや無業者が増加した。[5]

　第二に，学校歴（卒業大学名）による差異が大きい傾向にある。[6]雇用主は
OJT の費用が安い者を採用しようとするが，労働市場は情報が不完全なので，[7]
安価にそうした者を選抜するのは難しい。そこで受験勉強と OJT は共通性が
高いとみなし，訓練費用や職務能力の代理の指標として，学校歴を用いる。そ
のため入学難易度の高い大学の学生ほど，人気の高い大企業へ就職しやすくな
る。[8]けれども**統計的差別**[9]が生じることは避けられない。

　第三に，なぜ採用されなかったかが不明の場合が多い。ジョブ型であれば，
職務に必要な技能や資格によって採否の基準が明確である。それに対してメン
バーシップ型では，長期雇用を前提としているので，「人柄」や「一緒に働き
たいか」といった言語化しにくい要因に左右されやすい。

③ 日本型大卒採用・就職の課題

　以上は典型的な大企業の正規職をモデルとした説明であり，特定の職種（た
とえば専門職）や小企業などには該当しない部分もあるが，こうした雇用慣行
は「日本的経営」とうまく合致していたため，戦後長期間にわたって続いてき
た。[10]しかしさらに検討すべき課題がある。

　ひとつは学生の応募が大企業に集中することである。中小企業には有名でな
くても優良な会社があり売手市場にもかかわらず，大企業を目指す学生が多い。[11]
文系を中心に今日の主流である自由応募でも，インターネット一本槍の就活で
はなく，大学の就職課など第三者が就活を適切に水路づけるさらなる取り組み
が期待される。

　もうひとつは就職活動が早期化・長期化して，大学教育への負の影響がもは
や看過できない状況に達していることである。労働市場に一定の秩序をもたら
していた**就職協定**[12]が廃止されて以降，近年ではインターンシップを含めると就
活は 3 年生の夏頃から 1 年以上に及ぶ場合も少なくない。この間，大学教育は
開店休業に近く，学生の心理的・経済的負担も大きい。大学は学生の人的資本
（技能）を高めているにもかかわらず卒業のかなり前に，大学での成果（成績）
をほとんど考慮せずに，アルバイトやサークル活動でのエピソードを面接で問
うような選考がはたして適切なのかどうか。教育と職業が（ゆるやかに）関連
していることは重要だが，就職のためだけに大学教育があるわけではない。採
用・就職のあり方を再考する時期に来ているといえるだろう。　　（平沢和司）

▷5　橋本健二，2020，
『アンダークラス2030──
置き去りにされる「氷河期
世代」』毎日新聞出版。

▷6　学校歴については
Ⅻ-8 を参照。

▷7　採用において情報が
不完全とは，学生の職務能
力が雇用主にはわからない
ことなど指す。

▷8　平沢和司，2010，
「大卒就職機会に関する諸
仮説の検討」苅谷剛彦・本
田由紀編『大卒就職の社会
学──データからみる変
化』東京大学出版会，pp.
61-85。

▷9　**統計的差別**
採用における統計的差別と
は，能力が高くても選抜度
が低い大学出身のため採用
されない，あるいは選抜度
の高い大学出身でも実際に
は能力が低い学生を採用し
てしまうことなどを指す。

▷10　日本的経営は長期雇
用・年功型賃金・企業別労
働組合を特徴とするとされ
る。

▷11　毎年の「リクルート
ワークス大卒求人倍率調
査」を参照。

▷12　**就職協定**
就職協定とは会社訪問や採
用内定の時期などに関して，
経営者団体と大学側が交わ
した取り決めである。1953
年に始まり，何度か改定さ
れた後，1996〜1997年に廃
止された。

大学教育のレリバンス

▷1　本田由紀，2000，「教育内容の『レリバンス』問題と教育評価——社会システム論の視点から」長尾彰夫・浜田寿美男編『教育評価を考える』ミネルヴァ書房，pp. 153-185。

▷2　金子元久，2007，『大学の教育力』筑摩書房。

▷3　シグナリング理論は，求職側は能力をわかっている一方，雇用側は直接能力を知ることはできないが学歴は容易に確認できるため，求職側の能力を示すために学歴を利用するという考え方，スクリーニング理論は，優れた能力や特徴を有した者を効率的に選抜するため，雇用側がふるいとして学歴を用いるという考え方である。

私たちの多くが大学卒業後は就職する。求人倍率や就職率が毎年のようにニュースとなり，政府が働き方改革やワークライフバランスを声高に唱えるのも，仕事というものが生活の大きな部分を占めるからに他ならない。レリバンスというのは，二者間の関連性や適合性，妥当性を指す言葉だが，高等教育の文脈で使われるようになったのは，特に大学の出口との関わりからであり，1990年代以降，職業的レリバンスという用語を見聞きすることが増えた。教育のレリバンスには，即時的，市民的，職業的の３つがあるとされ，大学教育のレリバンスにも該当するが，ここでは職業的レリバンスを中心に述べる。[1]

1　大学教育と職業の関係：古くて新しい問い

大学教育と職業に関する哲学的・理念的な議論には数世紀の歴史があり，経済学や社会学でも半世紀前から注目されてきた。前者に関しては，学問的な知識体系を基盤とする学問的専門職を考える専門職モデル，職業を志向しない精神・人格形成を通じた知的卓越性が職業にも寄与するという教養モデル，知識よりも真理に至る科学的な認識態度が職業に通じるという探求モデル等が議論されてきた。後者に関しては，人的資本論，シグナリング理論，スクリーニング理論等がある。これらは学歴と職業・賃金との対応関係の説明を試みたもので，大学教育が職業に役立つか否かを論じている。人的資本論は大学教育を通じて生産性が向上すると考えるのに対して，シグナリング理論やスクリーニング理論は，大学教育が職業に役立っていなくても学歴と職業・賃金との対応が生じるメカニズムを明らかにしている。[2][3]

1990年代以降に大学教育の職業的レリバンスが注目されるようになったのは，大学進学率が上昇する一方，大卒就職率は悪化するという双方の変化があったためである。わが国の大学進学者は，マーチン・トロウのいうマスからユニバーサル段階へと拡大し，学生の学力や学習意欲の多様化が進んだ。他方で，バブル経済崩壊後の長期的な経済停滞に伴い，大学生の就職が社会的・政治的にかつてなく問題化した。近年は，若年人口の減少による大学経営問題も誘因として加わり，大学教育の職業的レリバンスへの関心はさらに高まっている。

2　学問と仕事をめぐる能力対応：職業専門性と汎用性

大学教育の職業的レリバンス論は，大学教育で付与される能力が仕事で要求

される能力と何らかの関係を持つことを前提に，両者の間に想定される対応を論じてきたが，現時点で理論として確立しているとは言い難い。なぜならば，学歴と職業や賃金との対応は客観的な事実であるが，能力の対応があったと遡及的に理解・解釈するしかなく，よく利活用される卒業生調査や人事担当者調査に依拠した考察では，主観的分析の域を出ないからである。ただし一般的な括りでいえば，職業専門的レリバンスと汎用的レリバンスとして論じられることが多い。相対的に前者を想定し易い学問分野と，後者を想定し易い学問分野とが存在するからである。

　学習する専門的な知識・技能が職業に直結すると想定される，医師や法曹，教員養成等のプログラムは，職業専門的レリバンスが該当するケースである。職業専門的な知識・技能はさらに，実践・応用的なものと基礎・基盤的なものとに分けられる。前者はすぐに使えるが陳腐化しやすく，また現場での習得がより容易でもあるため，大学教育においては当該分野に通底する基礎・基盤的な学習が有効であるとされてきた。しかし，その他の多くのプログラムは，在学中に学習する専門的な知識・技能が，職業に必ずしも明確に直結していない。そのため，専門的な知識・技能を学ぶ過程で身につく論理的思考力や分析力が，専門分野の文脈を越えて（転移して）職場で機能するという考え方があり，これが汎用的レリバンスの考え方である。

❸ 「大学教育は職業に役立つ・役立つべき」を越えた議論・探求を

　大学教育の職業的レリバンスを論じる際には，具体的な能力項目を挙げるケースが多く，そうした個別能力はコンピテンスあるいはコンピテンシーと呼ばれることもある。2006年に経済産業省が提言した「社会人基礎力」や，2008年に文部科学省が提言した「学士力」等がそうである[4]。これらは特定の職業を想定したものではないため，先の表現に従うならば，汎用的レリバンスに近い。さらに2010年には大学設置基準の第42条第2項に，社会的・職業的自立に関する指導等及び体制に関する内容も追加された[5]。

　大学教育のレリバンス，とりわけ職業的レリバンスは，政策的にも強く唱導され大学が他律的に誘導されてきただけでなく，大学経営やアカウンタビリティといった観点から大学が自律的に取り組んできた面も少なくない。ただし，多くの議論や実践がある一方で学問研究として確立していないのは，扱いが難しい能力というものと対峙しているからでもある。現在，大学教育は職業に対しどう役立ち得るかを越えて，役立つ・役立つべきという風潮が強い。だが，学問と仕事の間にはさまざまな繋がりを想定し得る。大学教育の職業的レリバンスを問うことは，学問と仕事の繋がりをつねに検証し，各時代に相応しい大学教育のあり方を，批判的なまなざしも含めて探究することに他ならない。

（小方直幸）

▷4 「社会人基礎力」は「前に踏み出す力」「考え抜く力」「チームで働く力」から，「学士力」は「知識・理解」「汎用的技能」「態度・志向性」「統合的な学習経験と創造的思考力」から構成されている。

▷5 「大学は，当該大学及び学部等の教育上の目的に応じ，学生が卒業後自らの資質を向上させ，社会的及び職業的自立を図るために必要な能力を，教育課程の実施及び厚生補導を通じて培うことができるよう，大学内の組織間の有機的な連携を図り，適切な体制を整えるものとする」との一文が追加された。

（参考文献）

小方直幸，2012，「大学教育の職業的レリバンス」酒井朗・多賀太・中村高康編著『よくわかる教育社会学』ミネルヴァ書房，pp. 152-153。

3　学位，資格，称号

① 学位の意義と起源

　学位，資格，称号はいずれも，人に対して何らかの価値を認め，名乗ることを可能にする，社会的な制度である。金子は現代において学位および職業資格制度が必要な理由として，就学・就業市場における準拠枠となること，個人の能力・知識に関するフォーマットされた情報になることを挙げている。そして，それを可能にする仕組みのひとつとして高等教育（機関）が存在してきた。

　なかでも学位は，大学制度と不可分なものとして誕生し，現在まで発展してきた。中世大学ではドクターやマスターは教師を指し，学位とは教授資格であった。ストゥディウム・ゲネラーレという高度な教育機関としての「大学」は，ローマ教皇によって13世紀に学位すなわち万国教授資格を授与できる機関とされた。この場合の「ゲネラーレ」とは，キリスト教制度や法を前提とする普遍性，学問的な普遍性，さまざまな国からの学生ということを意味するが，そのような普遍的な学位授与権を持つ機関として大学は制度化した。

　その後，学位は中世大学において持っていた専門職資格としての性格のみならず多様な意味を持つようになっていく。ドイツで大学の哲学部に研究機能が取り込まれ，その後アメリカの大学院において Ph. D. が研究者に学位として授与されるようになると，Ph. D. は研究学位と呼ばれ，これと比較してバチェラーが基礎学位あるいは教養学位と言うべきものになった。また，社会的な功績を顕彰する目的で授与される名誉学位も生まれた。

　制度としての学位は，その社会と大学あるいは学位授与機関との関係を反映するがゆえに，歴史のなかで多様化し，変化してきた。以下では日本における動向と現代における課題をみる。

② 日本における学位制度の変動

　日本において学位制度は大きな変動を経験してきた。文部省布達第51号（1873年）により日本の学位制度は始まるが，近年に至るまでの学位制度の基礎を確立したのは，高等教育制度自体が大きく変化した1886年に始まる帝国大学制度下の学位令（1887年）であった。これにより，学位は博士と大博士（後者は学位令改正（1889年）により廃止）の二種類となり，学士は単なる称号とされた。ここで学位は，文部大臣が授与するものであるという意味で国家の威信を反映

▷1　金子元久，2003，「流動的知識社会と学位制度」『学位研究』17：pp. 3 -23。

▷2　Ⅷ-1 も参照。

▷3　寺﨑昌男，2006，『大学は歴史の思想で変わる── FD・評価・私学』東信堂。

するとともに，学位は大学院と関連するということが明確になった。

　次に学位令改正（1920年）により大学の自治に関する観念が高まり，学位授与権が大学に移るとともに，研究科は学部に付設されるものとされ，学位と教育課程との結びつきが強まった。そして戦後の学校教育法（1947年），学位規則（1953年）により，学位に国家威信という性格はなくなり，新設された「修士」を含む学位と単位の制度が導入され，教育課程化した大学院と強く結合することになった。それゆえに，特に修士は教育課程の修了証明という性格が強くなり，博士についても威信を表示するという性格は後退していった。

　そして，学位規則一部改正（1991年）により，それまで称号とされていた学士が学位に含まれ，学位の種類が学士，修士，博士の３つに単純化したことで，学位が教育と学習の到達点であり，そのために教育課程が編成されることが明確になった。同時に，大学ではない機関である「学位授与機構」が学位を授与することができるようになる。また，専門職大学院制度（2003年）により専門職学位が生まれ，専門職大学制度（2019年）により学士（専門職）が生まれた。

　また，大学ごとに学位が授与されるダブル（デュアル）・ディグリー・プログラムという方式，大学が共同で教育課程を編成・実施し連名で学位が出せるジョイント・ディグリー・プログラムなどの共同教育課程と呼ばれる方法も2008年以降に制度化されていった。[4]

③ 学位制度の現代

　以上のように学位は教育課程の修了証明という性格が明確になってきたが，現代の学位制度については，国際的な動向を反映して，学位の示す能力の標準化・可視化が議論されている。

　労働市場のグローバル化などを背景として，日本においても学位の国際通用性に関する議論が行われ，各学位・資格等において獲得することが期待される学習成果を記述した欧州高等教育資格枠組みなどが参照されるようになっている。中央教育審議会答申「学士課程教育の構築に向けて」（2008年）では，すべての大学生が卒業までに身につけるべき能力として「学士力」を明示したうえで，各大学の個性や特色が具体的に反映されるものとして３つのポリシーを明確に示すことが重要であるとされ，そのひとつである学位授与方針（ディプロマ・ポリシー，DP）として卒業認定・学位授与の方針を各大学が定めることが提示された。

　他方で，学位の質という点では，ディプロマ・ミル，あるいはディグリー・ミルという，正規の大学のように学位授与権者として認められていないにもかかわらず，本物の学位と紛らわしい呼称を提供する事業者が，国際的に問題になっている。[5]

（齋藤崇徳）

▷4　中央教育審議会大学分科会大学のグローバル化に関するワーキング・グループ，2014，「我が国の大学と外国の大学間におけるジョイント・ディグリー及びダブル・ディグリー等国際共同学位プログラム構築に関するガイドライン」。

▷5　文部科学省高等教育局長通知，2007，「真正な学位と紛らわしい呼称等についての大学における状況に係る実態調査の結果について」。

（参考文献）
児玉義仁編集委員代表，2018，『大学事典』平凡社。
別府昭郎編，2011，『〈大学〉再考——概念の受容と展開』知泉書館。

4　学習成果

　学習目標とは，教育活動を通して期待されるゴールを示すもので，組織やプログラム，教員が狙っているもの，つまり教育・学習を提供する側の視点に立っている。これに対して学習成果は，学習者が教育・学習活動への参加を通じてできるようになる事項を示すものである。そのため，学習成果を表現する際には，学生が主語となり観察可能で測定可能なものを記述することが多い。学習成果が現在，非常に重視されるに至った背景と，学習成果の評価をめぐる議論を整理したうえで，学習成果に関する具体的な取り組みを紹介する。

1　高まる学習成果への関心とその背景

　学習成果はいつの時代にも重要である。だが長らく注目されてきたのは，学位の取得や卒業後の就職状況であった。これらは現在でも重要な指標であり続けている。しかし客観的な測定が可能である一方，学習成果を在学中に修得・獲得されたものと捉えるならば，学位取得や就職状況は，それを直接測定したものではない。学習成果があったのだと，あくまで後付け的に解釈せざるを得ない，代理的な指標である。

　高等教育への進学規模が拡大し学生が多様化する過程で，大学の機能もまた多様化を余儀なくされる。そのため，1991年の大学設置基準の大綱化がその端緒だが，大学の設置をめぐる規制が弾力化される一方，出口に対する管理は強化されるようになっている。2004年に導入された認証評価制度も，事前規制から事後チェックへの移行を示すものといえる。入学者選抜が機能していた時代には，入口の管理により大学教育の質はある程度担保されていた。しかしわが国でも，若年人口の減少に伴う大学の経営難により，大学入学のハードルは低くなっている。その裏返しとして，出口段階での質保証が従来にも増して重要となり，またグローバル化の進展で，在学生や卒業生の国を超えた移動が容易になったことも，大学教育の質保証への世界的関心を高める誘因となっている。

2　学習成果を評価する方法

　学習成果は定義するだけでなく評価される必要があるが，その評価方法は多様である。松下は，①直接評価と間接評価，②量的調査と質的評価，③科目レベル・プログラムレベル・機関レベルの評価の組み合わせにより，さまざまな評価方法の特徴把握が可能になるとしている。たとえば，①と②を組み合わせ

▷1　松下佳代，2019，「学習成果とその可視化」中央教育審議会大学分科会教学マネジメント特別委員会（第6回）資料。

ることで，学習者による自己評価，質問紙調査，客観テスト，パフォーマンス評価やポートフォリオ評価などが考えられるという（**図Ⅲ-4-1**参照）。学習成果が教育・学習活動を通じてできるようになった事項だとすれば，その評価方法で主となるのは，学習者の能力を測定する直接評価である。そこで次に，直接評価の例をみていく。

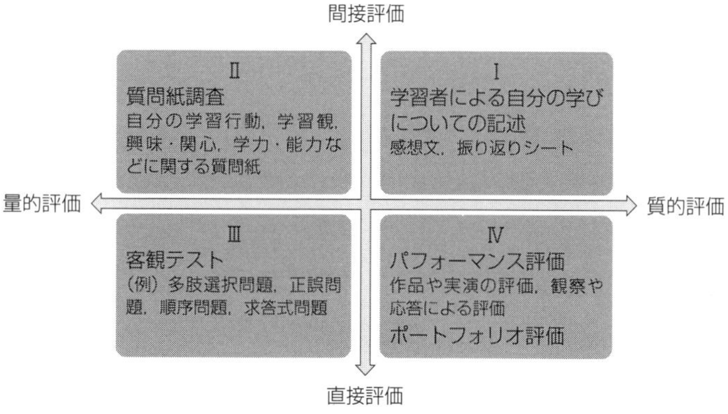

図Ⅲ-4-1　学習成果の分類軸

出所：松下佳代，2019，「学習成果とその可視化」中央教育審議会大学分科会教学マネジメント特別委員会（第6回）資料。

３ 学習成果の測定に向けた取り組み

20世紀末から21世紀初頭にかけての大学教育に関わる高等教育政策上のキーワードは，課題探求能力，学位授与，カリキュラム編成，入学者受入に関する３つのポリシー，学士力，アクティブラーニングによる主体的学習とその起点としての学習時間といった事項に集約される，呼び方こそ違うがいずれも学習成果を重視したものといってよい。こうしたわが国の動向は，世界の学習成果をめぐる動向と軌を一にしている。

そのひとつの典型が，OECD の AHELO（Assessment of Higher Education Learning Outcomes）[2]である。これは，大学生が大学教育を通してどのような能力を修得したかを，世界共通のテストを用いて測定することを目的とした国際的取り組みである。大学版のPISA[3]とも呼ばれ，国際的な学習成果評価の実施可能性が，一般的技能や経済，工学の分野で検討された。フィージビリティ・スタディと呼ばれるこの取り組みには世界17ヶ国が参加し，日本も工学分野で参加した。この経験を受けて，機械工学分野でテスト問題バンクの構築が進められ，哲学や歴史分野においても同様の取り組みが推進されている。これらはチューニングと呼ばれる。チューニングは，学位プログラムを設計・実践する方法で，大学とステークホルダーとの協議に基づき，学問分野別に学習成果の枠組みを構築し，大学教育の等価性を相互認証する仕組みである[4]。

学習成果は測定可能性の有無という二分法の議論に陥りやすい領域であるが，測定をめぐる真摯な試行錯誤の取り組みは評価されるべきである。他方で，測定が認知レベルを超えて行動レベルまで及ぶ際，学習成果の領域を逸脱しかねない危惧もある。学習成果というものが，大学自身が行う自己評価・自己改善を超えて外部資金の獲得にも反映され，測られることが望ましいから測られねばならないへと変質しつつある今，その扱いや行方を絶えず見守り続ける必要がある。

(小方直幸)

▷2 Tremblay, K., Lalancette, D., and Roseveare, D., 2012, *Assessment of Higher Education Learning Outcomes: AHELO Feasibility Study Report*, Vol. 1-Design and Implementation, OECD.

▷3 OECD（経済協力開発機構）が行っている国際的な学習到達調査で，Programme for International Student Assessment の略称。

▷4 深堀聡子，2016，「大学教育のアウトカムについての合意形成──テスト問題作成を通じた取組」『名古屋高等教育研究』16：pp. 195-214。

適格認定・アクレディテーション

❶　アクレディテーションとは

　大学の意義を証明し，信用を獲得するために，大学に関与するステークホルダーはさまざまな仕組みを考えてきた。その代表的なものとして大きく「チャータリング（chartering）」と「アクレディテーション（accreditation）」が挙げられよう。

　ここで取り上げる「アクレディテーション」とは，自由と独立を標榜するアメリカの大学の歴史と意義を特徴付ける固有の仕組みと言っても過言ではない。その原理は，大学としての適性を，「同僚（peer）」により「自主的」「自発的」「ボランタリー」に「相互」で「チェック（review）」することにあり，国・州政府の介入が極力抑えられている点に特徴がある。

　この原理の重要な構成要素のひとつである peer review（ピア・レビュー）は，知識・技術を生み出す専門家・研究者としての大学教員の質を保証する根源的な仕組みでもあり，論文の評価の仕組みとして広く普及している。その骨子は，専門家により生み出され教授される知識・技術の善し悪しは，同業他者の専門家にしか窺い知ることはできないだろう，ゆえに同業者により相互に review ＝批評し合って質を維持向上させる，というものである。これが，大学教員の集合体としての大学の活動を評価する際の原理にもなり，また国家・政府を含めた素人集団の介入・統制を排除し，大学による自主的・自律的活動に評価が委ねられる根拠にもなっている。教会や王権といった権威からのお墨付き＝勅許状により大学として承認される欧州型の「チャータリング」とは対照的である。

❷　アクレディテーションと日本の大学の認証評価との相違点

　では，アメリカのアクレディテーションはどのような構造なのか。まず，一定の水準を満たした複数の大学により構成される，同業者集団としての「アクレディテーション団体」が結成される。この団体が，大学としての相応しさを判定するための基準を作り，運用する。大学は，この団体への加盟時に審査を受けて合格し一員として迎えられることにより，まずは大学としての評価を受け適格認定を得たことになる。その後は評価を定期的に（おおよそ5〜10年に1回）受けることで，継続的に自らの大学の質の維持をチェックしていくのである。

▷1　チャータリングについては Ⅶ-6 参照。

▷2　アメリカにおけるアクレディテーション団体は，大学全体を評価する「機関別アクレディテーション」と，専門分野別に評価を行う「専門分野別アクレディテーション」がある。また，アクレディテーション団体の連絡調整を行う組織として高等教育アクレディテーション協議会（Council for Higher Education Accreditation: CHEA）が存在する。詳細は以下を参照。大学評価・学位授与機構，2016，『諸外国の高等教育分野における質保証システムの概要　アメリカ合衆国』［第2版］。

このような，歴史的には先行する大学の自助・自律的な質の保証システムに対し，政府は，後追いでアクレディテーション団体を認定し，アクレディテーション団体に認定された大学に対して，政府予算を学生への奨学金や研究者の研究費として配分する（実際には奨学金の受給資格や研究費の申請資格の承認）ことを通じた，間接的な関与を行っている。

こうしたアメリカのアクレディテーションと政府の関係は，一見すると日本における「認証評価」と同じであるような錯覚を抱くが，根本的に異なる。アメリカの場合は，歴史的にも先行し確立した大学の同業団体による，完全な自律システムであるアクレディテーションを，政府はあくまで学生奨学金と研究者への研究費配分に利用しているに過ぎない。政府による主導や統制は極力排除・抑制されているのである。

ところが日本の大学の場合は，①戦後アメリカ型のアクレディテーションの導入を目指し，**大学基準協会**[43]の設立と大学基準の策定まで行ったにもかかわらず，政府による設置認可方式に取って替わられたこと，②その後政府による規制緩和の流れを受けて，1991年の大学設置基準の大綱化[44]と抱き合わせで各大学に自己点検・評価が導入されたが，それが「努力義務」として課せられたこと，③その後は紆余曲折を経て結果として認証評価が「義務化」された経緯のあること，等からもわかるように，大学評価はつねに政府主導のトップダウンで導入・運用されている。このように，すべての評価の基礎になっている自己点検・自己評価という自助努力も，政府による義務化という矛盾を孕んでいるという点において，アクレディテーションとはほど遠いものであることがわかる。

③ アクレディテーション・認証評価の課題

とはいえ，アメリカのアクレディテーションも日本の認証評価もともに課題は山積している。前者は，専門家による同業者集団の内部で行われる評価であることから，大学の社会的有用性を重視する政府や市場からは，アクレディテーションの閉鎖性や評価の質に関する批判が絶えない。また，日米ともに，評価の結果基準をクリアしていると認定されたとしても，そのことが大学の経営を保証するわけでもないし，近年ますます影響力を及ぼしている大学ランキング上での位置づけに強く関わるわけでもないので，特に有力大学においては，評価対応が形骸化しているとも言われる。

いずれにせよ，大学には今や多くのアクターが関与し，それぞれの信念や利害をより適切に反映するように大学を"測ろう"としている。その点においてアクレディテーションの原理は，あくまで素人には理解困難な高度かつ専門的な知識・技術を有するという大学の一側面を測定しているに過ぎないとも言える。唯一無二の測定・評価方法を望むべくもない以上，諸々のアクターの持ち込む価値観を調整した評価の在り方が求められている。　　　　（村澤昌崇）

▷3　**大学基準協会**
日本版のアクレディテーション団体として1947年に設立された。

▷4　「**大学基準**」は大学基準協会の設立と同年の1974年に制定されたものであり，「大学設置基準」とは別物である。後者は，1956年に制定され，政府が大学の設置認可を判断する際の基準となったものであり，以降1991年まで大学の水準を実質的に規定する機能を有した。これにより大学基準協会や大学基準は長らくその役割を弱められた。「大学設置基準の大綱化」とは，「大学設置基準」による大学設置時の厳格な審査（事前規制）を緩和し，引き替えに大学による自己点検・評価の（努力）義務化を規定したものである。これ以降は第三者による認証評価の機能が強化された。

（**参考文献**）

喜多村和之，1992，『大学評価とはなにか──アクレディテーションの理論と実際』東信堂。

喜多村和之，2003，「日本における大学評価政策形成と立法過程」『教育社会学研究』72：pp. 53-71。

村澤昌崇編，2010，『リーディングス日本の高等教育6　大学と国家──制度と政策』玉川大学出版部。

退学・留年・休学・転学

かつて入学者選抜が機能していた時代，日本の大学は入学するのは大変だが卒業は簡単，といわれてきた。その背景には，大学から職業への移行に関して，日本的な新規学卒一括採用という切れ目のない効率的トランジションの存在がある。そのため，大学生の退学・留年・休学・転学は，高等教育研究の中でも，相対的には立ち後れてきた領域といえる。2014年実施の文科省の調査によれば，中途退学者は2.7%，休学者は2.3%である。だがこれはあくまで全体の平均値に過ぎない。個別大学でみれば，たとえば退学率の相違は非常に大きい。そのため，研究以上に実践が進んでいる分野であるともいえる。

1　進学者の拡大と在学中における進路の多様化

トロウの高等教育システムの発展段階論に依拠すれば，エリート型ではドロップアウト率は低く，マス型になるとドロップアウトやストップアウト（一時休学）が増加し，ユニバーサル型ではこれらがさらに増加する。高等教育の規模が拡大すれば，さまざまな学生が進学するようになるため，その結果，在学中の進路もまた多様化することは容易に想像される。

とはいえ退学は，切れ目のない移行をよしとするシステムの下では，個人にとっても大学にとっても影響が大きい。学生にとっては，学位取得機会の放棄を意味し，将来を少なからず左右するし，大学にとっても，学生数の減少や退学の多い大学というイメージが経営に与えるインパクトもある。進級や卒業に必要な単位が不足することによる留年も，学生にとっては学費や就職面への，大学にとっても学生・学習支援を通じた対応面等への影響がある。これに対して，休学や同種の学校の相当学年へ移動する転学は，当該事項の発生自体で影響を問うことは難しく，その後の状況を踏まえた見極めが必要となる。

2　退学等の背景と理由把握の困難さ

ティントは退学ではなく離学という用語を用いている。退学には負のイメージがつきまとうが，実際には，積極的なものと消極的なものとがあるからである。退学・留学・休学・転学というと，たしかに制度的にも個別の事象があり対応も異なるためわかりやすい反面，背後には複数の要因があり，またこれらが相互に関連している場合も少なくない。離学の要因に関しては，一方で心理学に依拠し個人的要因に着目するもの，他方でそれとは対極にある，経済的利

▷1　文部科学省，2014，『学生の中途退学や休学等の状況について』。

▷2　トロウ，M.，天野郁夫・喜多村和之訳，1976，『高学歴社会の大学』東京大学出版会。

▷3　Tinto, V., 1987, *Leaving College : Rethinking the Causes and Cures of Student Attrition*, University of Chicago Press.

益や財政的調達などの経済面，あるいは大学が持つ規模や資源などの組織面に着目した，環境を重視する見方とがある。

　先述の文科省調査では，中途退学の要因は経済的理由（20％），転学（15％），学業不振（15％）の順，休学の最大の理由はその他（48％）で，次いで経済的理由（16％），留学（15％），病気・けが（15％）の順である。文科省は経済的理由を重くみているが，退学・休学研究に長年従事してきた内田による，①身体的疾患，②精神障害，③消極的理由（スチューデントアパシー），④積極的理由（留学や進路変更など），⑤環境要因（経済面や家族の事情など），⑥不詳の6つの理由に着目した分析では，退学理由は③が最大（55％）で，次いで④の16％，⑤は10％である。休学理由も③32％と④29％が拮抗しており，経済的理由を含む⑤は19％となっている。

　退学や休学の理由は時代によって異なり，また分析対象も異なるため，両者を一概に比較・評価することはできないが，それでも両者の結果の相違は大きい。高等教育政策であろうが個別大学レベルの取り組みであろうが，退学や休学の理由把握は必須であろう。それにより支援策も大きく変わってくるからである。だが把握自体の困難さも同時に，この両者の調査結果は物語っている。

③　初年次の重要性と支援のあり方

　学生が入学後に出会う困難はさまざまであり，また複合的でもある。一例を挙げるだけでも，新たな環境や要求に適応できるか，学業についていけるか，期待と現実のミスマッチはないか，友人や教職員との交流ができているか，経済的状況はどうか，など枚挙にいとまがない。しかし入学初期という時期の大切さ・重要さという点では多くの研究が一致している。高校までとは生活面も学業面もかなり異なり，高校から大学へのトランジションとでもいうべき移行期にあたるからである。ティントは離学が最頻発するのは初年次だとし，日本労働政策研究・研修機構調査も，1年次の中退が多く，中退を考え始めて多くが3ヶ月未満で中退していると指摘し，立石・小方も選抜性や設置者の影響を受けつつ，初年次退学率が4年間の退学率を左右することを明らかにしている。

　なるほど，初年次教育に力を注ぐ大学は多い。教育など学業面への支援だけでなく，友達作りなど新たな生活への適応をめぐる配慮も行われている。各種の支援プログラムの重要性は，高まることこそあれ低くなることはないだろう。しかし離学の理由が複雑である以上，唯一の特効薬が存在しないこともまた明らかである。学生中心主義が叫ばれて久しいが，だからこそ，学生の生活や学習に対する関与をいかに高められるか，教職員を含む全構成員による取り組みが問われている。加えて離学には積極／消極双方の理由があり，単純に高ければ悪く低ければ良いというものでもない。個々の組織がそのミッションに応じつつ，学生の将来を第一に考えて判断・行動していくしかない。（小方直幸）

▷ 4　報道発表で「『経済的理由』が中途退学及び休学の最大の要因」と報じている。

▷ 5　内田千代子，2010，「休学・退学の変化」『精神科』17（4）：pp. 330-338。

▷ 6　労働政策研究・研修機構，2015，『大学等中退者の就労と意識に関する研究』調査シリーズ No. 138。

▷ 7　立石慎治・小方直幸，2016，「大学生の退学と留年」『高等教育研究』19：pp. 123-143。

大学教育の経済効果

① 経済効果をどう捉えるか

　大学教育の効果は多岐にわたるが，そのうち，貨幣タームで測定できるものを経済効果と呼んでいる。ここでは，大学の教育がもたらす経済効果だけでなく，研究など大学のさまざまな活動がもたらす効果についても考えてみよう。

　大学教育の経済効果としてまず挙げられるのは，学歴による賃金差である。高卒者と比べて大卒者は4年間長く教育を受けているので，それだけ能力が高まり，そのために高い賃金を得ることができる。実際，厚生労働省「賃金センサス」によって2018年度男子の初任給（月給）をみると，高卒者が16.7万円であるのに対し，大卒者は21.0万円。年額では52.2万円の差がある。

　しかし，同じく賃金センサスによれば，高卒者の就職後5年目の給与は20.2万円，超過勤務手当や賞与などを含めると年額340万円で，大学新卒者（343万円）とほぼ同じである。大学で4年間学ぶのではなく，高校卒業後に実務に就き，その経験から学んで能力を高めてもよさそうである。

　ところが，その後の賃金の伸びは大きく異なる。高卒者も大卒者も50歳代前半に賃金がピークに達するが，52歳時点の年間賃金平均額は男子高卒者が585万円であるのに対して，大卒者は896万円。65歳まで働くとして生涯賃金を推計すると，高卒者2億1709万円に対して大卒者2億8151万円となる。

② 経済効果をもたらすもの

　卒業直後にはそれほど違いがないのに，長い間にこれだけの差が開く理由として，①大学教育の効果は，就職後，相当の期間を経て徐々に現れる（大学教育の遅効性），②大卒者は在学中の学習を基礎に，その後も学び続けて能力を高めている（学び習慣仮説），③高卒者よりも大卒者の方が条件の良い職場に就職し，能力向上の機会が多い仕事を与えられ，それらが大卒者の能力向上や賃金上昇をもたらす（仕事競争説），といったことが考えられる。いずれが正しいかの確証は得られていないが，効果をもたらす大学教育には多額の費用が必要であることを忘れてはならない。

　現在の日本では，大学教育の費用のかなりの部分を授業料等の学生納付金として家計が負担している。私立大学の平均では，4年間の負担額は459万円に及ぶ。学生納付金は大学教育の直接費用の大部分を占めるが，加えて大学教育

▷1　厚生労働省「賃金構造基本統計調査」（https://www.mhlw.go.jp/toukei/list/chinginkouzou.html）。

▷2　吉本圭一，2020，『キャリアを拓く学びと教育』科学情報出版。

▷3　矢野眞和，2015，『大学の条件──大衆化と市場化の経済分析』東京大学出版会。

▷4　サロー，L.，小池和男・脇坂明訳，1984，『不平等を生み出すもの』同文舘。

▷5　文部科学省「私立大学等の平成30年度入学者に係る学生納付金等調査」。

の機会費用がある。機会費用とは，高校卒業後，大学に進学しないで働けば得られた所得であり，賃金センサスから推計すると4年間で1148万円になる。

　直接費用と機会費用を合わせた約1600万円が家計が負担する大学進学の費用であり，在学中にこれだけの費用を負担したうえで，大学を出てから高卒者よりも8000万円ほど多い所得を得ていることになる。したがって大学教育は，経済的にみると，4年間に負担した約1600万円の費用が後の43年間で8000万円の収益を生み出す投資ということができる。この投資の収益率を計算すると6.7％となるが，これは大学進学が毎年これだけの利息を生み出す有利な投資であり，大学教育の経済効果が大きいことを示している。

❸ 経済効果の広がり

　ただし，所得のすべてが大学教育を受けた個人にもたらされるのではない。所得の中から税金を納めるので，大卒者は社会に対してそれだけ大きな経済的貢献をしている。さらに，大学教育で身につけた知識・技術が，教育を受けた本人だけでなく，仕事などを通じて周囲に広がることによって，社会全体の経済成長がもたらされることになる。

　さらに大学は，教育だけではなく，研究や医療その他の社会貢献など多様な活動を行っている。多様な活動に必要な財・サービスを調達する消費活動も行っている。これらによって，大学は広く社会に経済的便益をもたらす。日本経済研究所は，大学が立地する県を地域として，地域経済に与える効果を次のように整理している。

　第一は教育活動による効果である。大学の教育活動によって生み出された卒業生のうち県内に就職した人の消費活動によってもたらされる。大卒者の所得は高卒者より多くなるが，多い部分のうち消費に回される部分である。

　第二は研究活動による効果である。大学の研究活動のうち県内企業との共同研究が企業の売上増をもたらすことを想定し，各産業の研究費に対する売上高の比率から，研究によってもたらされる売上高の増分が推計される。

　第三は大学および大学の教職員・学生・附属病院利用者などの消費活動による効果である。大学の教育・研究のための施設整備・物品調達や構成員・利用者個人の消費活動によってもたらされる。

　このように整理したうえで，日本経済研究所が対象とした地方国立大学1校あたりの推計値をみると，第一の効果が87億円，第二の効果が15億円，第三の効果が236億円，計338億円であった。大学が立地する県内に限定した値であるから，経済効果が及ぶ範囲を全国に広げると，さらに大きな額になる。これらの大学に対して，2009年度に国から支出された運営費交付金は1校あたり145億円，家計から支出された納付金は同じく49億円であった。大きな経済効果をもたらす大学の費用について，こうした負担区分が適正なのかも問われる。（浦田広朗）

▷6　大学進学者は，機会費用に相当する額の所得を放棄して進学していることになるので，機会費用は放棄所得とも呼ばれる。

▷7　日本経済研究所，2011，『大学の教育研究が地域に与える経済効果等に関する調査研究報告書』文部科学省。

▷8　ここでは2009年度の県内総生産額に寄与した付加価値誘発額が推計されている。

（参考文献）
小塩隆士，2002，『教育の経済分析』日本評論社。
カプラン，B.，月谷真紀訳，2019，『大学なんか行っても意味はない？──教育反対の経済学』みすず書房。

学士課程教育

▷1　学士課程とは大学の学部における4年ないし6年の課程を指す用語である。日本では学部教育，大学院教育という用語が市民権を得てきたが，1998年の大学審議会答申「21世紀の大学像と今後の改革について」では学部（学士課程）教育という用語が使われ，以降学部段階の教育を指す用語として定着してきた。その用法は日本的なものだが，ここでは学士課程教育という用語を統一的に用いる。

▷2　カント，I., 角忍・竹山重光訳，2002，「諸学部の争い」『カント全集』18，岩波書店。

▷3　フンボルト，K. W., 梅根悟訳，1970，「ベルリン高等学問施設の内的ならびに外的組織の理念」フィヒテ，J. G. ほか『大学の理念と構想』明治図書，pp. 210-211。大学教員を研究者と定義し研究を中心に置きつつ教育と一体的に結びつけようとする考え方。近年では，潮木守一，2008，『フンボルト理念の終焉？──現代大学の新次元』東信堂のように神話であったのではという議論もなされている。

▷4　潮木守一，2008，『フンボルト理念の終焉？──現代大学の新次元』東

　学士課程教育[1]の歴史は長く，大学院という制度が19世紀になって発明されたものであることを考えても，以前は専ら，そして現在もなお大学という制度の中核を占めている。しかしそうであるがゆえに，社会や政治の変化の影響を受け変容してきたのもまた学士課程教育であった。まずは欧米，そして日本の学士課程教育の概観を行い，これまでとこれからの学士課程教育を考える。

1　学士課程教育の歴史

　中世の大学では，リベラル・アーツと呼ばれる教養諸科を学んだ後に法学や医学，神学などの専門職業教育が行われていた。法曹，医師や牧師といった学問的専門職に就くには，その前提として自由で自律的な判断力を培う教養教育が求められたのである。教養諸科は自由七学芸と呼ばれ，文法学，修辞学，論理学，数学，幾何学，音楽，天文学から成っていた。また当時の学位は，当該学問を修めそれを教える資格を有することを意味していた。

　その後，産業や科学が発展するにつれ，大学教育における教養の役割・位置は，社会的有用性をめぐって疑問や批判を浴びることとなる。とりわけ19世紀は，教養中心の大学教育が大きく転換した時期であった。カント[2]は18世紀末に「諸学部の争い」の中で，中世以来の下級学部としての哲学部と上級学部としての法学部，医学部，神学部の関係を論じているが，そのドイツでも19世紀初等に教育と研究の統合を目指して新たな高等教育施設を創設する動きがあった。フンボルト理念[3]の登場とベルリン大学の設立がそうであり，教育と研究の統合が実現できたのは実際には一部の学生に過ぎなかった[4]が，その考え方は，諸外国の大学の在り方に少なからぬ影響を及ぼすこととなる。

　イギリスでは，古典や数学中心の教育を行っていたオックスフォード大学やケンブリッジ大学が，職業教育を標榜するロンドン大学の登場等もあり，19世紀半ば以降，科学を取り入れ近代的大学へと変貌を遂げる。同時期ニューマン[5]は，教養教育理念の古典となる『大学の理念』を著したが，それは教養教育中心の大学が終焉を迎えようとしていた時期のことだった。また，イギリスの影響を受けリベラル・アーツを学士課程教育のコアとしてきたアメリカでは，ドイツ的な教育と研究の統合を，大学院という制度の創設を通じて実現した。ジョンズ・ホプキンス大学はその嚆矢であった。また，専門職業教育においても医学や法学などは，大学院進学後にプロフェッショナル・スクールで学ぶ構造

となっている。

2　戦後日本の学士課程教育の展開

　日本の旧制大学はドイツやフランスの影響を受けたといわれているが，専門教育を中心とする国家のための大学であった。また戦前も大学院は存在していたものの，基本は学部を中心とした制度であった。戦後のアメリカ教育使節団報告書の指摘にあるように，旧制大学は狭い専門性と強い職業的性格を有していたことから，新制大学は，一般教育を重視し，人文・社会・自然の3分野にわたる豊かな教養と広い識見を備えた人材を養成し，そのうえで専門的，職業的教育も行うという理念の下で新たに出発した。

　しかしこのアメリカ由来の一般教育の理念は，必ずしも根を下ろすことができなかった。1991年の大学設置基準の大綱化により，一般教育科目を含む従来の授業科目区分や，卒業要件として定められていた科目区分ごとの最低修得単位数は廃止された。各大学が，各々の理念や目標に基づいて学士課程教育を運営し，個性を発揮しつつ発展することが目指されたのである。そして現在は，各大学が学士課程のプログラムごとに，ディプロマ・ポリシー（学位授与の方針），カリキュラム・ポリシー（教育課程の編成・実施の方針），アドミッション・ポリシー（入学者受入の方針）を設定し，これらの一体的な運営による質の高い学士課程教育が目指されている。

3　これからの学士課程教育

　学士課程教育の歴史を敢えて一言でまとめれば，教養教育，専門職業教育，そして研究の意義と位置づけをめぐる議論の歴史であり，これらを大学教育としていかに統合するかという努力と挫折の歴史でもあった。大学進学率が進学該当年齢人口の50％を超えてユニバーサル段階に突入した現在の日本では，学士課程教育を一律に論じることは難しくなっている。この傾向は，高等教育政策上も，個々の大学が置かれた文脈でそれぞれの強みを活かすことが奨励され，機能別分化の誘導も進む中，さらに拍車がかかっている。また，研究に関する機能や役割の多くは，すでに大学院段階に移行しているといってもよい。

　だが学士課程段階でも，すべての大学や学部ではないにせよゼミという制度が今なお存続し，卒業研究が行われている。一般教育と専門教育の区別はなくなったが，多くの大学で専門教育とは一線を画する全学共通教育も行われている。それぞれの大学が，自らのミッションに応じて，教養教育，専門職業教育，そして研究をどう位置づけ，実質化していくかを，21世紀の大学として模索し続けている。それは決して容易なことではないし，あらかじめ正解があるわけでもない。しかしその模索を絶えず行ってきたからこそ，中世に誕生して以来，大学という制度は生き残ってきたともいえる。　　　　　　　　（小方直幸）

信堂。

▷5　ニューマン，J. H., 田中秀人訳，1983，『大学の理念』大修館書店。

▷6　職業教育や専門教育に対置される教育で，第二次世界大戦後の新制大学で導入された制度。1991年に行われた大学設置基準の大綱化以前の大学教育は，一般教育と専門教育の区分から成り立っていた。

2 大学院教育

▷1　研究者養成は Ph. D.（Doctor of Philosophy, 哲学博士）プログラムで行われ，Ph. D. は実質的に大学教員の資格となっている。専門職養成は，医学，法学，ビジネス，工学，教育等の専門職分野で行われ，M. D.（Doctor of Medicine），J. D.（Juris Doctor），Pharm. D.（Doctor of Pharmacy），M. B. A.（Master of Business Administration）等の学位が授与される。

▷2　ヨーロッパの中世大学では博士学位を授与し，半人前の学位として学士（バチェラー）もあったが，学士になる教育と博士になる教育が明確にプログラムとして分かれていたわけではない。近代になって，ヨーロッパの大学では教養教育がなく専門教育のみとなり，国家職業資格の陰に隠れて学士学位が目立たず，学士教育と大学院教育との区別も制度上曖昧なままであり，国によっても異なっていた。

▷3　大学院形成の歴史については，阿曽沼明裕，2014，『アメリカ研究大学の大学院──多様性の基盤を探る』名古屋大学出版会を参照。 V-6 も参照。

▷4　日本でも5年一貫制

1 大学教育の多様性

大学教育は多様である。一方で専門化が進んだ「専門教育（Specialized Education）」があるが，専門化していない「一般教育（General Education）」もある。また実践から自由（liberal）という意味で学問的な「教養教育（Liberal Arts）」があるが，職業に結び付いた実践的な（practical）「職業・専門職教育（Professional Education）」もある。

大学院教育はどう位置づけられるのか。大学院教育にも幅があり，研究者養成と専門職養成とがある。前者は学問的に高度に専門化されており，後者は実践的に高度に専門化されている。**図Ⅳ-2-1**でいえば，大学院教育は最上部の左右に展開している。日本ではあまり明確な違いがないが，アメリカでは研究学位プログラムと専門職学位プログラムとして明確に分かれている。

2 学士教育と大学院教育の分離

ヨーロッパの中世大学や近代大学は，博士号を授与し，大学院教育に相当するレベルの教育は当然あったが，必ずしも学士レベルの教育（学士教育，学部教育）と組織上明確に分けられていなかった。それを分けて大学院が発明されたのは19世紀アメリカであった。当時専ら教養教育（liberal arts）を行うカレッジ（学士号を授与する）しかなかったアメリカで，ヨーロッパ的な高度な専門教育を導入するには，カレッジ教育の上に大学院教育を位置付けざるを得なかったためである。それは，米語で大学院教育を graduate education つまりカレッジ卒業後教育，学士教育（学部教育）を undergraduate education つまりカレッジ卒業前教育と表現することにも表れている。

3 大学院教育のプロセス

日本の大学院では，博士課程（3年の博士後期課程）は修士課程（2年の博士前期課程）の上に積み上げられていることが多いが，アメリカでは修士と博士のプログラムはふつう独立している。そして研究者養成が Ph. D. プログラムに偏り，修士（master）プログラムが専門職教育に傾斜しているが，日本では修士レベルはしばしば研究者養成の準備段階になっている。

そのためか日本の大学院では，修士課程でも授業での学習（コースワーク）

と学位論文執筆の両方が課される。だが，アメリカの大学院では，Ph. D. プログラムでは当然学位論文は必須であるが，修士プログラムではコースワークのみで論文を課さない場合が多い。また専門職学位でも博士学位であれば論文を課されることはあるが，オリジナルな研究論文ではない[45]。なおアメリカの Ph. D. プログラムでは多くの場合，1，2年次のコースワークを経て，3年目に各専門分野の研究能力を図る総合試験（comprehensive exams, general exams 等）をパスすれば博士候補生（doctoral candidate）となり，数年後にオリジナルな研究成果として博士学位論文を提出

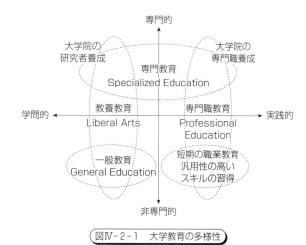

図Ⅳ-2-1　大学教育の多様性

出所：筆者作成。

してディフェンス試験（thesis defense）に合格すれば Ph. D. を授与される。これと比べて日本やヨーロッパでは徒弟制度的で，コースワークも不十分でシステム化されていないという批判が多かった。

　研究者養成と専門職養成との違いは論文だけではなく，プログラムの構造自体にもある。前者は最終的にオリジナリティが求められるので学ぶ内容が学生によって細分化・拡散・多様化していくのに対して，後者は学ぶ内容も同一で，必修科目が多く，職業資格獲得という目標に向かって収斂する傾向がある[46]。ただし日本では必ずしもこうした違いが認識されているとは言い難い。

④ 日本の大学院教育の問題

　日本の大学院はアメリカに少し遅れるだけで世界的に見ても早期にできたものだったが，戦前の大学院は学術研究所的なもので教育組織として実質化しなかった。戦後の新制大学院制度はアメリカ的なスクーリングをする大学院を目指し，1950年代半ばまでの大学院の制度設計では，それに加えて，博士だけでなく高度な職業教育に対応した修士課程も目指された。だが，大学院固有の施設・設備・予算がなく，スクーリングが不十分なこと，大学教員以外の労働市場が乏しい，つまり大学院が主としては研究者養成なかでも大学教員養成の場であるという状況は，一部を除けばその後長く続いた。

　それでも1960年代後半から工学系修士課程が実質化し，その後他分野でも徐々に拡大して1990年代には社会科学系修士課程も顕著に拡大，社会人大学院，夜間大学院等もでき，2004年には専門職大学院制度も始まった。こうして大学院は拡大してきたが，欧米的な資格社会化が進んでおらず，職業の専門職業化が遅れている日本では，大学院学位は必ずしも十分に社会で流通していない。そのことが日本で大学院が十分に発展しない要因となっている。（阿曽沼明裕）

▷　の博士課程があるが，博士を断念して修士号を得て終われば実質的に積み上げ式に近い。アメリカでも Ph. D. を断念して修士号を得て終わる者もいる。

▷5　理論や枠組のない事例報告のようなものも含む。

▷6　阿曽沼明裕，2014，『アメリカ研究大学の大学院――多様性の基盤を探る』名古屋大学出版会では，前者を「分化型プログラム」，後者を「統合型プログラム」と呼ぶ。

参考文献

阿曽沼明裕編，2010，『大学と学問――知の共同体の変貌』玉川大学出版部（特に第5部大学院）。

市川昭午・喜多村和之編，1995，『現代の大学院教育』玉川大学出版部。

クラーク，バートン・R. 編著，潮木守一監訳，1999，『大学院教育の研究』東信堂。

クラーク，バートン・R. 編著，有本章監訳，2002，『大学院教育の国際比較』玉川大学出版部。

３ 専門職教育

▷1　ベン＝デービッド, J., 天城勲監訳, 1982, 『学問の府』サイマル出版会, p. 49。

 専門職（養成）の類型

　専門職教育を考える際, 専門職とは何かという問題があるが, ここではそれぞれの専門的業務に就く際に高等教育機関からの卒業証書が必要な職業と広く捉えておこう。したがって, 今日では大学段階での養成プログラムがきわめて重要な意味を持つことになるが, 歴史を振り返ってみれば, 中世ヨーロッパで誕生した大学は, その当初から聖職者（神学部）, 医師（医学部）, 法曹（法学部）の養成を目的としていたのであり, 専門職教育は大学教育の最も根幹にある機能のひとつであり続けており, 今日もそれは変わりはないとも言える。

　なかでもアメリカのプロフェッショナル・スクールの設立経緯や教育内容は, 専門職教育のあり方を考えるうえで重要である。現在, ロースクールやメディカルスクールに代表されるように, アメリカにおける法曹や医師といった代表的な専門職の養成は, 大学院レベルのプロフェッショナル・スクールに委ねられている。アメリカにおいては, 20世紀に入ってから, 低い教育内容しか提供できていなかった私立の職業学校であるプロプライエタリースクールが淘汰され, 科学を重視する大学付属のプロフェッショナル・スクールが台頭していき, その卒業証書が専門的業務に参入するための資格となっていく。その背景には専門職（Profession）が高度な体系的知識と特別な技能, さらには利他的な態度や倫理をあわせ持つという社会全般の認識や評価が次第に確立して, その発展を下支えしていたことがあった。

▷2　山田礼子, 1998, 『プロフェッショナルスクール──アメリカの専門職養成』玉川大学出版部。

　こうして現在のアメリカのプロフェッショナル・スクールでは, 専門的知識・技術だけでなく臨床や実習に重点を置いた教育プログラムが提供され, それは各専門職集団の専門アクレディテーション（認証評価）を得ているため, その修了資格（第一専門職学位と呼ばれる）がそれぞれの新規参入の際の条件となっている。

 わが国の専門職教育：戦前期

　わが国の専門職, ひいては広く近代的な職業一般の養成の歴史をひもといてみると, 国（政府）が学校・大学を通じて新たに創出してきたという側面が強い。明治政府は近代化の後発国として, 短期間で専門的人材を創出する必要から, 工部省の工部大学校, 司法省法学校など実践重視のカリキュラムをメイン

とした各省庁の直轄機関を設立し，お雇い外国人による専門教育を導入した。こうした各省庁系の学校は，次第に東京大学—帝国大学へと包摂・統合されていくが，「国家ノ須要」に応じた専門的人材養成に重点が置かれるようになるにつれて，実践的・臨床的なカリキュラムは縮小され，国家のニーズに対応した教育カリキュラムが支配的となり，また研究的・学術的な色彩を濃くしていった。一方で，（帝国）大学のみでは近代化・産業化とともに誕生した各種の専門的人材の養成・供給は不可能であり，開業医や弁護士などの市中の専門職の養成は，主に旧制専門学校ならびに私立セクターで提供されることとなった。だが，年限や内容の点では十分なものとは言えなかった。

③ わが国の専門職教育：戦後期

戦後改革によって，こうした大学−専門学校という二層システムは4年制（医・歯学部は6年）の新制大学へと一元化され，また専門職教育も「専門教育課程」へと再編されたが，しかし戦前と比べれば教育期間は短縮されたと言える。法学部が法曹養成に特化しているわけではなく，学芸学部（教育学部）も開放制の下では独占的に教員養成を行うこともなくなるなど，大学教育と専門職養成の関係もむしろ希薄化した。

こうした専門職教育の見直しは1970年代に入る頃から，学士課程段階ではなく大学院（修士課程）を職業大学院化させる改革として進められていく。その結果，2000（平成12）年度以降，高度専門職業人の養成に特化した「専門大学院」が創設され，さらに2004（平成16）年に理論と実践を架橋する「専門職大学院」へと改編され，法曹や教職をはじめとするさまざまな専門職が，この「日本版」プロフェッショナル・スクールによって養成されるようになった。たとえば，法科大学院では「プロセス」としての法曹養成を目指して実践的な教育がプログラム化されている。また医師養成はこうしたスクール化には乗らなかったが，今日の医学部教育ではこれまで以上に臨床技術・実地訓練が重視されるようになり，大学から現場医療へよりシームレスな移行が企図されている。

④ 新たな展開

以上のように，わが国の専門職教育は，これまで主に大学院レベルで実践的なスキルと現場業務へのレリバンス重視が目指されてきたと言えるが，2017（平成29）年の学校教育法改正によって，「専門職大学」制度が創設され，学士課程においてより実践的，応用的な教育プログラムの提供が進められることとなった。卒業要件の単位のうち3～4割を企業などでの長期「実習」にあて，教員の4割以上は実務家を任用することとされている。専門学校からの改組や大学・短大の一部の学部・学科への転換などが進められているが，これまでの専門教育とどう折り合っていくのか，今後を注視したい。　　　　　（橋本鉱市）

▷3　天野郁夫，2009，『大学の誕生』（上・下）中公新書。

▷4　天野郁夫，1992，『旧制専門学校論』玉川大学出版部。

▷5　吉田文・橋本鉱市，2009，『航行をはじめた専門職大学院』東信堂。

▷6　初中等教員についても，2008（平成20）年に，事例研究や授業観察・分析，フィールドワーク等を重視した教職専門職大学院が創設されている。橋本鉱市編，2019，『専門職の質保証』玉川大学出版部。

4　職業教育・継続教育

▷1　政府の緊急雇用対策本部は2009年，当時の厳しい雇用情勢を受けて大学におけるキャリアガイダンスの制度化を決定した。これを受け，大学設置基準に学生の職業的自立を支援する大学内の体制に関する規定が設けられた（第42条の2）。

▷2　リカレント教育
学校教育を終えた社会人が再び学校に戻り教育を受けること。学習者の希望に応じて仕事をしながら学ぶことができる支援体制が今後の普及を左右する。近年は，変化への適応，多様な価値観の理解，高齢者や女性の社会参画促進といった多方面からの要請に応える重要な方策として考えられている。

▷3　厚生労働省，2018，『平成30年版労働経済の分析——働き方の多様化に応じた人材育成の在り方について』。

1　大学と職業資格

2011年のキャリアガイダンス[▷1]の義務化を待つまでもなく，大学はそれ以前よりキャリア教育科目を取り揃え進路への意識向上を図ってきた。また，ときには語学の授業で偶然出会った文学作品によって思いがけず仕事と人生について深く考えさせられたということもあるだろう。キャリアガイダンスでは，学生の感性は多様だという前提に立ち，様々な角度からそれらに働きかけることが重要である。

その一方，大学にはキャリアに直結した科目や課程が多数ある。たとえば，医師，看護師，薬剤師など医療系の専門職（国家試験受験の要件），学校教諭，学芸員，司書，社会調査士，食品衛生管理者（卒業時に申請），社会教育主事，技術士，一級建築士（卒業後の一定の実務経験が必要）では資格と大学のカリキュラムが深く結びついている。

2019年度から開設が認められた専門職大学では，従来のアカデミックな教育と特定の職業に結びつく実践的な教育とを組み合わせた新しい職業教育の試行がはじまる。また，法科大学院，教職大学院，会計，ビジネス，公共政策などに関する専門職大学院では，国家資格と密接に関連した高度専門職業人養成の機会を求めて多くの社会人が学んでいる。

2　社会人の学び直し

リカレント教育[▷2]は大学がカリキュラムに職業教育を取り入れるもうひとつの動機である。同時に，それは多様な学生の受け入れを大学に迫る。たとえば，仕事を持つ社会人であれば学習目的，年齢，学歴，学力，職業経験，経済状況，生活時間など，大学に求めるものや就学の条件は高校からそのまま進学する学生とは大きく異なる。これまで，専修学校などの非大学型高等教育機関が入学者選抜，修学期間，授業料に関して比較的条件の緩やかな教育プログラムを提供してきた。先述の専門職大学では，職業志向の教育内容，入学前の実務経験の単位認定，専門高校との接続強化など，社会人への配慮が見られる。

2018年の「労働経済白書」[▷3]の特集は社会人の能力開発の実態を豊富なデータを用いて紹介しており，参考になる。そこからは，社会人が専門知識や学位だけでなく，幅広い視野，リーダーシップ，新たな人的ネットワークなど，様々

な成果を求めて大学に入学していること，また，大学での学習経験がその後のモチベーションを向上させていることがうかがえる。企業がおこなってきた社内訓練の規模縮小と機能低下はリカレント教育の需要をさらに押し上げるだろう。今後は，専門職大学以外の大学でもこうした非伝統的学生に対する機関の開放性が本格的に問われることになる。

③　職業教育は大学の価値を高めるか

　大学の起源が医師や法律家の養成であることを考えれば，仕事と大学の関係は深く長い。職業教育は大学の目的の中心であり続けたという見方もできる。近年では2019年度から文部科学省ではじまった「持続的な産学共同人材育成システム構築事業」など学外連携を支援する政策によって職業教育は新たな展開の兆しを見せている。

　他方で，大学における職業教育の拡大には根強い慎重論がある。たとえば，グラブとラザーソンは，イギリスのポリテクなどに見られるように，多くの先進国が新しい大学の設置によって下層の機関群を形成し，高等教育全体の職業教育化を進めていること，その中で大学が職業教育主義に陥っていることを指摘する。つまり，知識基盤社会やグローバル化への対応を進める改革によって，大学は市場の短期的なニーズの充足に向かい，その結果，目的が職業準備へと矮小化していると言うのである。加えて，職業教育主義的な制度の下では，学生が大学を単に将来の雇用に有用なものとみなし，学習を断片的な事実とスキルの積み上げのように考えてしまうことの問題は大きい。

　大学経営者による経費節減の観点からも，学部のカリキュラムを安くて期間の短い職業教育に置き換えることへの十分な動機がある。また，すぐに役立たない科目に多くの時間を費やしたくないと考える学生には，職業教育を受けさせた方が得られる満足は大きい。このように教育が商品化することに対して，ボックは，本来，社会というものは大学に対してより大きな目標に向けて学生を準備するよう要求していると主張する。そこで重要となるのが，たとえば，学部4年間で学生の関心を限定的な職業訓練から高い教養や倫理観の習得へと拡張させる教育のパワーである。

　大学教育において，個人の利害を超えた普遍的で長期的な価値が追求される限り，その実践がアカデミックなものであるか職業教育的なものであるかという分類に大きな意味はない。この点においてグラブらとボックの考えは一致している。そこで，次に高等教育機関が追求しなくてはならないのは専門教育と職業教育の接続，高校から進学した学生と社会人学生の交流，そして専門教育，職業教育，継続教育の相乗効果を引き出す新しい学習スタイルだろう。

（藤墻智一）

▷4　グラブ，W. N.・ラザーソン，M., 筒井美紀訳, 2012，「レトリックと実践のグローバル化――『教育の福音』と職業教育主義」ローダー，H.・ブラウン，F.・ディラボー，J.・ハルゼー，A. H. 編，広田照幸・吉田文・本田由紀編訳『グローバル化・社会変動と教育1――市場と労働の教育社会学』東京大学出版会，pp. 129-151。
なお，イギリスの改革はⅨ-2参照のこと。

▷5　ボック，D., 宮田由紀夫訳, 2015，『アメリカの高等教育』玉川大学出版部。

参考文献
大学改革支援・学位授与機構編，2016，『高等教育における職業教育と学位――アメリカ・イギリス・フランス・ドイツ・中国・韓国・日本の7か国比較研究報告』大学評価・学位授与機構研究報告，Vol. 2。

5 カリキュラム

1 カリキュラムの語源と概念

　「カリキュラム（curriculum）」の語は，「走ること」を意味する "currere" に由来し，「競走」や「競走路」を指すラテン語 "curriculum" を語源とする。教育用語として登場するのは，16世紀後半以降のオランダのライデン大学やスコットランドのグラスゴー大学においてであり，「人生の競走（vitae curriculum）」という比喩を，学生がそれに沿って進み修了させなければならない課程を指して用いたとされる。"vitae curriculum" は英語で「履歴書（curriculum vitae）」を意味するが，「教育内容・計画を秩序化し，規律化した教育課程」を指したカリキュラムは「人生の履歴」という意味も内包していたといえる。

　さらに，1970年代にカリキュラムの再概念化が進むなか，OECD-CERI と文部省が共催した「カリキュラム開発に関する国際セミナー」（1974年）では，カリキュラムを教育目標，教育内容，教材，教授・学習活動，評価まで含めて広く捉え，「学習者に与えられる学習経験の総体」と定義づけた。カリキュラムとは教える側と学ぶ側の両面から考えるべき概念なのである。

2 カリキュラム改革の焦点となる一般教育

　大学のカリキュラム編成の源流は，中世ヨーロッパの大学にさかのぼる。神，法，医学の専門教育とその前段階とされた自由七科（文法，論理学，修辞学の下位三科，算術，幾何，天文学，音楽の上位四科），すなわち「リベラル・アーツ（Liberal Arts）」による教養教育がそれである。近代以降，教養教育はヨーロッパでは中等教育の役割となったが，アメリカでは「リベラル・エデュケーション（Liberal Education）」や「ジェネラル・エデュケーション（General Education）」の呼称で，大学における幅広い教育プログラムとして確立した。

　第二次世界大戦後に日本の新制大学に導入された「一般教育」はこのアメリカのジェネラル・エデュケーションをモデルとしている。当時のアメリカの州立大学を中心に普及していた配分必修（Distribution Requirement）方式を取り入れ，1950年に人文・社会・自然の3系列均等履修により36単位以上と規定された一般教育は，それまで専門教育に特化していた日本の大学において軋轢を生むことになった。その後一般教育の単位数は徐々に削減され，担当組織を安定化するために1963年に国立大学で教養部を法制化したことは，かえって一般教

▷1　ハミルトン，D.，安川哲夫訳，1998，『学校教育の理論に向けて──クラス・カリキュラム・一斉教授の思想と歴史』世織書房。

▷2　文部省，1975，『カリキュラム開発の課題──カリキュラム開発に関する国際セミナー報告書』文部省大臣官房調査統計課。

▷3　リベラル・エデュケーションが17世紀より全人の育成という目的を重視したのに対して，ジェネラル・エデュケーションは大学への専門主義の浸透に対抗する手段として20世紀に広まった。ロスブラット，S.，吉田文・杉谷祐美子訳，1999，『教養教育の系譜──アメリカ高等教育にみる専門主義との葛藤』玉川大学出版部。

▷4　国立学校設置法の改正による。

育担当教員の制度化と専門教育担当教員との処遇の格差の固定化をもたらした。

③ 大綱化以降の教養教育と専門教育の変質

1991年の大学設置基準の大綱化は，一般教育と専門教育の科目区分および最低修得単位数を廃止し，各大学の個性・特色あるカリキュラム編成を促す改正であった。1990年代半ばまでには全国的にカリキュラム改革が進展し，「一般教育」に替わり「教養教育」や「共通教育」の名称が用いられ，国立大学の教養部はほぼすべて廃止された。教養教育単位数の減少とともに専門教育重視の傾向が顕著となり，新たな全学出動体制による教養教育担当方式はしばしば機能不全に陥った。さらにユニバーサル化に伴い，専門基礎教育，**リメディアル教育**，初年次教育，キャリア教育等，学生の多様化に応じたさまざまな教育内容，それも専門教育を下支えする内容が取り入れられ，教養教育の内容は肥大化し混沌としている。他方，専門教育も明確な職業目的を持たない学生が増大するにつれて多機能化し，学際的学部のように教養教育に近い教育も行われている。

④ 求められるカリキュラムマネジメント

2007年に改正された大学設置基準第2条，第19条に基づき，大学は人材養成その他の教育研究上の目的を公表し，その教育上の目的を達成するために必要な授業科目を自ら開設し，体系的に教育課程を編成することとなっている。初等中等教育とは異なり，大学では自主性，自律性を前提にカリキュラム編成の裁量はきわめて大きい。学部，研究科等の組織の枠を越えた学位プログラムの設置，社会人等のための多様で柔軟な教育制度の改正が進むなか，教養教育と専門教育を中心に多様な教育内容をいかに体系的に編成するかが課題である。

そこで，各大学では教育目的を実現するために「カリキュラムマネジメント」に取り組む必要性が生じている。カリキュラムマネジメントとは，「ディプロマ・ポリシー（卒業認定・学位授与の方針）」と一体的な「カリキュラム・ポリシー（教育課程編成・実施の方針）」を策定し，カリキュラム上の連関性とその条件整備にあたるマネジメント上の協働性との対応関係を点検・評価しながら，学問，社会，学習者の発達等の変化に応じてカリキュラムを改編し，各授業科目の運営にまで反映させる動態的な組織的営みである。一般教育・教養教育の改革においてカリキュラムとともに組織体制や組織の構成員の認識が問題となったこと，またカリキュラムを学習経験と広く捉えるならば授業科目の内容への浸透も重要であることは明らかであろう。近年ではカリキュラムマップやカリキュラムツリーなどを利用し，カリキュラムのスコープ（範囲）とシークエンス（順序）が適切であるか，必修・選択必修・選択科目の設定によってカリキュラムの共通性と多様性のバランスがとれているかなど，カリキュラム構造を俯瞰し検証する取組が行われている。　　　　　　（杉谷祐美子）

▷5　リメディアル教育
大学教育を受けるうえで必要な基礎的知識等の補習教育。

▷6　第2条で定めた教育研究上の目的の公表は2010年に改正され，教育研究活動等の情報の公表として学校教育法施行規則第172条の2にまとめられた。

▷7　カリキュラムマップはディプロマ・ポリシーと授業科目との対応を示した図，カリキュラムツリーは授業科目間の関係性や順序性を示した図。

参考文献

杉谷祐美子，2018，「大学教育のカリキュラム」日本教育社会学会『教育社会学事典』丸善出版，pp. 478-480。

杉谷祐美子編，2011，『リーディングス日本の高等教育2　大学の学び──教育内容と方法』玉川大学出版部。

中留武昭，2012，『大学のカリキュラムマネジメント──理論と実際』東信堂。

松下佳代，2012，「大学カリキュラム」京都大学高等研究開発推進センター編『生成する大学教育学』ナカニシヤ出版，pp. 25-57。

吉田文，2013，『大学と教養教育──戦後日本における模索』岩波書店。

学生の学び

1　"teaching" から "learning" へ

　1990年代以降，日本において急速に進行した大学改革はカリキュラムや授業，教授法等を対象としたいわば「教育改革」であった。「『学習』改革という視点を持たないままの『教育』改革」と指摘されるように，学生の学習に本格的に目が向けられるようになったのは2000年代のことである。

　その直接の契機が，中央教育審議会『学士課程教育の構築に向けて（答申）』（2008年）である。同答申は，国際的に大学教育改革の重点は「何を教えるか」よりも「何ができるようになるか」にシフトし，学生が修得すべき「学習成果（ラーニング・アウトカム）」を明確化することが必要だと述べている。こうした背景には，「教育（teaching）パラダイム」から「学習（learning）パラダイム」への転換がみられる。従来の大学改革は授業内容や教授法など大学や教員からの働きかけの改善が主であった。しかし，大学の目的とはそもそも学生の学習を生み出すことであり，教育はあくまでもそのための手段であって，学習の質の向上こそが大学の成果であるとの認識が高まってきたのである。

2　学生をいかに学ばせるか

　学生の学習を促すために早くから指摘されてきたのは，「単位制度の実質化」である。大学設置基準第21条2項によれば，「一単位の授業科目を四十五時間の学修を必要とする内容をもつて構成することを標準とし，」授業外の学習を含めて単位数を計算する。講義・演習については1回90分程度の授業を2時間分とみなし，その倍の4時間を授業外学習に充てることを前提としている。1週間あたりの学習時間は労働時間に準じて45時間（授業15時間＋授業外30時間），つまり1単位分とされる。ところが，学生の学習実態はそれとはほど遠く，2016年の大学生調査によれば（1〜4年生対象），授業などへの出席は11.7時間，授業の予復習や課題のための時間は2.7時間，授業以外の自主的な学習は2.3時間と，平均して1週間の学習時間は計16.7時間にとどまっている。

　単位制度が実質的に機能していないのはこうした学生の学習時間の少なさによるが，そもそもその要因は日本の大学の授業において授業外学習を行わずともそれほど支障がないことが挙げられる。これに対して，アメリカの大学ではシラバスにより授業外学習が明確に指示され，小テストやレポート等の課題も

▷1　苅谷剛彦，1998，『変わるニッポンの大学──改革か迷走か』玉川大学出版部，p. 117。

▷2　学生の学びに関しては，2012年頃より政策文書等で学問を修める，修得するという意味を強調して「学修」の語を使用するようになったが，ここでは「学習」で統一する。

▷3　川嶋太津夫，2008，「高等教育のパラダイム転換（シフト）──『学士課程教育の構築に向けて』の背景」『教育学術新聞』2317，p. 2。

▷4　ベネッセ教育総合研究所，2017，『「第3回大学生の学習・生活実態調査」速報版』。

多く，GPA（Grade Point Average）で標準化された成績評価が奨学金等の基準に厳格に用いられる。また，TA（Teaching Assistant）による演習指導や採点補助も充実している。これらいわば「大学教育の小道具」と呼ばれる授業運営の道具立てが揃い，授業外も含めて学生の学習管理がシステム化されている点に特徴がある[5]。他方，日本にも90年代以降，これらの小道具は移入されたが，その意義や機能が十分に理解されずに形骸化していくことになった。

③　学生はいかに学ぶか

　学生の学習を阻害するもうひとつの要因は，演習や実習・実験を除いた通常の授業において，教員による一方通行的な知識伝達型講義が伝統的に大勢を占めてきたことがある。こうした授業スタイルでは，自ずと学生も講義を聴くという受動的な学習が中心とならざるをえない。そこで，このような学習を乗り越える動きとして，日本では2000年代に入ってから「アクティブ・ラーニング（Active Learning）」が推進されてきた。アクティブ・ラーニングとは「能動的な学習」を指し，「書く・話す・発表するなどの活動への関与と，そこで生じる認知プロセスの外化を伴う[6]」とされている。アクティブ・ラーニングを授業に採り入れるためには，コメントシートや小テストからディスカッションやプレゼンテーション，さらには協同学習／協調学習，PBL（Problem-Based Learning／Project-Based Learning）等まで，多様な技法や戦略が挙げられる。

　しかし，アクティブ・ラーニングでは活動が重視されるあまり，とかく「外化（アウトプット）」に目が行き「内化（インプット）」がおろそかになりがちだとの批判もある。そこで内化と外化を適切に組み合わせ，「外的活動における能動性」とともに「内的活動における能動性」を重視する学習の概念として，「ディープ・アクティブ・ラーニング」が提唱され，アクティブ・ラーニングを再構築しようという動きもみられる[7]。

④　学生の学習実態と学習成果

　2008年の中央教育審議会答申[8]は，学士課程共通の学習成果の参考指針として「学士力」を提言した。その後も，学習者本位の教育の観点から学生の学習成果の把握・可視化が政策的に求められ，認証評価においても重視されている。他方，2019年には大学教育や学習の実態を把握し大学教育の改善や国の政策立案に活用するために，文部科学省が国立教育政策研究所と共同して「全国学生調査」を試行的に実施した。「把握・可視化」という語にも表れているように，学生が身につけた資質・能力（学習成果）の測定・評価は困難であり，限界も指摘されている[9]。国が直接的に学生調査に関与すべきか否かは議論があるものの，学習成果の測定以前にまずは学生の学習実態を把握し，学習・教育プロセスとの関連を分析すること[10]が重要な課題といえる。　　　　　（杉谷祐美子）

▷5　金子元久，1993，『大学教育の再構築——学生を成長させる大学へ』玉川大学出版部。

▷6　溝上慎一，2014，『アクティブラーニングと教授学習パラダイムの転換』東信堂，p. 7。

▷7　松下佳代・京都大学高等教育研究開発推進センター編著，2015，『ディープ・アクティブラーニング』勁草書房。

▷8　中央教育審議会，2008，『学士課程教育の構築に向けて（答申）』。

▷9　中央教育審議会大学分科会，2020，『教学マネジメント指針』。

▷10　学習成果を研究するものとして，カレッジ・インパクト研究がある。

（参考文献）

京都大学高等教育研究開発センター編，2012，『生成する大学教育学』ナカニシヤ出版。

杉谷祐美子編，2011，『リーディングス日本の高等教育2　大学の学び——教育内容と方法』玉川大学出版部。

教授法

教授法の対義語は何か

▷1　ふたつ以上のものが
互いに影響を及ぼしあうこ
と。

　大学における教育活動は，教師と学生の相互作用（interaction）により成り
立つ。教授法とは，その教育活動を実現する方法を教師（教授者）の側から捉
えた呼び方である。では学生（学習者）の側から捉えた呼び方は何か。

　「教授と対になる概念は学習だから…学習法？」と考えた人は，きっと教師
の言うことに素直に従う優等生である。実際に即していえば，適応法もしくは
攻略法であろう。授業（単位修得）の攻略法は，教師が採用する教授法により，
また学生側の思惑や環境条件により異なる。学生側の適応／攻略は，しばしば
教師の想定する「学習法」を裏切るものとなるから，教師の側もそれに対応し
て適応／攻略をせざるをえない。こうして教授法は進化してきた。

　たとえば，ある教師は〈教科書〉を使って〈講義〉を行い〈期末試験〉で学
習成果を評価しようと考えた。〈出席〉はとらない。この授業への適応／攻略
の方法はさまざまだ。学生Ａは教科書で予習して講義に臨み，ノートを取り，
復習し，疑問点を教師に質問する。学生Ｂは先輩や友人からノートを借り過
去問を集めて自学自習と試験対策を万全にしたうえで，もっと有意義なことに
時間を使う。学生ＣはＢの様子をみてこの科目は出席しなくても楽勝だと判
断し，直前に友人のノートを複写して一夜漬けで「なんとかする」。教師にと
って理想の学習法はＡである。この教授法に適応した攻略法としてＢがいる
ことも想定内である。Ｃは不合格が少数のうちは問題とされない。

2　対症療法から根治療法へ

　ここで教師が教授法を見直さざるをえなくなる事情が発生する。Ａからは
「授業に来ないＢが合格するのはおかしい」，Ｂからは「授業がつまらないの
が悪い。高い学費を払っているのに」と苦情が寄せられた。また試験の不合格
者が大量発生して教務からも注意された。Ｃは何も言ってこないが，土壇場の
「なんとかする力」が低下してきたのかもしれない。さてどうするか？

　教授法を見直すときの基本的な考え方に，対症療法と根治療法がある。対症
療法とは表面化した症状を和らげるもので，この場合は個別の苦情に対応策を
講じて当座をしのぐことである。たとえば〈出席管理〉を厳格にして，５回欠
席すると失格というルールを導入した。すると出席者は増えたが，今度は授業

中の私語が増えてくる。そこで私語のたびに注意したり退室を命じたり減点したりという〈厳罰化〉で対処した。すると静かになったが、今度はスマホでゲームやSNSをやりだした。そこで……というのが対症療法である。教師と学生の間の適応／攻略合戦は、教育活動の本質から離れていくだろう。

　根治療法は症状を引き起こしている原因を取り除くものであり、この場合は教授者と学習者の関係性そのものを捉え直すことである。教師が知識を与えて学生はそれを受け取る。受け取った知識を記憶して、正確に再現できれば合格。それに対して、学生が知識を使いこなせるよう促すこと（facilitation）が教師の役割だと考えたらどうか。使いこなすとは、知識を自在に結合し、補足し、更新できること。他者に向けて表現し、議論できることである。

　今の学生にとっては当たり前に思えるかもしれないが、「当たり前」になってきたのはせいぜい2010年代以降である。この捉え方の転換は「教えるから学ぶへ」と要約できる。学習者中心というのは、教師や知識が必要なくなるのではなく、教師の役割や知識の使い方が変わるということである。そうなると、教授法も適応／攻略法もずいぶん違ったものになるはずだ。

③ 背景の社会変化と，情報技術の進化

　教師が教授法を見直さざるをえなくなる「事情」は学生からの苦情や教務からの注意といった直接的な要請だけではない。その背景には、教室の外で起こっている社会変化もある。知識は教師の独占物ではない。学生の学力・意欲・動機等が多様化した。授業に出席するようになった。経済的に苦しいのに学費は高いまま、しかも就職難である。役に立つことをやってほしい。流動的な社会を生き抜く力を身に着けたい……。さらに各大学でファカルティ・ディベロプメント（FD）の取り組みが浸透し、能動的な学修を促すアクティブ・ラーニングの考え方や方法が教師に知られるようになってきた。

　教授法の見直しは「しかたなしに・やむをえず」消極的に行われるものばかりではない。たとえば、情報技術の進化は、教授法の積極的な見直しを促した。ノートPCやタブレット端末の普及は、知識伝達型の講義においてさえ教育効果を高める工夫の幅を広げ、「教えたい」教師たちの教授法の改良意欲も引き出している（もちろん適応／攻略法も進化する）。

　2020年は新型コロナウイルス対応のために多くの大学が遠隔授業を余儀なくされた。そこで教師たちは情報技術の助けを借りながら、学習者中心の教授法を創意工夫してきた。MOOCなどの例外的な取り組みだったオンライン中心の教授・学習が、大学教育の新しい常態となるかどうかはわからない。しかし、すべての教師が自らの教授法を問い直し試行錯誤した画期的な年として、2020年が記憶されることはまちがいない。

（井上義和）

▷2　溝上慎一，2014，『アクティブラーニングと教授学習パラダイムの転換』東信堂。

▷3　「教員が授業内容・方法を改善し向上させるための組織的な取組の総称」。1990年代以降大学改革の中心的なテーマであった。

▷4　「教室内でのグループ・ディスカッション，ディベート，グループ・ワーク等も有効」とされている（2012年中教審答申用語集）。

▷5　大規模公開オンライン講座のこと。Massive Open Online Course の略。Ⅳ-9 も参照。

学習プロセス

1 学生による科目の履修とスケジュール管理

　大学で教えているとよく学生から「単位取れますか」「単位ください」という相談を受け，返答に困る。充実した学習というのは単位ではなく，「何を」「どれくらい」学んだかによって決まるからである。ここではこの問題を，学部レベルの大学教育を例に，機関による学習プロセスの管理という点から考えてみたい。

　入学して学生が最初にすることは科目の履修登録である。履修登録の前にカリキュラムを知る必要がある。カリキュラムとは科目の配置をあらわす設計図である。大学生の読者はぜひここで自分の履修ガイドにある授業科目一覧を見て欲しい。共通基盤としての重要性（必修・選択・自由の別），分野（教養・専門の別，科目群），履修順序（配当年次，ナンバリング，修了要件），授業形態（講義・演習・実験・実習・実技・卒業研究の別），学習の負担（単位数）など，さまざまな角度からカリキュラムの中で各科目が果たす役割が描かれている。

　履修登録を終え，一週間の時間割が埋まると新学期のスタートである。学期制には大きくセメスター制（夏学期を除く年2学期）とクォータ制（夏学期を除く年3学期）がある。近年，ターム制，モジュール制などセメスターを分割したさらに短い学期を採用するケースもある。いずれにせよ，必修科目の合格，卒業所要単位数，在学年数等の条件を満たしたのち卒業の判定にパスすれば，めでたく学士の学位授与の運びとなる。分野による差はあれ，卒業までの学習スケジュールの設定に，ある程度の自由が認められている点は高校までと大きく異なる。

2 学習を充実させる7つのツール

　カリキュラムから科目の中の学習へと話を移そう。大学では学科などの運営サイドが教育プログラムにおける学習を管理することになっている。また，その結果は大学評価の手続きを通して広く社会に発信される[4]。ここでは科目をモニターする制度や概念を，**表Ⅳ-8-1**のような7つのツールにまとめてみた。目標，内容，方法，評価方法は学生が「何を」学んだかをあらわし，投入量，評価結果，変化と成長は「どれくらい」学んだかをあらわす。7つのツールとは，大学の実践の中で蓄積された知恵と工夫の結晶であり，これによって複数

▷1　学校教育法によって，研究活動と教育活動について大学自ら点検および評価を行い，その結果を公表すること，さらに，文部科学大臣の認証を受けた「認証評価機関」によって，大学は一定期間ごとにそれらの総合的な状況について評価を受けることが義務づけられている（第109条第1項および第2項）。

▷2　大学設置基準は，1単位の科目について「45時間の学修を必要とする内容」で構成され，講義であれば「15時間から30時間までの範囲」の授業を行うものと定めている（第21条第2項）。45時間には授業時間外の活動が含まれる。2単位の講義が15週にわたり毎週2時間の授業をする場合，1週間の授業時間外の学習時間は4時間となる。学生には授業時間数の倍に相当する予習，復習，発表準備等が課せられていることになる。また，留学するときや留学生を受け入れるときに，学習時間によるこの規定が異なる国の教育制度をつなぐ共通基盤となる。

▷3　科目を越え総体として学生が身につけた資質・能力の測定方法には，学生アンケートによって自己評価を回答させる間接評価と問題を解かせて結果を採点

表Ⅳ- 8 - 1　　科目の学習プロセスをモニターする仕組み

学習プロセス	(1)目標	(2)内容	(3)方法	(4)投入量	(5)評価方法	(6)評価結果	(7)変化と成長
科目のツール	授業のねらい ディプロマポリシーから関連のある教育目標を抜粋し，明記したもの。	テキスト 身につける知識とその体系を明記したもの。それら教材のリスト。	授業計画 学習方法の組み合わせを明記したもの。	単位 授業内と授業外における学習量を時間によって明記したもの。	テスト 評価方法の組み合わせを明記したもの。	成績 採点のプロセスと得点の分布を明記したもの。	ラーニングポートフォリオ 学習経験について学生がふり返り記述したもの。(提出物や授業評価によって補強される。)
エビデンスの5点セット	①シラバス	①シラバス	①シラバス	①シラバス	②ルーブリック ③試験問題	④採点済み答案	⑤実践報告書
対応する機関のツール	ディプロマポリシー	コースカタログ，アカデミックアドバイザー	カリキュラムポリシー	CAP 制，卒業所要単位数	成績評価基準	GPA，ディプロマサプリメント	学生調査，卒業論文

出所：筆者作成。

の学習プロセスそれぞれに一貫した共通の目標が与えられるのである。

　第一のツールである授業のねらいから第四の単位まではシラバスの記載事項である。教育のインプットを理解する上でシラバスがいかに重要であるかがここからわかる。第五のテストから第七のラーニングポートフォリオまでは学生が身につけた資質・能力（ラーニングアウトカム）を把握するプロセスである。資質・能力には成績のように数値で示されるものもあれば，ラーニングポートフォリオのように学生による文章で表現されるものもある。[2] そして，科目における学習の一貫性を維持する上でもっとも重要なのは，テストで用いる試験問題と成績を採点するプロセスがいずれも授業のねらいと明確に対応していることである。

③ 単位か成績か

　科目のゴールに合格と成績がある。出席や提出物等の義務を果たして最低限の成績で科目に合格し，単位を取得することは決して難しくない。海外の有名大学といえども学習への関与という点で卒業生は玉石混交である。つまり，その一方でよい成績を取る者の中には，授業時間外の課題探求に連日連夜のめり込み，教員が設定した基準を超えていく例外的な熟達者が含まれる。[4] 大学は，元来，こうした学生を全力で支援する組織である。評価方法を明記するルーブリックにおいても想定外の高い到達度を想定すべきである。

　企業や大学院入試の関係者がもしこのことをよく理解していたらどうだろう。あなたが学部生なら最低限の努力で単に単位取得を目指す戦略を選択するだろうか。高校レベルの学力だけが社会の重要指標であった時代は終わりつつある。単位か成績かを未来志向でもう一度考えてみる必要がありそうだ。

（藤墳智一）

する直接評価がある。機関レベルの直接評価にはこの他に標準化テストがある。また，卒業論文は教育プログラムの学習目標との整合性が高く，学習をモニターするツールとして最適である。直接評価に向けた卒業論文の機能強化が待たれる。

▷ 4　教員向けの指南書としてアンブローズらによる『大学における「学びの場」づくり』は有益である。この文献は，教員の工夫によって長時間の学習だけでは到達し得ない高い学習効果が学生にもたらされるということを示唆している。アンブローズ，S. A.・ブリッジズ，M. W.・ディピエトロ，M.・ラベット，M. C.・ノーマン，M. K.，栗田佳代子訳，2014，『大学における「学びの場」づくり──よりよいティーチングのための7つの原理』玉川大学出版部。

参考文献

金子元久，2013，『大学教育の再構築──学生を成長させる大学へ』玉川大学出版部。

9　大学教育とテクノロジー（ICT）

① 大学教育におけるICT利用

　最近の情報通信技術（Information and Communication Technology: ICT）の進展は大学の授業のあり方を大きく変える可能性を持っている。700年におよぶ長い歴史を持つ大学教育の基本は，教師と学生が直接に接する対面型の授業にあった。しかしICTという情報通信テクノロジーを利用した授業は，対面型の授業になかったメリットを持っている。具体的には，インターネットを用いて授業を配信することによって，学生は必ずしも大学に行かなくても授業を受けることができる（遠隔性）。しかも教師と学生は，直接対面していなくても，インターネットを介して相互に発信・受信することができる（相互性）。さらに授業を記録して，それを必要に応じて視聴することも可能となる（再現性）。

　こうしたICTの特性によって大学教育は3つの方向で変化する可能性を有する。第一に，ICT利用によって対面型の授業をより豊かで効果的なものにすることができる。抽象的になりがちな大学講義の補完物として画像や映像を使う。あるいは授業管理ソフトによって教材提示をしたり成績管理システムを用いたりする。これらは対面授業を補完するという意味で，ICTの「補完機能」と呼ぶことができる。

　第二の方向は，従来の大学における授業の時間と場所による制約を越えて教育を行う可能性を作る。対面授業を代替する役割を果たすという意味で，これをICTの「代替機能」と呼ぶことができよう。2020年のコロナウイルス騒動では，遠隔授業のこのような特質が予期せぬ形で発揮されることになった。それだけでなく，通学の困難な成人学生にも遠隔授業は大きな役割を果たす。

　第三に，ICT利用は従来の大学の物理的なキャンパスや教室など，人的な組織を用いないバーチャル（仮想的）な大学を作ることを可能とする。従来の大学の枠にこだわらずに，高度な情報や知識，理論を，不特定多数の人々に提供することも技術的には可能となる。いわばICTによる大学からの高度情報の「開放機能」と呼ぶことができよう。2000年代から発展してきた大学の公開オンライン授業OCW（Open Course Ware），および2010年代の大規模公開オンライン授業MOOC（Massive Open Online Course）はそのひとつの象徴である。

▷1　アメリカで始まったMOOCの日本における普及を目指し，2013年に一般社団法人日本オープンオンライン教育推進協議会（略称JMOOC）が設立され，MOOC関連グループの組織化と活動支援を行っている。
「JMOOC」では，大学講師陣および企業が提供するオンライン講義を公開しており，誰もが修了証の取得まで無料で受講できる教育サービスを提供している。また「JMOOC」の公認配信プラットフォームとしてNTTドコモ社とドコモgacco社が開設している「gacco」，ネットラーニング社による「OpenLearning, Japan」，放送大学による「OUJMOOC」，ネットラーニング社による「Fisdom」が存在している。この4つのプラットフォームをまとめるポータルサイトとして，JMOOCサイトでこれらすべての講座の紹介・配信を行っている。2021年現在，累積450講座あり，受講者は10代から80代まで幅広い年代の120万人に達した。

2 テクノロジーと新しい人材需要

　他方で大学はテクノロジーの発展に不可欠の基盤である。19世紀の産業発展の時代から技術系人材への需要は大きく拡大し，そこに大学は大きな役割を果たしてきたことはいうまでもない。

　21世紀に入って，それとは異なった次元の要求が大学教育に投げかけられている。ICTの発展，特にビッグデータ，人工知能（AI）技術の発展は，経済，社会活動に新しい可能性をもたらす一方で，労働力需要を大きく変質させようとしている。情報技術関係の人材養成は大学にとって重要となるが，実はその絶対数は大きいものではない。むしろ重要なのは，生産工程がますます自動化され，生産工程での人材需要がさらに減少するのと同時に，これまで増加しつつあった管理部門におけるホワイトカラー労働力への需要の一部も減少する点である。金融部門で生じつつある雇用縮小はそれを象徴的に示すものといえよう。

　この変化の中で大学には新しい産業構造を支える資質を持った卒業生を育てることが求められる。それにはテクノロジーと直接に関係のなかった分野での大学教育がこれまでと異なった意味で重要となるかもしれない。

3 大学の課題

　このような状況の中で，大学はさまざまな課題に直面することになる。ひとつはICTを利用する体制がまだ十分ではない点である。情報機器などハードウェアの価格は下降し，コロナウイルス騒動で大学にいやおうなしに遠隔授業が導入されたために，ICT利用の心理的なバリアも低くなったといわれる。しかしICTの特質を活用した授業，教育体制はまだ十分とは言えない。もうひとつは大学教育の質とその保証である。遠隔授業やMOOCは，授業する側からみれば質の高いものが提供できたとしても，それは学生にとって学習の質が十分であることを意味するものではない。個々の学生の学習の達成度をどのように測定し，学位の質をどのように保証するかも重要な課題として残っている。さらに基本的な課題となるのは，情報化社会における知性の形成である。いくつかの調査によれば，大学生の読書量は2000年代中頃から2020年にかけて大きく減少した。その原因の一端はインターネット，スマートフォンの普及にあると思われる。皮肉なことにICTというテクノロジーの発展によって，上述の新しい社会で求められる知性の形成の基盤はむしろ脅かされているともいえる。大学教育にはこうした現実に対処することも求められる。（苑　復傑）

参考文献

苑復傑・中川一史，2020，『情報化社会におけるメディア教育』放送大学教育振興会。

中川一史・苑復傑，2017，『教育のためのICT活用』放送大学教育振興会。

10　教育における社会連携・産学連携

 さまざまな連携のかたち

　日本の大学における学外組織との連携教育の歴史は古く，その起源は明治期に遡る。教育学部における教育実習，医学部における臨床実習，また工学部において高度経済成長期まで続けられた工場実習はいずれも正課の必修科目として専門的な実地訓練の機会を提供した。

　旧労働省，旧通商産業省，旧文部省は1997年に合意文書「インターンシップ推進に当たっての基本的考え方」を出し，全国の大学にインターンシップが普及するきっかけとなる。背景には経済的に自立できない若者の増加があった。合意文書は在学生の就業体験に，専門教育の効果的な展開，学習意欲の喚起，職業意識の向上，主体性の育成など多岐にわたってじつに多くの効果を期待した。

　その後，インターンシップは多様な発展を遂げることになる。単位が認められない短期の取り組みの中には1日限りのものもあれば，数ヶ月かけて実際の商品開発を行う必修科目もある。工学系を中心に，**コーオプ教育**▷1を導入した学部・学科では企業における体験を正課の科目としてカリキュラムに組み込む動きが広がった。その延長に産学連携による卒業研究がある。多くの事例が示す通り，それらは成果に対して学生に一定の責任を負わせることで学生の積極的な関与を引き出すことに成功している。

　サービスラーニング▷2は学外との共同のもうひとつのかたちである。アメリカの大学ではすでに20世紀前半より学生がボランティア活動などのコミュニティサービスに積極的に取り組んでいた。サービスラーニングはそうした社会参画の経験を学習の資源として正課の科目に活用する試みである。1993年に制定された全国・地域サービス信託法（The National and Community Service Trust Act）に基づく全国・地域サービス協会（Corporation for National and Community Service）の設立によって連邦政府による本格的な支援がはじまった。日本でサービスラーニングが全国に普及するのは2000年以降である。特色ある大学教育，アクティブラーニングの導入，大学の地域貢献，これらを推進しようとするさまざまな政策プログラムの後押しを受け，インターンシップのパートナーが地方自治体やNPOなどの公共セクターへと拡大していったことが背景として重要である。また，学外との共同は学部教育以外に専修学校の職業体験型

▷1　**コーオプ教育**
1906年にシンシナティ大学工学部においてはじめられた。急成長する製造業に対応した実践的な人材育成が目的であった。1968年の高等教育法改正による財政支援ののちアメリカ全土に普及する。数ヶ月にわたる長期の就業経験，賃金の支払い，正課の科目としての成績評価および単位認定などを特徴とする。カナダのウォータルー大学など，アメリカ以外で高い成果を上げている事例も多数ある。

▷2　ファーコは目的と受益者の観点からサービスラーニングとインターンシップの違いを明らかにした。彼の分類によればインターンシップはアカデミックな学習に比重を置き，サービスラーニングはコミュニティサービスとアカデミックな学習の双方に均等な比重を置く活動である。ファーコ，A., 荻野亮吾訳，2013，「サービスラーニング——学習資源としてのコミュニティ」OECD教育研究革新センター編著，立田慶裕・平沢安政監訳，『学習の本質——研究の活用から実践へ』明石書店，pp. 265-290。

教育，大学院の中長期インターンシップへと広がりを見せており，学生が実社会の経験から学ぶ機会として今後さらに重要な役割を果たすだろう。

② 連携すると教育はどう変わる？

1990年代は多くの先進国で大卒者の能力と仕事が求める能力との間にあるギャップが問題となった。一言で言えば，未知の課題に対して解決の道筋をつける力，あるいは，国や分野の異なる専門家と協力し，試行錯誤の末に一定の成果を上げる力の不足が指摘された。もはや大教室での一斉講義という従来の学習スタイルだけでこの要求に応えることはできない。大学は，現実の社会とその中の課題についていっそう深く理解することから新しい教育をスタートさせる必要があった。

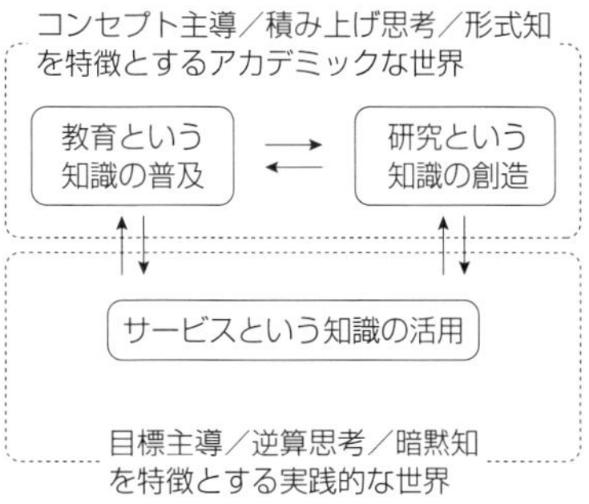

図IV-10-1はナレッジマネジメント[3]の観点から学外組織との連携の意義を説明したものである。大学には３つのミッション，すなわち教育，研究，サービス（社会貢献）があり，図IV-10-1はそれぞれが持つ知識の普及，知識の創造，知識の活用の側面にフォーカスしている。研究は教育内容を支える知識の創造である。学生にその内容を伝えるため，教育のプロセスでは知識を体系化させる必要がある。学生と教員間の相互作用がときに新たな研究テーマの発見に繋がることがある。このように教育と研究はアカデミックな知識の創造に欠くことのできない両輪として補完し合う。

教員や学生がサービスに関わることでアカデミックな知識は現実に即して加工される。それが知識の活用がもたらす効果である。さらに重要なのは，現実の課題がしばしば専門分野の壁を越えた新しい知識を要求する点である。つまり，サービスによって知識と知識の結びつきが加速する。こうした知識活用のノウハウと成果は最終的に教育内容として定着する。それだけでなく，サービスにおける知識の活用は学習者である学生に対して高度な主体性と協調性を要求する。図が示す通り，社会にとって意味のある知識とはこうしたオンキャンパスとオフキャンパスの往復によって鍛えられる。

近年の政策では，さらに教育，研究，サービスの３つのミッションそのものが融合しているように見える。たとえば，いずれも文部科学省の事業であるが，2015年に実施された地域連携推進のプログラム「地（知）の拠点大学による地方創生推進事業（COC＋）」，2015年の高知大学を皮切りとする地方創生関係学部の新設，2021年に実施が検討されている大学院生対象の長期有給インターンシップ（ジョブ型研究インターンシップ）では，ひとつの事業の下で教育，研究，サービスが同時に進行する。その中で学生は知識の創造，普及，活用を繰り返し経験することになるだろう。 （藤墳智一）

図IV-10-1 研究とサービスによる教育の強化

出所：OECD教育研究革新センター編著，立田慶裕監訳，2012，『知識の創造・普及・活用──学習社会のナレッジマネジメント』明石書店。同書の第2章（pp. 71-123）が採用するナレッジマネジメントに関する相互作用モデルを基に筆者作成。

▷3 ナレッジマネジメント
企業経営における組織的な知識管理を指す。成果として知識創造や技術的イノベーションが想定されることが多い。野中と竹内は日本企業のケーススタディに基づいて知識創造を暗黙知と形式知の循環として捉える理論モデルを提示した。野中郁次郎・竹内弘高，梅本勝博訳，1996，『知識創造企業』東洋経済新報社。なお，ここで言う形式知とは，言語によって表現される客観的な知識である。これに対して，暗黙知は，経験や勘に基づく主観的な知識であり，言語への転換が難しい。図IV-10-1ではこれに目標を設定しない積み上げ思考と目標を先に設定する逆算思考の軸を重ねている。従来の大学教育の特徴は目標を設定せず形式知を積み上げることにある。

参考文献

高良和武監修，2007，『インターンシップとキャリア──産学連携教育の実証的研究』学文社。

大学生

大学生の位置づけ

　中世ヨーロッパの大学において，"university" の語源であるラテン語の "universitas（ウニヴェルシタス）" は組合やギルドを意味した。知的探求を目的としたギルドの構成員には教師だけでなく学生が含まれたり，学生のみの場合もあった。これらギルドは規約を定め集団内を規制し，外圧を排して対外交渉を行う自治的組織である。学生を大学の構成員として，学生自治をもって大学運営に参加する存在と捉えれば，日本でも1960年代に激化した学生運動での要求にその片鱗はうかがえる。しかし，政治運動と結びつき過激な暴力行為に発展した学生運動は70年代には社会的支持を得られずに沈静化し，80年代以降，学生自治会の活動範囲は課外活動や大学祭等が中心となっていった。

　2019年度現在，日本の大学生数（学部）は約261万人，短期大学生数は約11万人，同世代人口に占める進学率は53.7％と4.4％で計58.1％に上る。戦後の学生数の増加は著しく，大学・短大進学率は1963年度には15％を超えてマス段階に，2005年度には50％を超えてユニバーサル段階に移行した。近年，18歳人口の減少と学生確保が厳しくなるにつれ，学生は教職員と対等な構成員というよりも教育サービスの顧客，あるいは消費者としての存在感を増している。

日本の学生文化の変遷

　「学生文化」とは学生集団に共有される特有の行動形態，生活様式，価値観等を意味し，主に「勉強文化」「遊び文化」「対抗文化」に分類される。戦後，日本の学生文化は勉強文化から遊び文化へと重点が移っていった。戦後の新制大学は増大し，戦前の旧制大学に比べ地位が低下した印象を与えたが，戦前の旧制高校で花開いた教養主義は1970年前後まで残っていた。教養主義とは人文社会科学系の読書を通じて人格の涵養・向上を目指す気風である。学生の読書傾向や修学費の推移からは，戦後しばらく教養主義が大学生の規範文化として存続し，勉強文化が中心であったとみることができる。しかし，50年代後半から60年代にかけての高度経済成長を背景に学生の娯楽嗜好費が増大し，勉強文化を温存しつつ遊び文化が台頭した。さらに，大学文化や大人文化への反発を示す対抗文化が学生運動の形で表出したのも60年代であった。

　70年代には学生運動が衰退し「三無主義（無気力・無関心・無責任）」や「シ

▷1　文部科学省，2019，「調査結果の概要（高等教育機関）」『学校基本調査──令和元年度結果の概要』（https://www.mext.go.jp/content/20191220-mxt_chousa01-000003400_3.pdf）。

▷2　竹内洋，2003，『教養主義の没落──変わりゆくエリート学生文化』中公新書。

ラケ」といった社会への関心の欠如，人間関係の希薄化が蔓延する。80年代にかけては，受験競争が激化するなか，互いに傷つけあうことを忌避する自閉的な「やさしさ」や「ふれあい恐怖」がみられるようになる。70年代は大人としての責務を猶予される「モラトリアム」の捉え直しも生じた。当初，モラトリアムは半人前意識に悩む時期ともされたが，高学歴化により社会へ出る年齢が全体に遅くなると，親の保護にも慣れ学生の立場に安住していき，アイデンティティ確立のための手段であるはずのモラトリアムは，それを享受すること自体が目的化していった。豊かさの恩恵を受けた若者世代は消費主義志向を強め，80年代に高度消費社会を迎える。70〜80年代の「大学レジャーランド」時代，勉強文化は衰退する一方でサークル活動全盛の遊び文化が隆盛し，対抗文化は「代返」や「私語」など，授業の意味を無化する行為に変質した。

90年代は一転し，バブル崩壊後の経済不況下で勉強文化が復権してくる。大学生活での重点は，最も多かった「豊かな人間関係」が下降の一途をたどり，90年代後半より「勉学第一」とする学生が増えていった。ただし，「勉学」とは必ずしも自らの関心で能動的に学ぶことではなく，授業に出席し成績評価を気にするといった「まじめ化」を意味する。大学の「学校化」，大学生の「生徒化」論として，現在も大学生の受動的な学びのあり方は疑問視されている。

③ 大学教育と学生支援の課題

80年代まではジャーナリスティックな大学生「ダメ論」が主流であったが，90年代より「大学生論」「大学生研究」が急増し研究が本格化する。なかでも，アメリカで1960年代から始まった大学教育の効果を検証するカレッジ・インパクト研究の影響で，学生の学びや成長に関する研究が2000年代より展開されたことは大きい。カレッジ・インパクト研究はI（Inputs＝入学前情報）－E（Environment＝環境）－O（Outcomes＝成果）から構成されるI-E-Oモデルを基本的枠組とし，日本の学生調査データからもIがEを媒介しOを規定することが示唆されている。大学環境が学生に及ぼす影響への関心は高い。

ユニバーサル化は学生の量的拡大とともに質的多様化をもたらす。実際，学力面や心理面で大学への適応が難しい学生が増え，高校から大学への円滑な移行を目的に初年次教育が全国的に拡大した。また，『大学における学生生活の充実方策について（報告）――学生の立場に立った大学づくりを目指して――』（廣中レポート，2000年）は，「学生中心の大学」への視点の転換と正課外教育の積極的な捉え直しを提唱し，学習支援，キャリア支援，生活支援，学生相談等，多様な学生支援が現在では求められている。今後はさらに，18歳で入学する日本人という「伝統的学生」だけでなく，社会人や留学生を含め多様な学生を受け入れる体制の整備と柔軟な教育プログラムの提供が課題となる。

（杉谷祐美子）

▷3　小此木啓吾，1978，『モラトリアム人間の時代』中央公論社。

▷4　欠席者に代わって返事をするなど，授業の出席を装うこと。

▷5　新堀通也，1985，「概説　大学生――ダメ論をこえて」新堀通也編『現代のエスプリ　大学生――ダメ論をこえて』213：p.7。

▷6　カレッジ・インパクト研究の代表的な研究者としては，A.アスティン，E.パスカレラ，G.クー，などが挙げられる。

(参考文献)
武内清編，2003，『キャンパスライフの今』玉川大学出版部。
橋本鉱市編，2010，『リーディングス日本の高等教育3　大学生――キャンパスの生態史』玉川大学出版部。
溝上慎一編，2002，『大学生論――戦後大学生論の系譜をふまえて』ナカニシヤ出版。
溝上慎一・及川恵，2012，「学生の学びと成長・支援」京都大学高等研究開発推進センター編『生成する大学教育学』ナカニシヤ出版，pp. 119-161。
山田礼子，2012，『学士課程教育への質保証へむけて――学生調査と初年次教育からみえてきたもの』東信堂。

大学教員

 アカデミック・プロフェッション

　わが国の大学教員は，『文部省第28年報』によれば，1900（明治33）年には東京帝国大学と京都帝国大学の 2 校で300人足らずであった。それが新制後の1953年は 4 年制大学と短大を併せて 3 万7000人，2019年現在で19万5000人（内，女性26.4%，外国人4.6%）まで増加した（『学校基本調査報告書』各年）。

　大学教員は，大学を支える構成員であるが，大学は学校教育法第83条によれば，「学術の中心として，広く知識を授けるとともに，深く専門の学芸を教授研究し，知的，道徳的及び応用的能力を展開させることを目的とする。 2 ．大学は，その目的を実現するための教育研究を行い，その成果を広く社会に提供することにより，社会の発展に寄与するものとする」と規定されている。したがって，大学教員は「アカデミック・プロフェッション」と称せられるように，専門職に必要な高度な知識・能力，創造性が要求されるとともに，それらが仕事に関して自由に発揮できるような身分保障が必要とされる。

② 講座制の功罪

　日本の大学教員の問題として，人材の流動性に乏しいことがつとに指摘されてきた。1886（明治19）年創設の帝国大学は，近代の合理主義と責任倫理をモデルに創設された。そのことは1893（明治26）年に，文部大臣井上 毅が導入した「講座制・職務俸制」が，教授の専攻分野に対する責任の明確化と専攻分野の研究を究めることを目的とした通りである。

　ところが，「講座制」はきわめて日本的な終身雇用と年功序列に支配され，外部の人材を採用することを困難にした。ドイツの「講座制」が教授一代限りのポストであるのに，日本に移植された「講座制」は「教授 1 名，助教授 1 名，助手 1 ～ 3 名」をワンセットとした。「講座制」は，後継者の育成に大きく貢献したが，主任教授の性格や教育研究能力に助教授，助手，院生が支配されるという弊害があった。「講座制」は人事面だけでなく，予算・組織編成面においても硬直的であるとして2007年に学科目制とともに大学設置基準から削除された。しかし，現在でも歴史の古い大学や医歯系ではインブリーディング（自大学出身者の優先的採用）の慣行が残っている。

❸　大学教授職の日本的特徴

　欧米の大学では，競争原理を維持するためにさまざまな工夫が行われている。博士論文や採用・昇格の人事審査にあたっての外部審査制，契約制，テニュア・トラック制度，内部昇進の禁止の他，ピラミッド型の職階制などがある。たとえば，教員全体に占める教授職の割合を日本，中国，アメリカ，イギリス，フランス，ドイツの６ヶ国で比較すると次のようになる。日本38％（国立大学33％，私立大学40％），アメリカとフランスが22％，ドイツ19％，イギリス13％，中国12％である。日本の大学では他国に比して教授昇格にあたって競争メカニズムが働きにくい構造になっているのである。

　加えて，日本の大学教授職の特徴として資格要件がいまだ実態を伴っていない点が指摘できる。大学設置基準の第14条は，教授となることのできる者の要件として「博士の学位」を有するものと規定されている。しかし，2017年現在の教授職の博士取得率は理工農と医歯薬で97％であるのに，人文・社会科学で53％に留まっている。

❹　大学教員のパート化：任期制と非常勤教員

　任期制は，人事の閉鎖性を排除し，流動性を促すために若い内からの終身雇用を認めない制度である。日本で最初に大学教員の研究業績にメスを入れた新堀通也の提言である。任期制は臨時教育審議会「第３次答申」（1987年）でも議論されたが，「教員に任期制を導入する道を開く」という表現に留めていた。任期制が法制化されたのは，「大学の教員等の任期に関する法律」（1997年）である。この法律によって国公私立を問わず，教員の任期を柔軟に定めることが可能になったが，問題は人材の流動化が促進されると教育研究が活性化するのか否かの行動分析を経ずに法制化されたことである。2017年時点の任期付き教員比率は，国立大学30％，私立大学23％であるが，任期付きの多くは40歳未満の若手に集中している。そこで，若手教員のキャリアを安定させるために，無期雇用への制度転換が求められている。

　ところで，『学校教員統計調査』（文部科学省）によれば，2019年に任期の有無に関係なく本務教員として採用された者は１万1500人である。その内，新規学卒者は９％に過ぎない。最も多いのが，「その他」に分類される者29％，「民間企業」10％，「研究所等の研究員」９％である。背景には，90年代の大学院拡充政策による博士号の過剰供給や規制緩和による実務家教員の採用がある。

　任期制に加えて，非常勤による教員のパート化も進行している。2019年の本務教員に対する兼務教員の割合105％（国立60％，私立131％）は，アメリカ89％やイギリス49％を凌いでいる。このように職業としての大学教員の不安定さが，博士課程進学者が低迷する要因のひとつであると指摘されている。（藤村正司）

▷１　Finkelstein, M. and Glen, Jones eds., 2019, *Professorial pathways : academic careers in a global perspective*, Johns Hopkins University Press.

▷２　新堀通也，1965，『日本の大学教授市場』東洋館出版；潮木守一，2009，『職業としての大学教授』中央公論新社。

▷３　広島大学高等教育研究開発センター，2017，『大学への資源配分と教育研究活動に関する教員調査』（約4000人が回答）。

▷４　新堀通也，1965，『日本の大学教授市場』東洋館出版。

▷５　河合塾，2017，「ひらく　日本の大学」『Guideline』11月号。国立大学では40歳未満の教員の63％が任期付きである（朝日新聞2016年12月19日）。

▷６　文部科学省，2019，『学校基本調査報告書』。Finkelstein, Martin and Glen, Jones eds., 2019, *Professorial pathways : academic careers in a global perspective*, Johns Hopkins University Press.

【参考文献】
岩田弘三，2011，『近代日本の大学教授職──アカデミック・プロフェッションのキャリア形成』玉川大学出版部。
アキ・ロバーツ，竹内洋，2017，『アメリカの大学の裏側』朝日新聞出版社。

大学職員

 大学職員とは

「大学職員」とは，一般的には教員や学生の活動を支援する「事務」に従事する者を指す。しかし厳密には，大学で執務する者はすべて「職員」である。学校教育法第92条「大学には学長，教授，准教授，助教，助手及び事務職員を置かなければならない」を踏まえれば，教育（と研究を行う）職員と事務職員とに分類されるが，事務職員の職務内容は明確に定義されておらず，事務＝デスクワーク以外にも多様な仕事に従事しているので，「教員以外の職員」と称した方が正確ではある。このような"職員"を慣用的に「大学職員」と称することが多く，以下でも便宜上「大学職員」をこの定義で用いることとする。

② 大学の屋台骨を支える"専門家集団"

大学の主たる機能である研究活動や教育活動の主体は，教員ではある。しかしながら，教員がそれら活動に専念し大学が正常に機能するには，大学職員の存在無くしてはありえない。たとえば研究教育費の管理，物品の発注・納品手続き，出張の旅費計算や拠出，会議や会議資料の準備・進行，学生への窓口対応，授業の時間割の調整，学生の授業履修・成績・単位取得状況の確認や管理など，教員に任せておくと杜撰になったり忘れられたりしてしまうような諸々の業務について，大学職員は制度や規程に基づいて粛々と対応をしているのである。さらに言えば，大学自治や学問の自由を履き違えて乱用する教員を，制度や規程に基づいて律する立場にある，とも言える。

③ 大学職員の仕事

では，大学職員の仕事とは一体どのようなものなのだろうか。上述したように大学職員とは「教員以外の職員」を指すことが多く，その業務は多岐にわたる。研究支援，学生支援，教務，総務の仕事に加え，経営，企画，広報，学生募集，入試，人事，財務・会計，施設管理，情報，国際，図書館での各種サービス，外来対応など，そして附属病院を持つ大学では医療支援も含む。これらの業務は教員の教育研究の支援的なもの，財務・会計のような定型的な処理業務，そして情報システムや研究用の専門的な設備・機器の運用のように高度な専門知識を必要とするもの[1]など，職務内容の質においても多様である。

▷1　これを担う職員を技術職員と呼び，事務職員と区別することがある。

④ 大学職員はジェネラリストかスペシャリストか

　日本の大学職員の場合，これら多様な職務への従事は，日本の企業と同様に定期的な人事異動を通じて網羅的に経験することが多く，実質的にジェネラリスト養成型の人事システムを採っている。一方でよく参照対象となるアメリカでは，大学職員は専門職化（学位の高度化，大学院における専門の養成課程の存在，職能団体の発達など）が進んでおり，当該職務の専門家として専念する傾向のある点が日本とは異なっている。ただし日本においても競争環境の激化による大学管理運営・経営の変化により，大学職員の高度専門（職）化が唱えられてはいる。研究支援に特化した，教員でも事務職員でもない「第三の職種」として期待される University Research Administrator（URA），大学内外の情報を収集・分析・評価し，大学の意思決定や経営を支援するインスティテューショナル・リサーチャー（Institutional Researcher: IRer）などは，高度専門職の例として政府でも強くその設置が期待されるものである。

⑤ 大学職員の課題

　しかし日本においては，大学職員も日本固有の伝統的雇用慣行（新卒一括採用，OJT による職務能力の向上など）に実質的には組み込まれているという現状がある点，そして主として国立大学では事務組織が教員組織とは別系統として存在し，大学の中に二元構造が制度化されたことから，長らく 2 つの組織間での対立や葛藤が存在してきた点，さらには事務組織が採用する官僚制の機能的特質であるところの，職位の階層制やトップダウン，文書主義，職位の専有が無い点などには，注意するべきである。つまり，こうした日本固有の制度的・非制度的慣習の元で，果たしてアメリカのような大学職員の専門職化や専門職団体の成熟が必要なのかは，慎重に検討する必要があるし，そもそも日本においては，大学職員に関する研究蓄積が乏しく，大学職員の高度専門職化が有効であるという明確な根拠は何も無い。

　このように，大学職員は，大学内部における制度の二元化や大学を超えた日本全体が抱える非制度的慣行，官僚制度，そして近年の大学を取り巻く環境変化による新しい試みとも相まって，ダイナミックな変化を見せている注目すべき領域である。それゆえ過去の研究蓄積の乏しさの反省からも重厚な研究蓄積が必要であり，それら研究成果の証拠に基づいた，望ましい大学職員制度のあり方が早急に模索されるべきである。

（村澤昌崇）

▷2　アメリカの大学職員については以下の文献を参照のこと。高野篤子，2012，『アメリカ大学管理運営職の養成』東信堂。

▷3　詳しくは以下の文献を参照のこと。大場淳，2014，「大学職員研究の動向──大学職員論を中心として」『大学論集』46：pp. 91-106。

▷4　Ⅶ-8 も参照。

▷5　官僚制の性質については，以下の文献を参照のこと。ウェーバー，M.，世良晃志郎訳，1976，『支配の諸類型』創文社，p. 125。

▷6　大学職員論の研究動向については以下の文献を参照のこと。大場淳，2014，「大学職員研究の動向──大学職員論を中心として」『大学論集』46：pp. 91-106；羽田貴史，2010，「高等教育研究と大学職員の課題」『高等教育研究』13：pp. 23-41。

4 基本的な構成単位：学部とカレッジ

▷1　クラーク, バートン・R., 有本章訳, 1994, 『高等教育システム──大学組織の比較社会学』東信堂によれば高等教育システムは分業に対応して垂直方向, 水平方向に組織的に分化する。機関間では水平方向にセクター, 垂直方向にヒエラルヒーに分化し, 機関内では水平的にはセクション, 垂直的にはティア（たとえば, 学部と研究科）に分化する。

▷2　フランスでは, フランス革命で大学はファキュルテへと解体され, 1896年に複数のファキュルテがユニヴェルシテに統合された。

▷3　19世紀後半にイギリスの産業都市に創設され, 20世紀初頭にかけて大学化した大学群である。

▷4　オックスフォード, ケンブリッジでも, 近代的ディシプリンの細分化や研究活動に対応しなければならず, 専門分野別のデパートメントが形成された。

▷5　ただしオックスフォード大学やケンブリッジ大学と異なり, カレッジ（文理学カレッジ）単体の機関であった。

▷6　1862年に, 連邦政府から州に付与された土地を活用することで大学設立を可能にした法律。これによって設立された大学は国有地付与大学（Land-Grant College）と呼ばれる。

▷7　たとえば医学部は

1 中世大学：学部とカレッジ

　大学を構成する基本組織とは何か。大学組織は専門分野や教育レベルで分化する。歴史をたどれば, 12世紀ヨーロッパで, 大学は教師や学生の組合（ラテン語のウニヴェルシタス universitas）として始まった。教師や学生の組合（ギルド）は, 同じ専門分野で固まって学部（ラテン語でファクルタス facultas）を, 同郷集団で固まって複数の国民団（ラテン語でナティオ natio）を形成した。大学は学部と国民団の連合体であったが, 国民団は廃れ, 専門職養成のための神学部, 法学部, 医学部の上級三学部と, その準備（リベラルアーツ）のための教養学部（学芸学部のちに哲学部）が基本構成組織となった。中世の四学部制といわれる。

　他方で学寮・カレッジの語源であるコレギウム（ラテン語で collēgium）はウニヴェルシタスと同様にもともと組合や団体の意で使われていたが, 学生たちが共同生活をしていた合宿所（ホスピティウムやホールと呼ばれていた）が寄付を受けて学寮・カレッジと呼ばれるようになった。のちにパリ大学になったソルボンヌ学寮やボローニャのスペイン学寮が有名だが, 大学の構成組織が学部中心になると廃れていった。だが, イギリスで学寮は独自の発展を見る。オックスフォード大学とケンブリッジ大学では, 教養教育を中心とするエリート貴族養成機関となったことを背景に, 専門職養成のための学部ではなく, 学寮・カレッジ（college）が発達した。カレッジで構成される学寮（カレッジ）制大学である。

　こうして学部制の大学とカレッジ制の大学が形成された。

2 近代大学：学部とカレッジの伝搬

　中世の大学の学部構成は, ドイツで学問のための学問が強調されるなかで, 18世紀末に哲学部（教養学部）が昇格して神学部, 医学部, 法学部と同格になり, 同時に哲学部が担っていた教養教育は中等教育機関に移されたため, 大学は専門教育のみを行う組織となった。さらに哲学部から自然科学部や経済学部が派生するなど学部が細分化した（**図Ⅴ-4-1**）。19世紀ドイツの近代大学の成功が世界の大学に波及し, 日本も含めた多くの国々で大学は専門分野によって分化した学部構成の大学となった。

　イギリスやスコットランドの大学でも, オックスフォード, ケンブリッジ, セントアンドリュース等を除けば, 19世紀末から出てきた赤煉瓦大学をはじめ

とする近代大学はドイツの大学の影響を受け，学部制をとっている。[*4]

他方でイギリスのカレッジはアメリカに伝播した。ケンブリッジ大学のエマニュエル・カレッジ（Emmanuel College）で学んだジョン・ハーバードの寄付や蔵書を受けた学校が1639年にハーバード・カレッジとなり，アメリカの大学が始まる。[*5] カレッジ中心の時代は19世紀まで続いた。

しかし，アメリカでも18世紀にはヨーロッパ的な複数の専門学部で構成される（総合）大学への熱望が高まり，18世紀後半にはカレッジに医学（メディカル）スクールを併設することでユニバーシティと改称する大学が出始め，その後法学や神学のスクールを併設してユニバーシティ化する大学が増えた。さらに1862年のモリル法[*6]で州立大学が本格的に増加し，法学や医学に加えて工学，農学，ビジネス，家政学などの新たな専門スクールが相次いで設けられ，総合大学化が進んだ。現代のアメリカの総合大学は学部（faculty）ではなく，スクール（school）やカレッジ（college）で構成されるが，[*7] 学部制に近い。

《中世》 《18世紀末〜》 《19世紀》

医学部 法学部 神学部／自由科（哲学部）

医学部 法学部 神学部 哲学部

医学部 法学部 神学部 哲学部 自然科学部 経済学部

図V-4-1 学部の増加

出所：金子勉，1995，「ドイツ大学の組織と内部管理」『高等教育研究紀要』15：p. 119。

3 日本の大学の学部制

日本では1877年の東京大学創設時には法学部，理学部，文学部，医学部，大学予備門で構成された。[*8] 東京大学は1886年に工部大学校等を吸収し帝国大学となるが，その際法科大学，理科大学，文科大学，医科大学，工科大学という分科大学制が採用された。[*9] 1919年に分科大学は廃止され，学部制に変えられた。私学では，専門学校時代に専門部と別に大学部（と予科）が置かれ，1918年公布の大学令以後，大学部（法学科，文学科，商科等からなる）を中心に大学昇格が行われ，学部が置かれるようになった。戦後には学校教育法で学部を置くことが常例とされ，学部が日本の大学の基本構成組織となった。[*10]

学部はこれまで学部自治，学部教授会自治といわれるように，人事や財務やカリキュラムなどで自律性の高い組織として運営されてきた。[*11] だが，社会のニーズの変化に応じて新たな教育プログラムを始めねばならないことも多く，それらは学際的な教育であるために，学部の壁が障害になることもある。また18歳人口の減少や政府の緊縮財政で，大学は経営上全学的な視野から教育プログラムの改善やスクラップ・アンド・ビルトを迫られることも多くなったが，大学の方針と学部の方針が合わない場合もある。学部教授会批判とガバナンス強化論を背景に，大学内で学部への統制が強まる傾向にあるが，大学の部局による分権的運営が有効な場合もあり，そのバランスをいかに維持すべきかが課題となっている。

（阿曽沼明裕）

Faculty of Medicine ではなく School of Medicine, Medical School, College of Medicine である。アメリカではファカルティとは教員（集団）を指すことが多い。

▷8 東大大学予備門は旧制高校（第一高等中学校，第一高等学校）に移行した。

▷9 帝国大学は，アメリカの州立大学と並んで，総合大学としていち早く工学部，工学スクールを設置した大学であった。

▷10 戦後改革で一般教育が導入され，年限も4年（教養＋専門）に延長されたが，それは専門教育のみのヨーロッパの大学と教養教育がメインのアメリカの大学の折衷型であり，教養部と複数の専門学部という構成が一般的になった。教養部は，1991年の大学設置基準の大綱化を経て多くが改組・解体された。

▷11 1990年代の大学院重点化以降，大学によっては，学部よりも研究科が基本的な組織となった。

【参考文献】

阿曽沼明裕，2014，『アメリカ研究大学の大学院——多様性の基盤を探る』名古屋大学出版会。

児玉善仁編集委員代表，2018，『大学事典』平凡社。

横尾壮英，1999，『大学の誕生と変貌——ヨーロッパ大学史断章』東信堂。

5　内部組織の構造

1　小領域の「講座制」

　学部は同じ専門分野の教師の団体として大学の構成単位となった。大学は教育機関であるから，授業科目の並び（現代的にいえばカリキュラム）が重要で，それに沿って科目ごとに教員が張り付けばそれで済むかもしれない。しかし19世紀以降，大学は教育だけでなく研究の場となり，学問分野は細分化し，規模も大きくなった。学部の内部に組織的な構造は必要になったのだろうか。

　19世紀後半から急速に学問分野の細分化が進んだ頃に大学制度を始めた日本では，1893年に帝国大学に講座制が導入された。講座は細分化された専門小領域別に教授1名，助教授1名，助手1～3名等の複数教員を配置したピラミッド状のユニット（附属病院では医局）であり，講座研究費の予算単位であるとともに，教員だけでなく学部生や大学院生も所属する，大学の最も基礎的な単位として認識されてきた。講座制は各専門小領域の安定的な発展をもたらしたと評価される一方で，戦前からその閉鎖性や硬直性が批判されてきた。講座制は1990年代以降制度的に消滅しつつあるが，工学や医学等，チームで行う教育研究が重視されるところでは有効な組織として実質的に機能し続けている。

　歴史的には講座（chair，ラテン語のカテドラ cathedra 肘掛椅子に由来）は中世大学からあり，講義を行う特定の人物が座るべき地位を意味し，次第に有給教師のポストを意味するようになった。授業科目の並び（カリキュラム）ごとに教員が張り付く様式である。19世紀以降の学問分野の細分化では講座を追加し，研究活動についてはたとえばドイツでは講座の正教授（員外教授，私講師を除く）が研究組織（Institut）を所有することで対応した。講座じたいもスタッフと予算を有する小組織へと変化した。そしてヨーロッパの国々にみられる大学の講座制は植民地であったアジア，アフリカ，ラテンアメリカに普及した。

2　比較的大きな教員集団である「デパートメント」

　他方で専門小領域に分かれた講座制を採らない国もあり，アメリカではアカデミック・デパートメント（academic department）が普及した。17世紀に始まるアメリカのカレッジは，小規模で専門分野別の学部もなかったが，18世紀に学生数の増加に伴い拡大して教員も増加したため，近接領域の複数の教授をまとめてデパートメントが置かれるようになった。デパートメントは19世紀に入

って増加し続け，専門分野（ディシプリン）別の組織として発展した。専門分野の増加，自由選択制の拡大，大学院形成には不可欠な組織であった。現在ではその規模は教員数平均20名といわれるが，100名規模のところもある。アメリカでは19世紀に総合大学化が進み，大学は専門分野別のカレッジやスクールで構成されるようになるが，そのカレッジやスクールの下位組織としてデパートメントが定着した。

デパートメントは，講座と比較して緩やかに複数の教員をまとめた組織で，断片化しすぎた講座制が教育上異なる専門小領域をまとめて組織化するのには不適で，また専門小領域の改廃がしにくいのに対して，カリキュラムの変化や専門小領域構成の変化に柔軟に対応できるとされる[45]。

③ 組織の機能分化と独立型教員組織

柔軟に対応できるのは，規模の点だけでなく，デパートメント制では機能分化（教員組織，教育組織，研究組織の分化）が進んでいるからでもある。講座制では，各講座は小領域に分かれた教員の帰属組織であり，学生も属する教育組織であり，講座というチームが研究組織でもあるという具合に諸機能が一体化した組織である。これに対してデパートメントは教員の帰属組織だが，それとは別にカリキュラム・ベースのプログラムが教育組織で（学生も属する），研究は個々の教員のラボ（研究室）や研究プロジェクトで行われる[46]。

教育プログラムや研究プロジェクトは社会や学問の変化に応じて柔軟に変化せざるを得ないが，独立した教員組織があれば，教員（ディシプリン・ベースの硬い組織）をいじらずに教育と研究の変化に対応できる。もしこれらが一体化していれば教育プログラムやカリキュラムを変えるごとに教員まで右往左往しなければならず，それがカリキュラム改善などの重しになってしまう。

異なるディシプリンの教員組織に帰属する教員が，同じあるいは異なる教育プログラムや研究プロジェクトに関わると組織的なマトリクス構造が生じる。講座制では教育組織と研究組織と教員の帰属が一体化しているので，マトリクス構造になりにくい。マトリクス構造では教員資源を有効に利用できるし，異分野の教員が集まって学際的教育プログラムや問題解決型の研究プロジェクトを組織化しやすい。

こうした観点から，講座制の多いヨーロッパの大学でも1970年代にアメリカ型のデパートメントの導入が行われた[47]。日本でも新構想大学として始まった筑波大学で，教育組織である学類とは別に教員（研究）組織として学系を置く改革がなされた。今世紀になって学位プログラム，学士課程教育のプログラム化が叫ばれ（それはつまるところ教育組織から教員組織を独立させることなのだが），大規模な組織再編もなされて来た。しかし，ディシプリンベースの教員組織の独立の重要性が充分認識されているとは言い難い[48]。　　　　　　　（阿曽沼明裕）

▷6　講座制では，授業を提供する講座の並びがカリキュラムになるが，デパートメント制ではカリキュラムはデパートメントとは別にプログラムに付随する。研究についても，講座ではチームでやるものだが，デパートメントでは資金さえ獲得すれば個人で組織化できるし，組織を超えて共同研究もできる。

▷7　ドイツでは大きくなりすぎた学部が小学部（Fachbereich）に分解されたり，デパートメントとも訳されるインスティテュート（Institut）がおかれた。

▷8　日本の大学でも「学科」が置かれているが，学部を小規模に分割したものにすぎず，組織の機能分化にはなっていない。教員組織であるアメリカの大学のデパートメントとは異なる。

授に研究と教育を統合させ，強力な権限と個人的支配をもたらし，正教授が講座制を基礎に大学支配を強めるには適していたが，他方でデパートメント制は複数の教授に責任と権限を分散させ同僚的秩序の基礎になった。

（参考文献）

阿曽沼明裕，2014，『アメリカ研究大学の大学院——多様性の基盤を探る』名古屋大学出版会。
児玉善仁編集委員代表，2018，『大学事典』平凡社。
ベン＝デービッド，J.，潮木守一・天野郁夫訳，1974，『科学の社会学』至誠堂。

大学院組織と研究所

① 大学院の形成

　大学院はアメリカで19世紀後半に形づくられた。それは3段階（**図V-6-1**）を経て進展した。17世紀に始まるアメリカの大学は，専ら教養教育（リベラル・アーツ）を行う単体のカレッジであったが，18世紀後半にヨーロッパの大学のような専門学部で構成されるユニバーシティ（カレッジ卒業後教育を念頭においた）の創設の声が高まった。独立戦争の頃の合衆国立大学構想はその例で，それ自体は成功しなかったが，カレッジに医学スクールを併設することでユニバーシティと改称する大学（1779年ペンシルバニア大学）があらわれ，さらに法学や神学のスクールを併設してユニバーシティ化する大学が増えた。ただし，19世紀になってもこれら専門スクールが専門職養成で中心的地位を得るには至らず，カレッジ卒業後の教育（つまり大学院教育）を担うどころではなかった。

　他方で，19世紀ドイツの大学における研究活動や研究者養成の興隆はアメリカに大きなインパクトを与え，アメリカへの導入が図られた。しかしカレッジ本体は高校レベルで難しく，科学スクールや上級デパートメントを併設するなどして，研究学位といわれる Ph. D.（哲学博士）を出すことができたのは1861年のイエール大学が最初であった。これ以降各大学で Ph. D. 授与数が増え，グラジュエト・スクールも置かれ，大学院での研究者養成が組織化された。◁1

　専門職養成では，19世紀後半に法律や医学の分野で近代的な教授法や科学に根差した教育が行われるようになり，1870年代になって専門職教育が大学化された。1862年のモリル法以降に州立大学が増加すると法学や医学に加えて工学，農学，ビジネス，家政学などの専門職分野のスクールの設置も加速され，さらに専門職の威信向上のために入学要件にカレッジ卒業が課され始めることで専門職教育の大学院化が進められた。実質的には20世紀に入って専門スクールは大学院化し，現在のプロフェショナル・スクールに発展した。

② 大学院組織

　アメリカでは，大学院教育はカレッジ教育の上に位置づけられたが，現在ではカレッジやスクールと別にその上に大学院用のカレッジやスクールが置かれ◁2るのではなく，多くは学位プログラムとして組織化されている。教員はアカデミック・デパートメントに属し，学士プログラムと大学院プログラム（修士プ

▷1　ジョンズ・ホプキンズ大学のような大学院大学（graduate institution）の組織化もあり，同大学は多くの Ph. D. を輩出した。ただし大学院大学はうまくいかず，学士教育のカレッジが追加された。

▷2　文理学カレッジのまわりにプロフェッショナルスクールが配置されるのがアイビーリーグの大学で典型的だが，州立大学では必ずしも文理学カレッジが中心にあるわけではなく，その位置づけは相対的に低い。

▷3　工学，ビジネス，教育などのスクールには学士プログラムを有する場合も多いが，医学と法律は大学院プログラムのみである。

▷4　プロフェッショナル・スクールは専門職学位を授与するが，同時に研究者養成も行う。文理学カレッジの大学院部分として創設されたグラジュエト・スクールが，プロフェッショナル・スクールの Ph. D. 授与を肩代わりすることになり，その結果全学を傘のように覆うグラジュエト・スクール（umbrella graduate school）が形成された。

▷5　1880年に東京大学の

ログラム，博士プログラム）の双方に関わる。全学にはグラジュエト・スクール（graduate school, graduate college, graduate division）が置かれ，大学院入学者選抜，大学院プログラムの修了要件やルールの設定，大学院生への各種サービスを行うが，これは大学院管理組織であって教員及び教育組織ではない。

日本では，大学院教育の本格的な組織化が進むのは戦後になって

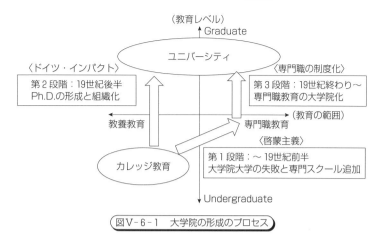

図V-6-1　大学院の形成のプロセス

出所：阿曽沼明裕，2014，『アメリカ研究大学の大学院——多様性の基盤を探る』名古屋大学出版会，図2-1。

からで，1947年学校教育法で大学院研究科が規定され，修士課程と博士課程の区別などが設けられた。学部の上に研究科が置かれ，学部の講座に属する教員が研究科も担当するという形で学部と研究科が対応していたが，1980年代に大学院大学，独立大学院，独立研究科などの制度が設けられ弾力化し，1990年代に大学院重点化で学部よりも研究科が基本組織（教員は研究科に属し学部を兼担）となる場合も出てきた。さらに2000年以降大学院には研究科以外に研究部や教育部を置くことが可能となり，研究院や学府などの組織を置く大学も出て来た。

③ 大学の研究組織・研究所

教員は学部，カレッジ，スクールといった基本組織の中の講座やデパートメントに属して教育と研究を行うが，研究は教育と違って急速に進展するため，研究に特化した組織が必要とされた。19世紀に欧米の大学に化学や物理の実験所が置かれ始め，大学内の研究所・研究施設（research institute, research center等）として発展した。ガイガーは，アメリカの大学の多様な研究所を「組織化された研究単位（ORU-Organized Research Unit）」と呼んで，デパートメントの研究（department research または departmental research）と区別した。これらの研究所が必要となった理由としては，教育負担の軽減の他，境界領域研究の推進，特定目的の研究の推進，共同研究・総合研究の推進，新たな領域の研究の推進，大規模プロジェクトの推進，大規模施設・設備・装置による研究の推進，長期間の実験・観測・調査などがあげられる。

日本では，第一次世界大戦後に帝国大学に附置研究所が設置され始め，戦時体制を経て拡充された。国立大学の法人化以前には，大学共同利用機関，附置研究所，全国共同利用施設，学内共同教育研究施設，学部附属教育研究施設等の制度的違いがあったが，その区別も緩み，近年では外部資金による流動的・バーチャルな研究組織も増えている。
(阿曽沼明裕)

法・理・文3学部に設置された学士研究科が大学院の前身とされ，帝国大学創設の際に学部と別に大学院が置かれることになった。これらがアメリカをモデルにしたものであるかどうかは不明である。

▷6 Geiger, Roger L., 1990, "Organized Research Units — Their Role in the Development of University Research," *Journal of Higher Education,* 61(1).

（参考文献）

阿曽沼明裕，2014，『アメリカ研究大学の大学院——多様性の基盤を探る』名古屋大学出版会。

市川昭午・喜多村和之編，1995，『現代の大学院教育』玉川大学出版部。

潮木守一，1993，『アメリカの大学』講談社学術文庫。

クラーク，バートン・R.編著，有本章監訳，2002，『大学院教育の国際比較』玉川大学出版部。

舘昭，1995，『現代学校論』放送大学教育振興会。

７ 大学管理職

　大学は，構成員の平等性を重視する同僚的な組織としての性格を強く帯びており，これは企業など他の組織と比較した際の大学の特質である。しかし同時に，組織である以上，官僚制的な性格をも有しており，また意思決定や業務指示に関わる縦のラインが形成されている面もある。そして，そうした組織を管理するために，大学の内部にはさまざまな管理職が配置されている。

１　さまざまな大学管理職

　大学管理職に関してどこからどこまでの役職が管理職に当たるのか，明確な定義が存在するわけではない。一般に管理職として認識されるのは，全学レベルの上級管理職としての学長（総長）や副学長，部局レベルの中間管理職（ミドル・マネジメント）としての学部長・研究科長やセンター長，学科長などである。これらの役職には教員出身者が就くことが多い。また，これらとは別に，事務部門の管理職として事務局長や部長の役職がある。日本の場合，大学や学校法人の理事を学内者が兼ねる場合が多く，そのため，理事や理事長も学内の管理職として認識されることが多い。所掌する部門によって，学術管理職と経営管理職とに二分する整理の仕方もある。

２　大学管理職を巡る近年の変化

　このうち，量的にみて大きな変化が生じているのが副学長のポジションであり，近年，副学長の人数が大幅に増加している。増加の背後には，全学レベルの意思決定やマネジメントを重視する傾向が強まる中で，全学レベルの業務が肥大化し，多忙化する学長を補佐する役職の必要性が強まったという日本の大学改革の動向が色濃く反映されている。また，事務部門についても，大学職員の能力や業務の高度化が必要とされる中で，管理職の位置付けの重要性が増している。国立大学では，これまで幹部職員の人事権を文部科学省が有していたが，学長をはじめとする学内の管理職のリーダーシップが強まる中で，幹部職員についても学内からの登用が増加するなどの変化がみられている。

３　選考プロセスとキャリア

　学長や学部長は，多くの大学において主に所属教員による選挙を通して選出される。たとえば，国立大学では法規上，学長選考会議が学長を選考する権限

▷１　理事は学校法人の管理運営を司る。私立大学では私立学校法，国立大学では国立大学法人法で，理事の役割や人数について規定されている。理事会を編成するかどうかは大学の設置形態による。私立大学を運営する学校法人には理事会が設置され，理事長が学校法人を代表し，業務を総理する。

▷２　国立大学が法人化した2004年度の時点では，国公私立を含めた全大学の副学長の人数は631人であり，学長の人数（704人）を下回っていた。15年後の2019年度には，副学長の数は1,581人となり，人数にして約２.５倍の大幅な増加をみた（文部科学省「学校基本調査」）。

を有しており，教職員による選挙結果が最終的な選考にそのまま反映されない
ケースが少なくないが，その場合でも，意向投票としての選挙結果が重要な参
考資料とされることが多い。

　また，副学長や学科長などの管理職を含めて，ほとんどの場合，任期が付さ
れており，任期を終えると教員職に戻ることが多い。つまり，これらポジショ
ンについては，あるポジションを希望する者が自分の意思によって就任し，長
期にわたってそのポジションに留まってキャリアを築くという構造にはなって
いないことがほとんどである。

　それゆえに，特定の管理職に就くために特別の研修を受けたり，管理職の職
務に求められる知識や能力，キャリアなどが可視化されたりすることは少ない。
意図的・組織的な養成プロセスが十分に存在しないという言い方もできる。

　一方で，日本の大学管理職は，上述した副学長の人数の大幅な増加にみられ
るように，全体として大きな過渡期にある。各役職に求められる専門性は着実
に高まっており，ゆえに各職務を果たすための負担が増加している。担当する
職務範囲の細分化も生じている。大学間団体や一部の大学では，体系立った専
門的研修の機会を提供するようになっている。そうした中，今後，日本の大学
管理職は専門性を伴ったキャリアとして発展する可能性を有しているといえる
だろう。

④ アメリカの大学管理職

　大学管理職をめぐってよく参照されるのがアメリカの状況である。アメリカ
では，管理職ごとの専門性が高く，また担当職務の細分化が進んでおり，役職
者の数も多い。特定ポジションの専門職として大学間を渡り歩くケースが少な
くない。特定ポジションに対する組織的研修を行う大学団体も数多く存在する。
アメリカのもうひとつの特徴は，財務や経営，資金調達など経営サイドの役職
者に，研究者出身でない外部人材が登用されることが多いことである。これも
特定の管理職に求められる職務の専門性が高いことの反映であるといえる。

　アメリカの大学長（President/Chancellor）は，日本以上に，政府，地域社会，
企業や財団など外部のアクターや，大学理事会と関わる仕事に多くの時間を割
く傾向が強い。大学の対外関係や財務状況を安定化させることが学長の重要な
役割であると認識されているためである。その分，学内の教育・研究といった
学術面の管理を主に担うポジションがプロボスト（Provost）である。プロボス
トが担う役割は大学によってバリエーションがあるが，副学長のトップとして，
学長と緊密に連携しつつ，学術部門を中心に学内諸部門の管理を行っている。

（福留東土）

▷3　国立大学協会，公立
大学協会，日本私立大学連
盟，日本私立大学協会など
で学長をはじめとする大学
管理職に対する研修が実施
されている。

▷4　アメリカには大学・
高等教育に関係する団体が
数多く存在する。特定の設
置形態の大学群を代表する
団体や，大学の持つ特定の
機能を促進するための団体
などがある。各団体がその
機能に応じてさまざまな管
理職研修を行っている。学
長向けの組織的研修を行う
全米団体としては，ACE
（American Council on
Education）が代表的であ
る。

学校教育体系と高等教育

学校教育体系の形成

　高等教育とは高等学校教育のことだと思っている人は，今ではだいぶ少なくなっていると思われる。筆者自身は大学生までそのように思っていた。大雑把に言えば，初等教育（primary education）は小学校および小学校以前の教育，中等教育（secondary education）は中学校と高等学校の教育，高等教育（higher education）は大学や短大の教育である。中等教育については，中学校での教育は前期中等教育（lower secondary education），高等学校での教育は後期中等教育（upper secondary education）と呼ばれる。

　なお，戦前日本の旧制高等学校の教育は現代でいうところの高等教育に位置づけられるので，上記のような理解（誤解）はあながち無知とは言えず，概念や範疇が変化していることの方が重要である。

　歴史的に見れば，大学は12世紀にヨーロッパで生まれ，世界に伝播していくので，現代でいうところの学校教育体系においては高等教育が最も古い。教育制度を整えるべき国民国家よりも大学は先に生まれているので当然ではある。初等教育機関は国家が近代的国民形成のための基礎教育を行う目的で作ったもので早くて18世紀以降にできた。その初等教育の普及に伴って，近代的な職業遂行には初等教育だけでは不十分であるとして，初等学校修了後の職業準備機関が必要とされた。他方で大学に入学するための語学教育を中心とした進学準備教育も必要とされた。その結果中等教育は職業準備教育と進学準備教育という異なる機能を担う教育段階として形成された。

　この中等教育機関の二面性が学校教育体系上特に重要である。中等教育機関は職業準備教育の学校と大学進学準備教育の学校に分かれ，複数の学校系列を持つ教育システムを「複線型（分岐型）」教育システム，複数の系列をひとつに統合したものを「単線型」教育システムというが，これは大学入学システムの違いを規定するなど，国による学校教育体系の違いの主要な要因になっている。ただし高等教育の大衆化は中等学校の大学進学準備化をもたらすことになり，世界的にも中等教育改革では複線型の単線化が重要な焦点となってきた。

高等教育の範疇

　大学（university）と高等教育（higher education）は同じではない。一般にど

▷1　「就学前教育（Early childhood education）」「初等教育または基礎教育第一段階（Primary education or first stage of basic education）」「前期中等教育または基礎教育第二段階（Lower secondary education or second stage of basic education）」「後期中等教育（Upper secondary education）」「中等後かつ第三段階以前の教育（Post-secondary non-tertiary education）」「短期第三段階教育（Short-cycle tertiary education）」「学士および学士相当レベル（Bachelor's or equivalent level）」「修士および修士相当レベル（Master's or equivalent level）」「博士および博士相当レベル（Doctoral or equivalent level）」に分けられている。

の国でも大学や短大からなる「大学（University）セクター」以外に，ポリテクニク，大学校，専門学校など「非大学（Non-University）セクター」が存在するからである。これら非大学セクターの教育機関や教育内容を含めて高等教育機関や高等教育といわれる。厳格な定義は難しいが，高等教育は「中等教育終了後のあらゆるタイプの正規（formal）の学校教育」と呼べよう。

　さらに，第二次世界大戦後に高等教育の拡大が進む中で，国によって事情は多少異なるが，学生の多様化への対応，多種多様な技能や資格を求める経済的・社会的需要の増大に対して，高等教育機関のよりいっそうの多様化が求められ，1970年代に「中等後教育（postsecondary education）」という考え方が強調されるようになった。この中等後教育は「高等教育」「継続教育（further or continuing education）」「生涯学習（lifelong learning）」で構成されるとする捉え方がある。「高等教育」は一般教育・専門教育・教養教育・職業教育・知的教育・情緒教育など多目的教育であるのに対して，「継続教育」は職業教育やスキル取得のための単一目的教育である。また「生涯学習」には学校以外でのさまざまな学習機会が含められる。

　なお「第三段階教育（tertiary education）」は，中等教育（＝「第二段階教育」）以降の教育という意味では「中等後教育」に等しいが，OECDなどではしばしば高等教育と同等の意味で使われる。

　こうした教育の区分は時代により変化し，また国によって内容も年限も機関も異なる。このためとりわけ国を超えた理解の必要な国際機関で議論されることが多い。国際連合教育科学文化機関（UNESCO）の国際標準教育分類（International Standard Classification of Education: ISCED）（2011年版）では教育が9つのレベルに分けられたが，高等教育は，「短期第三段階教育」「学士および学士相当レベル」「修士および修士相当レベル」「博士および博士相当レベル」に相当する。

（阿曽沼明裕）

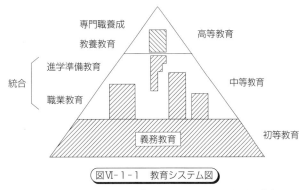

図Ⅵ-1-1　教育システム図

出所：金子元久・小林雅之，2000，『教育の政治経済学』放送大学振興協会，図2-3。

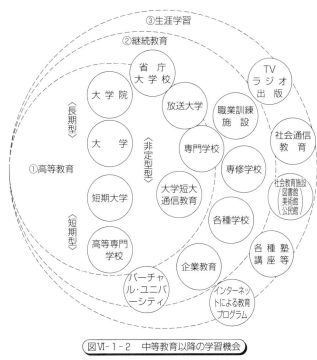

図Ⅵ-1-2　中等教育以降の学習機会

出所：喜多村和之，1999，『現代の大学・高等教育　教育の制度と機能』玉川大学出版部，図表10。

参考文献

金子元久・小林雅之，2000，『教育の政治経済学』放送大学振興協会。

喜多村和之，1999，『現代の大学・高等教育　教育の制度と機能』玉川大学出版部。

短期高等教育機関

 日本の短期高等教育機関の概要

　日本において短期高等教育機関に当たるのは，主に短期大学（専門職短期大学を含む），専修学校専門課程の一部，高等専門学校の後期2年間である。短大および高専の卒業生には1991年以降「準学士」の称号が与えられ，2005年から短大卒業生には「短期大学士」が学位として授与されることとなった。

　学校教育法において，短期大学は「深く専門の学芸を教授研究し，職業又は実際生活に必要な能力を育成することを主な目的とする」（第108条）大学であり，高等専門学校は「深く専門の学芸を教授し，職業に必要な能力を育成することを目的とする」（第115条）とされている。また，専門学校（専修学校専門課程）は，高等学校における教育の基礎の上に，職業もしくは実際生活に必要な能力を養成し，または教養の向上を図ることを目的として組織的な教育を行うこととされている（第124条～126条）。いずれも職業や実際生活への適用がその教育の主眼にあることがわかる。

　日本では，高等教育全体に占める短期高等教育機関の比重は小さい。**表Ⅵ-2-1**に短期大学および高等専門学校の概要を示した。短期大学は，大学（学部）の4割ほどの学校数があり，大部分が私立によって担われている。入学生数は大学の1割に満たない。また，女性の比率が約9割ときわめて高く，専攻分野は教育と家政が中心である。一方，高専はほとんどが国立であり，学生の約8割は男性が占めている。専攻分野は大部分が工学である。このように，短期大学と高専は，設置形態，男女比，専攻分野において，それぞれに4年制大学とは大きく異なる特徴を有している。

 歴史と現状

　高専の学生数は1970年代以降大きな変動なく安定的に推移している。これに対して，短大の学生数は時代による変動が大きい。短大は戦後，旧制専門学校が新制大学に移行する際，大学設置基準を満たせない学校への対応として新設された制度である。当初は暫定的制度とされたが，その後1964年に恒久化された。それは，各地域において主に女性の高等教育進学へのニーズを惹きつけたことが大きな理由であった。戦後，短大の学生数は一貫して増え続け，入学者数でみるとピーク時の1990年代前半には25万人に達した。しかし，以降は18歳

人口の減少や進学ニーズの変化により4年制大学に移行する機関が増えるなど，大幅な減少に転じた。そうした中で，今後，短期高等教育機関が高等教育システム全体の中でどのような役割を担うべきかについて模索が続いている。[1]

日本の短期高等教育機関のもうひとつの特質は短期の課程を修了してから4年制大学

表Ⅵ-2-1 日本における短期高等教育機関の概要（2019年度）

	学校数	学校のうち私立の占める割合	入学生数	入学生のうち女性の占める割合	在学生の主な専攻分野
短期大学	326校	94.8%	51,306名（本科）	88.5%	教育（36.6%）家政（17.6%）社会（10.3%）
高等専門学校	57校	5.2%	10,771名	22.2%	工業（96.6%）商船（ 2.2%）社会（ 1.2%）
大学（学部）	786校	77.2%	631,273名	46.1%	社会（32.1%）工学（14.6%）人文（14.0%）

出所：文部科学省，2019，『令和元年度 学校基本調査報告書（高等教育機関編）』をもとに筆者作成。

に編入学する学生が少ないことである。まず，大学への編入学者自体の数が少なく，全体で6000名に満たない。このうち短期大学からの編入者が約6割，高専からが約4割を占める。4年制大学への編入学に関しては，学生数全体に比して高専からの編入学者が多いことが特徴である。また，高専には本科卒業後の2年間の教育課程である専攻科が設けられており，専攻科を修了すると学士の学位を取得することができ，大学院への進学が可能となる。

③ アメリカの短期高等教育機関

こうした日本の現状と課題に照らして，よく言及されるのがアメリカの短期高等教育機関である。アメリカの短期高等教育機関は，その規模の大きさ，公立機関の比重の高さ，**パートタイム学生**[2]の多さ，男性比率の（日本と比べた場合の）高さ，4年制大学への編入学者の多さなどが特徴である。規模については，学士学位の年間授与数が約200万であるのに対し，短期学士学位は半分の約100万である（2017～18年度）。設置形態を見ると，学校数では公立876，私立609とあまり差がないが，全在籍学生数の約4分の3を公立大学が占めている。学生数の6割以上はパートタイム学生であり（4年制では3割程度），男性比率は4割強（4年制とほぼ同じ）である。最大の専攻分野はリベラル・アーツで，卒業後には4年制大学へ編入する者も多い。ビジネス，福祉，各種技術分野を専攻する者も多い。公立の2年制大学はコミュニティ・カレッジ（Community Colleges）と呼ばれ，地域のニーズに根差した運営により，地域の市民に対して安価で幅広い教育機会を提供する民主的な高等教育機関として，高等教育システムの中で大きな役割を担っている。

（福留東土）

▷1 地方の視点から短期大学再生の方途を追求している団体として「短期大学コンソーシアム九州」がある。詳しくは以下の文献を参照。安部恵美子・南里悦史編，2018，『短期大学教育の新たな地平』北樹出版。

▷2 パートタイム学生
アメリカでは，学期当たりの履修単位数を少なく抑え，その分，長い期間を掛けて学位取得を目指すことができる。これら学生をパートタイム学生と呼ぶ。パートタイム学生の学期当たり履修単位数はフルタイム学生の75%未満である。それにより，仕事を持ちながら，あるいは家庭との両立を図りながら高等教育機関に通う学生が多い。短期高等教育機関では60%以上がパートタイム学生である。

高等教育機関分類・機能分化

▷1 「カーネギー大学分類」は，カーネギー高等教育委員会（Carnegie Commission on Higher Education）が1970年に作成を開始した高等教育機関分類であり，主として各機関の学位授与や専門分野の状況などに基づき分類が作られている。1973年に最初の分類が発表されて以降，今日までに9次にわたって改定がなされた。2014年からはインディアナ大学の中等後教育研究センター（Center for Postsecondary Research）が作成を引き継いでいる（福留東土，2017，「米国カーネギー大学分類の分析——高等教育の多様性に関する一考察として」『東京大学大学院教育学研究科付属学校教育高度化センター研究紀要』2：pp. 117-137）。

▷2　カリフォルニア州の州立高等教育制度は，①旗艦大学であり，研究に比重をおいた大学として博士課程まで持つカリフォルニア大学（10キャンパス），②学士課程と修士課程が中心で，教育に比重をおいたカリフォルニア州立大学（23キャンパス），そして③短期高等教育機関として，基礎学力養成や職業教育などに比重をおき，大学編入課程も持つカリフォルニア・コミュニティ・カレッジ

 高等教育機関の多様性

　高等教育機関にはさまざまな種類の機関が存在する。日本の場合，高等教育機関の範囲が明確に定められているわけではないが，一般には大学，短期大学，専門職大学，高等専門学校，専修学校専門課程がそこに含まれるとされる。そしてそれぞれの機関類型のなかにも多様性はみてとれる。たとえば大学に関していえば規模や組織構成，学位や資格の多様性，あるいは研究と教育のどちらに比重を置くかといった組織の活動や機能における多様性もあるし，日本の場合には国立・公立・取得できる私立といった設置形態の多様性もある。

　そうした多様性を背景に，高等教育機関の分類や機能分化の試みがなされてきた。そのうち最も著名なのはアメリカのいわゆる「カーネギー大学分類」と呼ばれる高等教育機関分類だろう。そもそもそれは巨大かつ複雑なアメリカ高等教育制度の現状分析ツールとして作成されたものだった[1]。さらにアメリカではカリフォルニア州の州立高等教育制度のように，その内部の各機関が，資源の効率的配分を目指して，明確に機能分化されているところもある[2]。

② 戦後日本の高等教育機関の分類・機能分化

　しかし日本では，カリフォルニア州のように明示的な機能分化は存在せず，また高等教育機関分類も，分析ツールというよりは，高等教育改革が目指すべき目標として提示されることが多い。

　戦後日本のよく知られた分類をあげてみれば，まず1951年の政令改正諮問委員会「教育制度の改革に関する答申」では，大学は年限4年以上の「普通大学」と2～3年制の「専修大学」に分けられ，後者には「学校体系の例外」として高等学校と大学を合わせた5～6年制の「専修大学」も含まれうるとされた。ここには戦後改革で大学に一本化された制度を，旧制度のように再び多様化させようとする意向がみられる。63年の中央教育審議会（中教審）答申「大学教育の改善について」（「38答申」）では，「大学院大学」「大学」「短期大学」「高等専門学校」「芸術大学」の5種があげられている。ここでも制度多様化の方向性が目指されつつ，同時に高等教育大衆化を見据えた制度のあり方が模索されていた。その後者の方向性をより明確に表すのが，71年の中教審答申「今後における学校教育の総合的な拡充整備のための基本的施策について」（「46答

申」）である。そこでは，「大学」（(A)総合領域型，(B)専門体系型，(C)目的専修型）「短期大学」（(A)教養型，(B)職業型）「高等専門学校」「大学院」「研究院」という包括的・体系的な種別化構想が示された。

しかし1980年代半ば以降は，臨時教育審議会（84年設置）が高等教育機関の「自主・自立」的運営を強調し，大学審議会（87年設置）が制度の弾力化を目指したように，高等教育制度の規制緩和期というべき時期を迎えた。政府が種別化を主導するのではなく，各機関が自発的に多彩化することが求められ，70年代までにみられた上からの種別化構想ともいうべきものは姿を消した。

再びの変化がおこったのが2000年代の終わり頃である。09年の中教審答申「我が国の高等教育の将来像」は，「大学の選択に基づく個性・特色の表れ」に沿って「緩やかに機能別に分化」させることを政府による「財政面を含む幅広い支援」によって実現する，という方向性を打ち出した。そこで「機能」として例示されたのは，「世界的研究・教育拠点」「高度専門職業人養成」「幅広い職業人養成」「総合的教養教育」「特定の専門的分野（芸術，体育等）の教育・研究」「地域の生涯学習機会の拠点」「社会貢献機能（地域貢献，産学官連携，国際交流等）」の7つである。

こうした政府の誘導による「自主的」選択の実質的強制ともいうべき事態はさらに進展していった。2013年の国立大学改革プランにより，国立の教員養成大学・学部は「地域連携機能の強化」「広域にわたる特定機能の強化」「大学院重点大学」の3つの中からいずれかの方向性を選ぶことを迫られた。さらに16年度からは国立大学全体が，１．地域のニーズに応える人材育成・研究を推進（55大学），２．分野ごとの優れた教育研究拠点やネットワークの形成を推進（15大学），３．世界トップ大学と伍して卓越した教育研究を推進（16大学）の3タイプのいずれかに位置づけられた。2017年からは「世界最高水準の教育研究活動の展開」が見込まれる「指定国立大学」の申請・選定も開始され，2020年末時点で9大学が選ばれている。[43]

③ 機能分化とステータス

こうした種別化構想や機能別分化が問題になるのは，単にそれが資源配分の増大や効率化に関わるからだけではない。種別化・分化は，それぞれの役割の持つ社会的ステータスの違いを伴う。つまり，「機関間の類似・差異の意味に関わる評価・判断のニュアンス」を伴っているから問題になるのである。[44]したがってその評価・判断は，高等教育機関関係者のみならず，政府や企業，学生とその家族といった高等教育機関のステークホルダーの行動にも大きな影響を与える。とりわけ，よりステータスの高い種別や機能への位置づけを目指して高等教育機関が行動をしがちであることは，古今東西を問わず観察される現象だといってよい。

（伊藤彰浩）

（115キャンパス）の3種に明確に分けられている（キャンパス数は2020年5月現在）。

▷3　私立大学でも，2013年からの私立大学等改革総合支援事業によって機能別分化の強化が図られ，たとえば2019年度では「特色ある教育の展開」「特色ある高度な研究の展開」「地域社会への貢献」「社会実装の推進」（産業界との連携推進）の4タイプでの募集がなされている。

▷4　Harris, Michael S., 2013, *Understanding Institutional Diversity in American Higher Education, ASHE Higher Education Report*, 39(3): p. 11.

4　設置者別高等教育機関

▷1　この例外は放送大学である。この大学は創設以来，「特殊法人立」だったが，2003年に「特別な学校法人」である放送大学学園の設置になるものと改められ，私立大学に準じた形態となった。文部科学省以外の省庁が設置した高等教育機関もある。それらも国立というべきだが，文部科学省の管轄ではなく，一般の高等教育機関のリストや統計には含まれないことが多い。大学改革支援・学位授与機構により，卒業生が大学卒業相当と認定されている高等教育機関は，防衛省を監督省庁とする防衛大学校など7校存在する。

▷2　大学以外の高等教育機関でも，国立理工系が主体の高等専門学校を例外として，専門職大学，短期大学，専門学校のいずれも私

1　高等教育機関の設置形態

　日本の高等教育機関の設置形態には国立，公立，私立の三種類がある。図Ⅵ-4-1には大学の校数・在学者数について私立のシェアの推移を示した。いずれの時点でも私立が多数を占めている。特に1970年以降は大学数・在学者数の両者で私立が7割以上のシェアを一貫して維持している。

　ただし私立主体の構造が，過去に一貫していたわけではない。国立の比率は1950年代初めにほぼ4割，さらに1900年頃にはほぼ5割だった。私立が多数を占める構造は，特に1960年代以降の急激な量的拡張期に作られたのである。それ以前は国立と私立のシェアは拮抗していた。というのも日本では近代化が開始された明治期から国家主導で高等教育機関の設置が進められてきたという背景による。

2　設置形態をめぐる動き

　こうした設置形態をめぐっては近年幾つかの動きがある。ひとつは2004年に国立大学法人制度が設けられ，国立は設置者が国から国立大学法人へと変化したことである。同年には公立大学法人制度も発足し，2019年5月現在で93公立大学中82大学（75法人）がこの制度へ移行している。私立は従来から学校法人による設置だったので，いまや一部の公立を除く大半の大学は何らかの法人により設置されている。こうした国公立の法人化に際しては，国・地方自治体の規制を減らし，各大学の自立的経営の実現がその目的とされたが，法人化のもうひとつの大きな目的は，それが行財政改革の一環であったことからうかがえるように，国や地方自治体の財政負担の削減だった。今日，前者の達成には疑問が呈されることが多いが，後者は実現しつつあるとされる。

　設置形態をめぐるもうひとつの変化は公立が1990年代からシェア

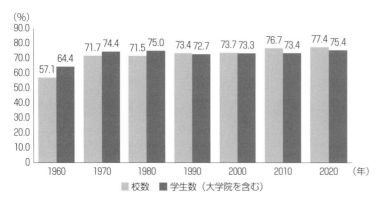

図Ⅵ-4-1　大学の校数・学生数における私立の割合（1960〜2020年）

出所：文部統計要覧及び学校基本調査による。

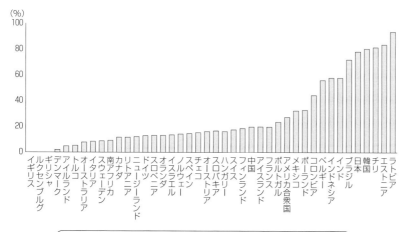

図Ⅵ-4-2 各国における私立高等教育機関在学者比率（2010年時点）

注：データは The Program for Research on Private Higher Education サイト（http://www.prophe.org）によった。掲載国は OECD 加盟国及び主要パートナー（2020年時点）。

を拡大させていることである。その背景には政府の規制緩和や各地方自治体の大学設立熱の高まりがあった。よって今や校数でみれば国立に匹敵するシェアを持っている。しかも近年は私立の公立化に加え，地方自治体が設置資金や敷地などを提供し，学校法人が運営するという公設民営方式あるいは公私協力方式と呼ばれる形態の私立もある。地方自治体が実質的に関わる大学はかなりの数に及ぶ[3]。

3 設置形態の国際的状況

　全世界の高等教育機関在学者のうち約7割が公立（以下では中央・地方等を問わず政府の設立になる機関を指す）に，約3割が私立に在籍している[4]。つまり高等教育はグローバルには公立を主体とする。この点で私立のシェアが大きい日本は少数派である。**図Ⅵ-4-2** に OECD 加盟国（主要パートナー国を含む）での私立在学者のシェアを示した。日本と同様に私立の割合が大きい国にはアジアでは韓国，インド，インドネシアがある。図の対象には含まれないが，他にフィリピンや台湾でも私立のシェアは大きい。実はアジア地域は南米・中米地域と並び私立が占める割合が大きい地域である。

　同時に指摘すべきは，私立の割合が1980年代頃から世界的に増加していることである。進学需要の高まり，政府の財政難といった背景や，発展途上国の多くで，また社会主義国の体制転換とともに，私立が増えた事情もある。ヨーロッパでも，量的には私立はいまだ周辺的だが，以前のような私立が皆無に近い状態からは大きく変化した。高等教育機関の設置形態はグローバルな規模で構造変動を進めつつある[5]。

（伊藤彰浩）

立の占める割合が高い状態が続いてきた。少なくとも過去半世紀間にわたり，わが国の高等教育制度は私立を主体とした量的構造を持っている。

▷3　国・公・私立という3つの設置形態の境界は絶対的ではなく，設置形態を変化させる高等教育機関は少なくない。戦後だけをみても，新制大学の発足期には多くの設置形態を越えた移行がみられた。国立設置の際には多数の旧制公立機関が母体となり，大阪大学医学部薬学科のように私立専門学校が前身だった事例もある。さらに1950年代半ばから70年頃までは，医学部や農学部を中心に，10校で公立から国立への移行がなされた。近年は私立の公立化の動きも見られ，2009年の高知工科大学を始めとして，今日までに約10校が公立化された。

▷4　Levy, Daniel C., 2018, "Global private higher education: an empirical profile of its size and geographical shape," *Higher Education*, 76: pp. 701-715.

▷5　Levy, Daniel C., 2018, "Global private higher education: an empirical profile of its size and geographical shape," *Higher Education*, 76: pp. 701-715.

女性の高等教育

「大学教育を受けた人」とは

　「大学教育を受けた人」という日本語を英語では何と言うのか。最も簡潔な表現は educated person である。この場合，educated には，単なる教育ではなく大学教育を，それも教養教育を受けた，という意味がある。いわば，「大学を出た教養ある人」ということである。

　この educated person という表現は英語圏では1980年代以前は，educated man と言われていた。この表現には，「『大学を出た教養ある人』とは男性のことである」「『大学を出た教養ある女性』などはありえない，あるいはきわめてまれで例外である」という含意があった。フェミニズムの思想および社会運動がこぞって，この educated man という表現を問題視したのも当然であった。[1]

② 高度専門職と大学教育

　それはどのようなことなのか。歴史的には，「大学を出た教養ある人」は必ず，専門職に就くものであった。つまり，大学教育が目指した理想的人間像とは，専門職──より正確には高度専門職（プロフェッション）──を遂行できる人々ということであり，それは伝統的には，医師，法律家，聖職者といった，およそどのような社会にも必須であり，その社会の指導者となる人々である。ところがこれらの職種はすべて，歴史的に男性が独占してきた。とすれば，男性が独占するそのような専門職に就く人たちが進むべき大学教育を女性が受けることは大きな矛盾となるわけである。

　だが，大学教育が目指す理想的人間像と女性の存在の矛盾という指摘には，もっと深い意味がある。人間とは女性・男性の双方を含む存在だと考え，かつ，歴史的に，男性・女性がその果たすべき仕事をジェンダーによって割り当てられてきたとするならば，大学で教えられ研究される知識・技術は，女性の経験を大幅に無視してきた，ということである。すなわち，歴史的に女性が担ってきた，出産から育児へという経験，さらには家庭の中でいとなまれる人間の生存に関わるさまざまな経験についての知識・技術が，大学から排除されてきたことを意味する。それだけではない。理想として目指すのは，実は，人間像ではなく男性像であり，その男性が身に付けるべき諸特性ではなかったのか，という根本的な問いかけであった。

▷1　フェミニスト哲学者マーティンは，これは，言葉の問題なのではなく，今まで大学教育が目指す理想的人間像が，女性という存在を最初から排除していたという重要な問題が原因であると指摘した。
マーティン，J. R., 坂本辰朗・坂上道子訳，1987，『女性にとって教育とはなんであったか──教育思想家たちの会話』東洋館出版社。

❸ 女性の高等教育の何を問い直すのか

本書において，敢えて「女性の高等教育」を問い直そうとする理由は何か。

ひとつは，「女性であるから」という理由で入学できない大学はなくなったが，にもかかわらず，社会的・文化的性差であるジェンダーは，高等教育を考えるにあたって無視できない力を持っているからである。OECD による最新の統計値によれば，OECD 諸国の平均値では，女性は，学士レベルへの入学者の54％を，さらには修士レベルへの入学者の61％を占めるようになったという。つまり OECD 諸国についてみれば，今や女性が，高等教育の多数派になったということである。だが，OECD の最新の統計値は，専攻学問分野にはジェンダーによっていちじるしい偏りがあることを指摘する。STEM（科学，技術，工学，数学）分野に限れば，女性入学者の比率は学士レベルで30％に落ちてしまう。STEM は多くの国々で国家戦略として取り上げられている一大成長分野であるが，女性がこれほどまでに少ないのはなぜなのか。この現状を改めるためにどのような政策が進められるべきなのか。

「女性の高等教育」問い直しのもうひとつの理由は，「女性だけのための高等教育」の可能性を探るためである。日本にも海外にも，女性だけが入学できる「女性大学」という高等教育機関が存在する。しかし，「男性大学」というのは，まず聞いたことがなかろう。初等から高等に至る教育機関では男女共学制が圧倒的に採用されているにもかかわらず，なぜ女性だけの大学が必要なのか。

かつて，女性の高等教育が，いわゆる良妻賢母型の教育を理想的人間像として掲げた時代があった。しかし，現在，多くの女性大学はむしろ，「21世紀の女性リーダーの育成」を教育の理想的人間像としている。「女性リーダー」の内実は多様であろうが，それは，かつての educated man が持っていた含意を覆すものであり，女性の高度専門職への進出を当然とするものである。だが，そのような女性リーダーは，共学制の大学において育成可能なものか。この問題に対してひとつの回答をあたえたのが，後にアチーヴァー研究と呼ばれる一群の実証的研究であった。『アメリカ著名女性人名録（*Who's Who of American Women*）』に掲載された大学卒女性を対象にその出身大学を調査したティッドボールは，女性の大学は共学大学に比べて約二倍，各界で優れた業績を残す女性を輩出していることを突き止めたのである。

教育，とりわけ，大学教育を考えるにあたって，ジェンダーは何か意味を持っているのか——この問いへの完璧な回答は，いまだ得られていない。女性の高等教育を新たに問い直す理由は，実はその問い直しを通して，私たちが，女性・男性双方にとっての理想的な大学教育への途を模索することができると考えるからである。

（坂本辰朗）

▷2 OECD, 2019, *Education at a Glance 2019 : OECD Indicators*, OECD Publishing, p. 198. なお言うまでもなく日本は例外であり，女性は依然として少数派である。

▷3 *Education at a Glance 2019 : OECD Indicators*, p. 200. なお，保健・福祉分野になると，女性入学者の比率は学士レベルで77％に跳ね上がることになる。この分野にはなぜ男性が少ないのか。このジェンダーの偏りもまた，問題とすべきであろう。

▷4 アメリカ合衆国のモアハウス大学は「男性大学」であるが，ここは，公民権運動の指導者となったキング牧師の母校であることからもわかるように，もともと，アフリカ系アメリカ人（の男性）を教育するために創設された大学であった。

▷5 Tidball, M. Elizabeth, Daryl G. Smith, Charles S. Tidball, and Lisa E. Wolf Wendel, 1999, *Taking Women Seriously : Lessons and Legacies for Educating the Majority*, American Council on Education/Oryx.

（参考文献）

坂本辰朗，2003，「大学教育におけるジェンダーの問題」『教育学研究』70（1）：pp. 17-28。

6　生涯学習と高等教育

1　生涯学習と高等教育の関係

　日本において高等教育は限られた層の若者を教育するものとして発達してきたが，現代においては成人や「社会人」を含め広く生涯学習の機会を提供する主体になることが，政策的にまた社会的にも求められている状況にある。

　1965年にポール・ラングランが提起した語に由来する「生涯学習」は一般に人の生涯にわたる主体的な学習を意味するが，生涯学習の理念に高等教育が応答することにより高等教育自体が変化してきた。それは第一に，生涯学習の目的を達成するために，これまでの学校観や学問観に限らない幅広い文脈に高等教育を位置づかせ，第二に，男性，フルタイム，民族的マジョリティ，階層上位で正規のルートで入学するような「伝統的学生」ではない，「非伝統的学生」をも考慮する必要が出てくることで「学生」という概念も問い直される。

　生涯学習という視点の高等教育への拡がりは，グローバルなトレンドとなり変容してきた。1970年代以降の「生涯学習の第一世代」と呼ばれる段階においては，成人教育の流れから来る伝統的な学校システムに批判的な，機会を逸した人々に対する教育機会の平等を目指すものであったが，1990年代以降の「第二世代」においては，「知識経済」と関係した，よりよい労働力や雇用のためのものとして生涯学習が位置づけられている。このような変容は，以下にみるように日本においても共通している。

2　「大学開放」と教育機会の開放

　日本において，「大学開放」と呼ばれる取り組みが本格的に始まったのは第二次世界大戦後である。学校教育法（1947年）により，公開講座，大学施設の開放，夜間学部の設置，通信教育が制度化された。大学の成果を地域住民などに学習機会として提供する公開講座は，大学開放の事業の中で最も普及した。

　当初，公開講座の取り組みは活発にならず，社会教育審議会報告「大学開放の促進について」（1964年）で大学公開講座の拡充強化，地域振興への協力活動の推進，大学分教室（センター）の設置促進，通信教育および放送・出版活動の充実振興などが掲げられたのち，1970年代以降，生涯学習論に基づく大学開放が大学大衆化に対応する形態として提言される。専修学校も成人，社会人を含む人々を対象とする生涯学習機関として期待されるようになる。また，大学

▷1　新井郁男，1992，「生涯学習と高等教育」日本生涯教育学会編『生涯学習事典』東京書籍，p. 135。

▷2　Slowey, M. and Hans Schuetze, 2012, "All Change-No Change？ Lifelong Learners and Higher Education Revisited," Maria Slowey and Hans Schuetze, eds., *Global Perspectives on Higher Education and Lifelong Learners*, Routledge, pp. 3-21.

▷3　社会と経済の発展のために，知識の創造や取得，流通，利用がさまざまな主体によって効果的に行われる経済。

▷4　馬場祐次朗，2017，「国立大学生涯学習系センターのこれからの役割」『日本生涯教育学会年報』38：pp. 40-41。

開放に関するセンターが大学内部に設置されるようになり，それは，1970年代以降は公開講座の開設を中心的な機能とされていたが，1990年代以降は総合的な機能を持つものとして位置づけられた。

そして，近年になるに従い生涯学習の質も議論されるようになる。生涯学習審議会答申「地域における生涯学習機会の充実方策について」(1996年) では，公開講座の質的充実・拡充が提言された。また，地域にかんする課題も言及されるようになり，特に文部科学省「大学改革実行プラン」(2012年) では，地域社会における COC (center of community) となり「地域再生・活性化の核となる大学」という位置づけが言及されるようになった。

❸ 「社会人の学び直し」と職業教育

近年の生涯学習との関係で重要な点としては，「社会人の学び直し」という名の下で，これまでのような教育機会の提供のみならず，経済，労働政策として職業社会との関係を作り出そうとしていることが挙げられる。

戦後，成人の学生の受け入れについては夜間部，昼夜開講制，夜間大学院，社会人大学院という形で拡充されてきた。そして臨時教育審議会 (1984年設置) の答申および大学審議会 (1987年設置) の答申は，学校中心の考え方から生涯学習体系への移行を提言するものだったが，そこでは，成人へのアクセスの増大，大学の多様化と弾力化，成人教育の高度化が提言された。特に大学院は社会人を対象とする高度な教育を行う機関として位置づけられた。

この流れの中でリカレント教育という言葉が新たに位置づけられるようになる。1970年代以降，世界に広まったリカレント教育という概念は本来，フルタイムの教育と他の活動を交互に繰り返すという含意を持つ総合社会政策である[5]が，これが日本的な意味で確立するのは生涯学習審議会答申「今後の社会の動向に対応した生涯学習振興方策について」(1992年) 以降である。そこではリカレント教育は学校教育を終えたあとの職業人を中心とした社会人に対する実践的で高度な教育であり，職業に就きながら受けるものも含むと解釈された。この広義に解されたリカレント教育の意味を，大学院も含む高等教育機関による職業能力の向上に限定したリフレッシュ教育という言葉も日本ではつくられた。

そして，「再チャレンジ支援総合プラン」最終報告案 (2006年) 以後の政策において，グローバル経済，少子高齢化による労働力の確保，技術革新に対応した職業能力開発が課題とされるなかで「社会人の学び直し」という言葉が言及されるようになる。狭く教育政策のみならず，産業界の協力も含めた，職業人のスキルアップ，キャリアアップのための経済・産業政策も含まれたものとして生涯学習は考えられるようになった。また，社会人の学びを主要な機能の一つと位置づけた新たな高等教育機関として専門職大学，専門職短期大学および専門職学科が制度化された。

(齋藤崇徳)

▷5　市川昭午，1981,『生涯教育の理論と構造』教育開発研究所，pp. 35-38。

【参考文献】

児玉義仁編集委員代表，2018,『大学事典』平凡社。

日本社会教育学会年報編集委員会編，1998,『高等教育と生涯学習　日本の社会教育第42集』東洋館。

日本労働研究機構編，2002,『高等教育と生涯学習者──その変化に関する各国の状況』日本労働研究機構。

労働政策研究・政策機構編，2020,『日本労働研究雑誌』721。

外部ガバナンス

① 大学のガバナンス

　ガバナンスといえば，コーポレート・ガバナンス（企業統治）が思い浮かぶが，それが意味するところは経営そのものではなく，企業経営者に対する規律付け，企業経営者のコントロール・メカニズムであるとされる。[41]

　大学の場合，その活動は学問の内在的論理に基づくために専門家自身でなければ評価しにくい一方で，社会に影響を与え社会から資源を得る以上社会からの関与を無視できないという本質的問題がある。専門家自身による独自な運営が効率的であったり，教育機関としての永続性を求められるので短期的な視野に基づく運営や経営は困るし，逆に過度にアカデミックになって社会から乖離してしまうのも困る。こうした多面的な運営や経営をコントロールする機能が必要となる。大学ガバナンスという言葉は，大学の管理運営体制，意思決定構造，運営や経営の仕組みやプロセスなど多様に理解され，厄介な概念であるが，以上のような観点からここでは，運営や経営そのものではなく，「大学の運営や経営（者）をコントロールするメカニズム」という意味で使う。

② 大学ガバナンスの歴史的概観

　大学の運営や経営をコントロールする主体（統治主体）に着目すれば，大学の構成員自身が統治主体という場合があり得る。もともと大学の始まりは，学生と教師の組合（ギルド）であり，ウニヴェルシタスもコレギウムもローマ法に由来する法人団体組織であった。ボローニャでは学生組合の長が，パリでは国民団の代表が学長になった。当初の大学は都市の世俗権力からの統治は受けないで構成員自身が運営し自らを統治する，「構成員統治」（運営と統治が未分化）のガバナンスであった。

　しかし領邦国家，国民国家の発展につれて，大学は国家により創設され，国家による統治へとシフトした。構成員による教授会自治等が残されながらも統治は国家が行うというもので，これを金子元久は「国家施設型」大学と呼んだ。[42]ヨーロッパ大陸の大学は総じて国家施設型になり，中世以来の自らの資産を有する法人団体という組織の性格を薄めた。だがイギリス，スコットランドでは法人団体的性格が残り，大学に「理事会（court）」や「総会（council）」が置かれ，さらにその影響を受けたアメリカの大学では「理事会（board of trustees,

▷1　大規模化し経営と所有が分離している企業組織では，経営者が過度に個人的利害に走らぬよう経営を監督する必要があり，そのためにガバナンスが議論されるようになった。

▷2　金子元久，2010，「大学の設置形態——歴史的背景・類型・課題」『大学の設置形態に関する調査研究』国立大学財務・経営センター。

▷3　ガバナンスの様式に大学システム（university system）という形態がある。これは複数の大学から

board of regents）」が置かれた。理事会は学長を選出・監督し，大学の最高意思決定機関として，大学の運営や経営，資産や存続への全責任を負う明確な統治組織（governing body）となった。理事会は教育研究の専門家である構成員とは独立した機関であり，法人といっても先の構成員統治型ではなく理事会統治型というべきものである。金子はこれを「コーポレート型」大学と呼んだ。一見すると国家施設型は国公立大学，コーポレート型は私立大学と見えるが（ただし公立と私立の区別ができるのは19世紀以降），アメリカでは州立大学の統治者は政府ではなく理事会である。そこでコーポレート型はさらに「私立型」と州立大学に見られる「政府支持型」に分けられる[3]。

他方で「構成員統治」がなくなったわけではない。学長が構成員の選挙で選ばれる場合，構成員が学長選挙を通じて大学経営をコントロールする。弱体化しつつあるとはいえ，教授会自治も運営だけでなく統治でも機能してきた。また，アメリカの大学では，経営陣というべき学長や副学長，プロボスト（provost）を中心とする執行部（executive office）に対して，構成員の代表からなる評議会（大学評議会 university senate，教員評議会 faculty senate）があり，執行部の経営にコントロールを及ぼす。いわゆる共同統治（shared governance）である。

日本を含めた各国の国立大学の法人化は，国家施設型から，私立型ではなく政府支持型へのシフトである。だがこれには国家統制が強くなったという批判がある。「大学の自治」を構成員統治に依拠する立場から見て，法人化には国家施設型に内在する構成員統治の要素を薄める側面があるからであろう。こうした内部からのコントロールをいかに位置づけるかは大きな問題である。

③ 日本の大学のガバナンス

日本の私立大学のガバナンスは多様だが，理事会が統治組織であり，「評議員会」という組織もある。理事会は統治主体であるだけでなく，評議員会に監督される立場でもある。株式会社にたとえれば，理事会が取締役会，評議員会は株主総会に相当するが[4]，評議員会は理事長が招集し，理事会の諮問委員会のような位置にもある。従ってアメリカの大学のように学長などの経営陣に対する強力な統治組織としての理事会という単純な図式[5]には必ずしもなっていない。

他方で国立大学では，法人化後，「役員会」が置かれた。役員会は理事で構成されているが，これは統治組織という意味での理事会ではなく，経営陣・執行部というべきものである（理事会が学長を選ぶのではなく，学長が理事を選ぶ）[6]。つまり学長は法令上オールマイティで，学長を中心とする経営をコントロールする統治組織がない。それは事実上文部科学大臣であるとすると，コーポレート型と位置づけるのも難しいかもしれない。このように経営と監督の分離という意味では日本の大学のガバナンスは必ずしもアメリカの大学のように明確ではない。

（阿曽沼明裕）

構成され，各大学に学長をはじめとする経営陣はいるが，ふつうひとつの統治組織（governing body）で理事会によって統治される。たとえば有名なカリフォルニア大学システム（University of California System）では，UC バークレーやUCLA 等の10大学がひとつの理事会で統治されている。大学システムはコーポレート型の政府支持型に位置づけられる。

▷4 一般社団法人では株式会社の取締役会に相当するのが理事会で，株主総会に相当するのが「社員総会」，さらに財団法人では「評議員会」である。かつて財団法人であった私立大学では，この図式が残っている。

▷5 理屈でいえば，企業では「株主総会」が統治組織であるはずだが，実際には株主代表である「取締役会」が株主に代わって経営を監督する。ただし取締役は経営者でもあり，企業ですら経営と監督の区別が不十分なので，アメリカの大学の理事会方式のほうがよりガバナンスが明瞭である。

▷6 経営協議会には外部有識者が入るので経営を監督する要素は強いが，経営協議会のメンバーも学長が指名する。

参考文献

児玉善仁編集委員代表，2018，『大学事典』平凡社。
東京大学大学経営・政策コース編，2018，『大学経営・政策入門』東信堂。

内部ガバナンス

▷1　詳しくは以下の文献を参照。ワイク，カール・E.，遠田雄志訳，1997，『組織化の社会心理学』文眞堂；リンカーン，イボンナ・S.，編，寺本義也・神田良・小林一・岸真理子訳，1990『組織理論のパラダイム革命』白桃書房。

▷2　詳しくは以下の文献を参照。マーチ，ジェームズ・G.，編，土屋守章・遠田雄志訳，1992，『あいまいマネジメント』日刊工業新聞。

① ガバナンス（統治）の視点から見た大学の特質

　大学は企業と異なり，利潤の追求のような組織全体で共有する目的が明確でない組織である。一般に大学は学部や学科など専門分野ごとに，内部の組織や構成員の独立性が強い緩やかな連合体として成立しており，こうした緩やかな組織編成原理はルース・カップリング（loose coupling）と呼ばれる。大学における意思決定の過程は，一貫性や合理性が低い「組織化された無秩序（organized anarchy）」として成り立っており，曖昧性，不確実性，偶発性に取り巻かれる中で行われる意思決定の特質は「ゴミ箱モデル（garbage can model）」と称される。だが，一見欠点にも見えるこうした特質は，大学の持つ大きな利点となっている。大学内部の組織や構成員が各々の専門性を活かしながら自主的・自律的な判断を行うことで，専門知識に根差した活力ある学術活動を生み出すことが可能となる。また，小さな単位が自立することで，内外の環境変化に応じた柔軟かつ機敏な変化を引き起こすことが可能となる。かりにこうした自律性や柔軟性の低い，全学一律の「堅い」意思決定方式が強まれば，大学本来の活力は低下してしまう危険性がある。

　一方で，大学は専門分野における学術の論理だけで成り立っている組織ではない。大学を構成するもうひとつの組織である事務部門を中心とする管理運営組織は，官僚制組織に近い管理がなされている。学部や学科の組織も，学問の論理に加えて，官僚制的要素や政治的要素などさまざまな複合的な論理の中で動いており，部局（学部・研究科など）と全学の執行部の関係性にもこれら多様な要素が複雑に入り組んだ形で介在している。大学では異なる専門分野が融合することで新たな学問的価値が生み出されるという点も重要であり，そこに全学組織が部局組織に介入する余地が生じる。さらに，大学組織の管理運営は，国ごとの特質や時代状況によって実際にはさまざまな形態として現出する。こうしたことから，大学の内部ガバナンス（統治）が問題とされるのである。

② 大学改革の焦点としての内部ガバナンス

　大学内部のガバナンスは近年の日本の大学改革の焦点のひとつとなっている。変化の大きい現代的状況の中で，社会イノベーションの動力としての大学が迅速に行動する必要性が，産業界や政界を中心に主張されている。そうした行動

様式を可能とするために，学長を中心とする全学的なガバナンスを強化する方向性が，近年の高等教育政策の基調となっている。2014年における学校教育法の改正はそうした主張を背景に行われたものであった。

3　現代の大学に求められるガバナンス

ただし，そうした方向での変革が大学のパフォーマンスを上げることを保証するわけではない。ガバナンスとはあくまで，教育・研究・社会貢献といった大学の機能を十全に発揮するための手段であり，特定のガバナンス体制を採用すること自体が目的と化してしまってはならない。上述した大学の特質を前提に，時代状況の中で生じる課題に対してどのように行動することが大学にとって有効なのかを議論することが重要であろう。大学ガバナンスとは，トップとボトムの綱引きによる権限の配分ゲーム（zero-sum game）ではないし，特定の様式が汎用性を持つ（one-size-fits-all）ものでもない。

4　日本とアメリカの大学内部ガバナンス

日本では，上述した学校教育法の改正や同年の私立学校法の改正，国立大学・公立大学の法人化などの諸動向の中で，外部者がどの程度大学のガバナンスに関与するかといった点を含めて，設置形態別に模索が続いている。上述したガバナンスをめぐる視点を踏まえつつ，設置形態の特質が反映されると同時に，各大学の自律性を高める方向で検討がなされることが重要である。

その際に参考となるひとつの事例として，ここではアメリカの大学ガバナンスに触れておこう。アメリカの大学ガバナンスは外部者によって構成される理事会が最終意思決定の権限を持つ点が特質であるが，内部ガバナンスの面では，大学執行部と教員組織の並列関係に特質がある。一部には，アメリカの大学は学長による強力なリーダーシップによって牽引されているとの理解もあるが，実態としては大学の類型による多様性が大きく，一般に研究大学ではそうした面は強くない。多様な主体が相互作用しながら意思決定を行っていくシステムは共同統治（shared governance）と呼ばれ，アメリカの大学の基本的な統治原理として重要視されている。教員組織については，学部・学科ごとに教員の所属組織が存在する一方，全学レベルで編成される組織（Faculty Senate/Academic Senate など）も存在する。部局ごとの教授会組織が強い権限を持つ構造は，ともすれば部局間の利害の対立を呼び起こす。全学的視野に立った際に重要な要素が何かといった観点から議論する，部局を越えた教員組織が存在することは，日本のガバナンスに対するひとつの示唆となりうる。　　　　（福留東土）

▷3　現実的な課題としては，学長を中心とする全学執行部によるトップダウンと学部・学科によるボトムアップとの適切なバランスと相互のチェック，および多様な主体の協働と融合による相乗効果が生み出されるようなガバナンス体制を構築することが重要である。その際，個々の大学の持つ伝統や文化，風土に配慮する必要がある。また，大学の設置形態や規模，学部構成などによって適切な体制は異なる。

▷4　詳しくは以下の論文を参照。大場淳，2011，「大学のガバナンス改革──組織文化とリーダーシップを巡って」『名古屋高等教育研究』11：253-272；福留東土，2013，「アメリカの大学評議会と共同統治」『大学論集』44：49-64。

3　大学・高等教育関係行政機構

1　学術と科学技術

　大学および高等教育機関を所管する行政機関は文部科学省である。文部科学省は，2001（平成13）年1月に中央省庁等改革によって文部省と科学技術庁が合併して誕生した。それまでは，文部省が大学・高等教育行政を担当し，科学技術庁が科学技術行政を担当していた。文部省には高等教育行政をつかさどる高等教育局とともに学術行政および国際関係をつかさどる学術国際局があり，科学技術庁が担当する科学技術行政と学術行政の関係が次に述べるようにつねに問題となっていた。

　学術とは①研究者の自由な発想と研究意欲を源泉として真理の探究を目指すもの，②学問の全分野にわたる知的資産の形成・承継という重要な役割を担うもの，③大学等のシステム全体の機能として教育と研究を総合的に推進するものである。一方，科学技術とは「科学」，「技術」および「科学と技術の融合領域」の総体を指すものである。科学に基礎を置いた技術が発展し，科学と技術が融合しつつあることを踏まえて科学技術という言葉が使われるようになった。科学技術行政は政策的な研究領域を設定し，いわば政治と官僚によって科学技術の推進を目指すものである。これに対して，学術行政は研究者の自由な発想，学問の自治を尊重するものであり，その行政の有り様も条件整備，支援業務が中心となる。これらのふたつの行政はその性格が本質的に異なることからつねに対立し，外部からは縦割り行政，重複行政の弊害だと指摘されてきた。

　2001年の省庁再編に際し，基礎研究と応用研究のどちらを重視するかが重要な論点となった。科学技術庁は，1956（昭和31）年，通商産業省とは異なる視点から科学技術行政を行うべく設立されたため，省庁再編において科学技術庁の通商産業省への統合はありえなかった。他方で文部省は少子化が進む日本においては斜陽官庁であった。子どもの数が減ることは文部省の行政対象が絶対的に少なくなることを意味するからである。文部省はこれからの時代がイノベーションにかかっていると判断し科学技術庁と合併することを選択した。イノベーションを生み出す「日がのぼる」官庁になろうとしたのである。

2　内閣機能の強化

　2001（平成13）年の中央省庁等改革において，行政主導から政治主導への転

▷1　文部省には，1949年から，大学行政と学術行政とを一体的に推進するとの観点から，大学学術局が置かれていた。しかし，大学行政及び学術行政に対する需要が飛躍的に増大したことから，1974年に大学学術局を大学局（1984年に高等教育局に改組）と学術国際局に分離した。

▷2　諸外国では学校教育行政と大学行政を一つの役所で行い，基礎研究を振興しようとする国（例：韓国教育部）もある。研究行政と産業行政を一体として行い研究成果の産業化を重視する国（1970～1980年代のイギリス教育・科学省）もある。

換および総合的，戦略的な政治判断と機動的な意思決定をなしうる行政システムの確立のため，内閣機能の強化が図られた。首相を補佐する内閣官房の強化，各省を統括する内閣府の設置，経済財政諮問会議等重要施策に関する会議の設置などにより首相の権限が強化された。高等教育に関連する事項としては，重要施策に関する会議として総合科学技術会議（2020年現在は総合科学技術・イノベーション会議と改称）が設けられた。これらの重要施策に関する会議が設けられた当初は，これらの会議を通じて高等教育行政に経済界や経済産業省の意向を反映させようとする働きかけが頻繁に起こった。

　しかしながら，2001（平成13）年の中央省庁等改革以降，各省所管行政についての分担管理原則が修正され，首相の権限が強化されたので，このような重要施策に関する会議を使わなくても，首相官邸の意向，すなわち経産官僚の影響が直接高等教育行政に入ってくるようになった。分担管理原則とは，内閣法第3条第1項に定められているが，各省大臣は，各省の所管する事項に関しては，最高決定権者として位置付けられている。また，内閣総理大臣の各省の行政活動に対する指揮監督権は，同法第6条により，合議体である閣議による制約を受け，「閣議にかけて決定した方針」に基づくものでなければ総理大臣といえども，各省大臣を指揮監督することはできなかった。これが2001（平成13）年の首相の権限強化により分担管理原則に修正が加えられ，首相の意向が直接高等教育行政を動かすようになったのである。

③　国立大学中心の高等教育行政

　文部科学省で高等教育を担当するのは高等教育局である。高等教育局は高等教育企画課，大学振興課，専門教育課，医学教育課，学生・留学生課，国立大学法人支援課と私学部に所属する私学行政課，私学助成課，参事官室で構成される。日本の高等教育は，学校数で77％が，学生数で74％が私学であり，国立は学校数で11％，学生数で21％にすぎない。それにもかかわらず，私学部以外の高等教育局各課は，国立大学中心の高等教育行政を展開している。その中でも最も国立大学に対して権限を有しているのは国立大学法人支援課である。同課は国立大学における教育および研究に関する事務をつかさどるが，実質的に国立大学の組織，予算，人事，運営全般について強い権限を有している。

　一方，私学部とは私立学校法人という観点から私学行政を行う部であり，高等教育局に属するものの幼小中高等学校を設置する私立学校法人も所管する。私立学校は明治憲法下では国公立大学の補助機関として位置付けられ，国の強い統制下に置かれていた。また，1930年代以降私立学校の宗教教育に対する国の圧力は強まっていった。このような戦前の反省に立ち，戦後の私立学校行政では私立学校法第1条にある通り私立学校の「自主性を重んじ」ることを原則とすることとなった。

（磯田文雄）

審議会と答申

 審議会の種類

　審議会とは，国家行政組織法第8条に基づいて，行政機関の中に置かれる合議制の諮問機関であり，その審議のあり方や答申・報告類は政策形成・決定に大きな影響力を有している。各種審議会は，諮問された政策課題を調査・検討し，またその政策立案への正統性を担保する機能を果たしている。答申内容がすでに政府・官僚によって方向付けられており，反対意見を吸収（もしくはガス抜き）する政府・政権政党（自民党）の「隠れ蓑」と指摘・批判されることも多い[1]。その一方で，今日では審議過程は公開され答申（中間），答申（案）などへはパブリックコメントを寄せることが出来るなど，審議会が関係者への周知や社会各層での熟議といった役割を果たしていることも否めない。

　文部科学行政に関して最も重要な審議会は，中央教育審議会（中教審）である。中教審は文部科学大臣の諮問機関として，教育・学術・文化など文教行政全般に関する政策について審議・答申するため，教育刷新審議会を引き継ぎ1952年に設置された。この他にも，教育課程審議会，生涯学習審議会，教育職員養成審議会，大学審議会などが設置されていたが，2001年の省庁再編に伴ってこれらの審議会も整理され，現在では中教審に統合されている。

　これ以外に各省庁の大臣の下に置かれた私的諮問機関がある。次で見るように文部大臣の下に設置された「高等教育懇談会」のほか，中曽根首相のイニシアティブで置かれた「臨時教育審議会」（1984~87年），小渕首相の私的諮問機関である「教育改革国民会議」（2000年），安倍首相の私的諮問機関である「教育再生会議」（2006~08年）など，内閣総理大臣直属の私的諮問機関は教育全般に対して大きな発言力を持ってきた。これらの「私的」諮問機関は法令に基づかないとはいえ，その答申・提言・報告類が持つ影響力は大きい[2]。

　このように多種多様な審議会が存続してきているが，そのすべてを包括することは出来ないので，以下では戦後の高等教育政策の「規模」や「計画」に関わる内容に関して，中教審と大学審議会（大学審）を中心とした各種審議会とその答申・報告をまとめておこう。

 高等教育関連の審議会と答申：大学審議会以前

　中教審は，初等・中等教育を含めた文部行政全般を広くカバーするが，その

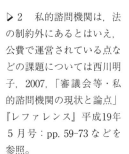

▷1　森田朗，2006・2015，『会議の政治学』（Ⅰ・Ⅱ）慈学社出版などを参照。

▷2　私的諮問機関は，法の制約外にあるとはいえ，公費で運営されている点などの課題については西川明子，2007，「審議会等・私的諮問機関の現状と論点」『レファレンス』平成19年5月号：pp. 59-73などを参照。

設置以来，高等教育政策についても重要な答申を行ってきている。特に，「38答申」と「46答申」（それぞれ昭和38年と46年の答申）は，今日に至る高等教育のあり方を方向付けるうえで大きなインパクトを持ったが，しかし具体的な施策指針となったのは，「高等教育懇談会」の４次にわたる「年度報告」である。同懇談会は文部省内に1972年６月に設置され，上記の中教審で示された改革の基本的方向に基づく課題を協議し，昭和50年度報告「高等教育の計画的整備について」を提出した。これは「50年代前期計画」として従来の拡張方針を抑制へと転換させる

表Ⅶ-4-1　戦後日本における高等教育に関する主な審議会と答申

審議会	答申名	答申月日
中央教育審議会	大学教育の改善について（38答申）	1963年１月
中央教育審議会	今後における学校教育の総合的な拡充整備のための基本的施策について（46答申）	1971年６月
臨時教育審議会	第二次答申	1986年４月
大学審議会	大学教育の改善	1991年２月
大学審議会	大学院の整備拡充	1991年５月
大学審議会	平成５年度以降の高等教育の計画的整備について	1991年５月
大学審議会	平成12年度以降の高等教育の将来構想	1997年１月
大学審議会	21世紀の大学像と今後の改革方策について	1998年10月
大学審議会	グローバル化時代に求められる高等教育の在り方	2000年11月
中央教育審議会	我が国の高等教育の将来像	2005年１月
中央教育審議会	学士課程教育の構築に向けて	2008年12月
中央教育審議会	2040年に向けた高等教育のグランドデザイン	2018年11月

出所：筆者作成。

大きな画期となった[3]。またその後の「50年代後期計画」（1981（昭和56）年度～86（昭和61）年度）ならびに「昭和61年度以降の高等教育の計画的整備について」（1986（昭和61）年度～92（平成４）年度）の策定は，大学設置審議会（大学設置計画分科会）に移行され，抑制から再び拡大へと転換した。さらに，1991年５月の大学審による答申「平成５年度以降の高等教育の計画的整備について」で2000（平成12）年までの高等教育の規模の想定が発表された。

> 3　橋本鉱市，2014，「高等教育懇談会による『昭和50年代前期計画』の審議過程」『高等教育の政策過程』玉川大学出版部。

③ 高等教育関連の審議会と答申：大学審議会以降

　大学審は，大学学長・教員のほかにマスコミや企業関係者など幅広く高等教育関係者20名から構成され，1990年代からの大学改革を主導することになるが，1988年12月から2000年までに26の答申，ふたつの報告を矢継ぎ早に出した。大学規模については，上記の1991年の答申に次いで，1997年１月に12～16年度の計画を答申する。このほか，大学審は，大学院，学位，短大・高専，設置基準，入試，教員，通信制などについても詳細な審議を行った。上述のように2001年以降は，大学審も中教審の大学分科会へと組み入れられた。そして，それまでと同様に，2005年１月ならびに2018年11月にはそれぞれ将来像・グランドデザインが発表されたが，特に最新の答申は非常に長いスパンでの見通しとなっている。

　以上のように，ここ60年近くにわたる審議会答申を概観してみると，国家的な基準から種別化・多様化へ，量的な規制もしくは拡大から質的な充実へ，ハードな計画やシミュレーションからソフトなデザイン・将来像の提示へ，といった流れが指摘できるだろう。

（橋本鉱市）

5　大学改革と政策

　第二次世界大戦以後，いずれの国においても，民主主義的な教育理念の下で，高等教育の機会均等（地域，性差，階層などによる格差是正）が図られ，大衆化が進むことになった。このプロセスの中で，広く社会に開かれた大学のあり方をめぐって，いずれの国でも20世紀後半はラディカルな大学改革が繰り返されてきた。それを下支えし誘導する政策も時代や文脈によって異なり，また政策形成のパターンも大きく変化してきた。以下では，わが国を事例に，大学改革とその政策形成のパターンを概観しておこう。[41]

1　戦後改革期〜拡大期

　戦後改革から1950年代後半までは，新たな大学制度の定着と整備に重きが置かれた。政治・経済的には保革両勢力が対立する55年体制が確立されて，自民党と社会党，文部省と日教組との対立構図が明確であったが，ある意味で安定的でもあった。しかし，1950年代後半から高等教育の拡大要求が高まる。1961年に文部省は大学設置認可基準を大幅に緩和し，学科増設・定員変更の「届出制」を容認する方針を発表した。これにより，文部省の私大対策は抑制政策から拡張基調へと転換して，その後15年近くにわたる私立大学の拡大行動を誘引し，その結果わが国の高等教育の大衆化，マス化は大きく前進した。またその基盤となる「私学助成振興助成法」が1975年に成立に至った。この時期に大きな影響力を持ったのは，自民党の文教族（特に第二世代と呼ばれる若手議員）と，私立セクターの各団体であり，高等教育の政策過程にステークホルダーとして登場することとなった。[42]

2　抑制期

　1970年代半ばに拡大から抑制へと転換し，さらに80年代半ばに再び拡張政策が採られることになるが，しかしそれまでの厳密なシミュレーションに基づいた「計画」は放棄され，18歳人口の動態に合わせて，大学・短大進学者数を想定し，それに合わせた定員増を行うというように，国家・政府主導の教育計画から社会需要を見据えた政策立案へと変化した。またこの80年代半ばは臨時教育審議会時代（1984〜1987年）にも重なっており，中教審や文教族とは異なる「教育の自由化論」はその後の市場主義的な基調を醸成し，経済界などから教育界へ新たなアクターを誘引することとなった。[43]

▷1　黒羽亮一，2001，『戦後大学政策の展開』玉川大学出版部；黒羽亮一，2002，『大学政策——改革への軌跡』玉川大学出版部；橋本鉱市，2014，『高等教育の政策過程』玉川大学出版部などを参照。

▷2　羽田貴史，1999，『戦後大学改革』玉川大学出版部；天野郁夫，2019，『新制大学の時代』（上・下）名古屋大学出版会；猪口孝・岩井奉信，1987，『「族議員」の研究』日本経済新聞社などを参照。

▷3　山崎政人，1986，『自民党と教育政策』岩波書店；ペンペル，T. J.，橋本鉱市訳，2004，『日本の高等教育政策——決定のメカニズム』玉川大学出版部；ショッパ，L. J.，小川正人監訳，2005，『日本の教育政策過程——1970〜80年代教育改革の政治システム』三省堂などを参照。

③　大学改革の時代

　臨教審答申に促される形で大学審議会が1987年に設置され，その後本格的な大学改革が開始された。大学審もまたこれまでと同様に将来的な計画を答申したが，従来型の思想と手法での策定は無理となり，計画とは呼べないキメの荒い答申となった。大学審議会は28もの答申・報告を行うが，その多くは具体的な教育の組織と内容面まで踏み込んだもので，これは平成期に入ってから漸減傾向にある18歳人口を踏まえて，大学改革の主眼が量的拡大から質的充実に転換しつつあったことを示している[4]。

④　2000年代以降

　2000年代に入る以前の政策形成プロセスは，各省庁と族議員の協同モデルが支配的であった。内閣が閣議決定し国会に提出する法案，予算案など，あらゆる重要議案は必ず与党である自民党の了承を必要とする「与党事前審査システム」がとられ，自民党では政調会各部会→政調審議会→総務会，また各省庁（文部省）側も係→課→局（議）→省（議）と，それぞれボトムアップ的に政策案が上げられて，相互に連携して政策へと練り上げられてきた[5]。

　しかしわが国の高等教育とその政策環境は，2000年代に入ってから大きく変わった。行財政改革などの一環として国立大学は法人化し，また法科大学院などの専門職大学院制度が発足，これと平行して，設置認可行政が大きく転換して「事前審査から事後評価へ」となり，さらに構造改革特区における株式会社立の大学なども許可されるなど，高等教育の規制緩和や市場化が急速に進められた。これらの改革は，「総合規制改革会議」や「規制改革・民間開放推進会議」による「教育等の官製市場分野の民間開放」の潮流に乗ったものである。こうした高等教育の市場化は，これまでの政府・自民党以外のさまざまな（民間）アクターの政策形成プロセスへの参入を許すことになった。さらに最近では，内閣府の役割が強化されるに伴ってそこに設置された重要施策に関する会議ならびに審議会等の影響力が非常に大きくなってきている。たとえば，経済財政諮問会議などは，「民間議員ペーパー」や「経済財政運営と構造改革に関する基本方針（いわゆる「骨太の方針」）」などで重点政策の議題設定や進捗状況の点検などを行うが，そこでは高等教育も課題として取り上げられて，閣議決定（アジェンダセッティング）されるようになっている[6]。

　以上のように，戦後75年の間に，わが国の高等教育政策の形成・決定については，政・官によるリジッドな政策共同体から，多様なアクターが混在するイシューネットワークへ，さらに政治主導の下で内閣府の影響力増大へと推移している。したがって，大学改革に関わる政策形成・決定プロセスも，政治的に大きく流動化せざるを得ないと言えるだろう。　　　　　　（橋本鉱市）

▷4　舘昭編，1995，『転換する大学政策』玉川大学出版部；有本章・山本真一，2003，『大学改革の現在』東信堂などを参照。

▷5　奥健太郎・河野康子編，2015，『自民党政治の源流──事前審査制の史的検証』吉田書店などを参照。

▷6　飯尾潤，2007，『日本の統治構造』中央公論新社などを参照。

チャータリング・設置認可・大学評価

1　チャータリングとは

　大学としての必要な量・質を備えているのか——この問いに答えるのが大学評価と言ってよい。その評価を行い大学として認める主体・方法の違いによって，大きく「チャータリング」と「アクレディテーション[1]」に分けられる。

　チャータリングの起源を西欧に求めるならば，大学の起源を簡潔に振り返る[2]必要がある。そもそも西欧における大学の起源は，中世において高度な知識を学習・教授する学生・教員集団（ギルド）に見出すことができるが，13世紀初頭以降は，ローマ教皇・皇帝あるいは各国の国王といった権威あるものによる許可を得て初めて大学として設立されるという慣行が成立した。この慣行において，「大学を認める主体」から「大学を作る主体」に対して証として発行されるものが勅許状（チャーター）であり，その中核となる特権は学位授与あるいは教授資格であった。

　この慣習において，「大学を作る主体」と「大学として認める主体」の分離が成立したのであり，その始まりは1224年のナポリ大学，1229年のトゥールーズ大学だとするのが定説とされる。「大学を作る主体」は，勅許状を得る条件として，教員の給与や教員・学生の宿舎等を財政的に保証し，かつ学生に対する各種権利を保証することが必要となる。「大学を認める主体」はそうした諸々の条件が満たされているかどうかを評価して条件を満たせば勅許状を出すことになる。このチャータリングの方式を現在も堅持している代表的な国がイギリスだと言われている。

2　日本の大学の設置認可

　日本の場合，明治期の大学制度の確立以来，「帝国大学令」（1886年），「大学令」（1918年）を通じて大学設置の基準が定められ，長らくチャータリング方式を「設置認可」として採用してきた。戦後直後の学制改革当初には，戦前の国家統制からの脱却を目指し，大学自治原理による大学間の相互評価による設置認定と水準向上の方式であるアクレディテーション方式の導入が画策されたが，普及するに至らなかった。そして本来アクレディテーションで運用するはずだった「大学基準」が，国の大学設置認可における大学の基準として実質的に採用されることになった。1956年に「大学設置基準」が文部省令として制度化さ

▷1　アクレディテーションについては Ⅲ-5 参照。

▷2　以下は，次の論文を参照のこと。横尾壮英，1975，「イギリスの大学勅許状と大学設立方式に関する断章」『大学論集』3：pp. 60-73。

れることによって，以降設置認可は長らく大学の形式的最低基準・実質的最高
基準として運用されてきた。

③　大学評価の時代へ

　1980年代以降になると，イギリスを筆頭に公共部門においても市場原理の導
入が進められ，公教育への予算配分削減および財源の効率的運用が行われるよ
うになった。その際に，税金が無駄にならず効果的な配分になるような対象を
判定するために併せて導入されたのが「評価」である。行政部門全般について
は「行政評価」と言われるが，高等教育においては「大学評価」と用いられる
のが通例である。

　日本も，イギリスを参考にしながら1991年に規制緩和政策の一環として実施
された設置基準の大綱化との抱き合わせにより，自己点検評価が努力義務とし
て大学に課せられた。その後，外部評価・第三者評価，認証評価，国立大学の
法人化と併せての達成度評価などが立て続けに制度化された。これら制度の特
徴は，①「設置認可」における評価が大学設置時点から数年程度しか機能せず
（事前評価），事後の活動や成果を保証するものではなかったことから，「事後評
価」を行う必要性を主張していた点，そして②各大学の自己点検評価を基本資
料としつつ，大学外部や第三者の立場からの評価を組み込み，「大学を設置す
る主体」「大学を認める主体」から，「大学を（専ら）評価する主体」を分離し
た点，さらに③成果に関する明確な証拠（＝エビデンス。数値であればより望まし
い）が求められた点である。

　以降大学評価は専門分化・細分化への道をたどり，日本学術会議や大学基準
協会を中心とした専門分野別評価の模索，教員個人評価へと展開をみせつつ，
評価のための根拠情報の収集と可視化の機能であるIR（Institutional Research）
への関心が高まっている。そして現況では「大学を評価する主体」としての民
間企業の台頭が著しく，それらが紡ぎ出す大学評価の亜種とも言うべき「大学
ランキング」が，設置主体や国家を超えて大学に対する強い圧力を持っている
点には注意すべきである。

　チャータリング・設置認可や評価という営為は，言い換えれば「大学とは何
か」「大学は誰のものか」という本質についての飽くなき問いである。その当
面の解は，諸々のアクターの価値観がぶつかり合った結果，勝者の価値観を写
し出す「評価」に当面の間は大学が支配されるに過ぎない。だとすれば，支配
的な価値観に迎合する以上に，大学を支配する当面の価値観を相対化して，あ
らためて「大学とは何か」「大学は誰のものか」を評価する態度こそが求めら
れている。

（村澤昌崇）

▷3　Ⅶ-8 参照。

▷4　評価に関する政策展
開や学術論文の動向に関す
るレビューを行った以下の
論考および参考文献群も参
照のこと。村澤昌崇，2010，
「大学の水準と質に関する
飽くなき議論──「大学と
は何か」を問う」村澤昌崇
編『リーディングス日本の
高等教育6　大学と国家
──制度と政策』玉川大学
出版部，pp. 238-245。

（参考文献）

喜多村和之，1977，「戦後
　の学制改革と設置認可行
　政──新制大学の設置に
　関する指導原理の展開と
　変容」天城勲・慶伊富長
　編『大学設置基準の研
　究』東京大学出版会，
　pp. 102-122。

羽田貴史，2006，「大学評
　価，神話と現実」『大学
　評価研究』5：pp. 6-13。

学長のリーダーシップ

 組織体としての大学

　かつての高等教育システムでは，一方では国家レベルの制度や政策が高等教育全体に与える影響が大きく，他方で教育研究については，先進諸国に共通する大学自治の原則の下で，大学教授団の影響力が大きかった。1980年代中頃から，さまざまな領域で政府部門の規制緩和や民営化を促すニューパブリックマネジメントの考え方が広がり，大学もその影響を受けた。大学の役割自体が多様化・複雑化する中で，個々の大学の戦略が本質的に重要になってきたという面もある。そうした中で，大学が自主的・自律的に運営できるように，ガバナンス改革が行われてきた。

2　学長リーダーシップへの期待

　組織としての大学の経営判断と行動が重要になるにつれ学長をはじめとする経営陣に対する期待が高まり，大学経営人材として専門職化する動きが，アメリカをはじめとして諸外国でも広がりつつある。ヨーロッパの多くの国では，かつて学長の役割とは，組合（ギルド）の長，すなわち対等なるものの筆頭としての学長（Rector）であり，経営手腕は求められなかったが，大学が改革を求められる中で，学長に求められる役割も最高経営責任者（CEO）となり，経営者としての学長は President と呼ばれるようになった。アメリカでは学部長以上の上級管理職は基本的に大学経営人材として評価を下され，経営手腕によって給与も決まり，専門人材として大学間を移動することが多くみられる。学部長以上は学内構成員の選挙でなく，理事会が選考を行うのが通例である。[1]

　日本においても，学長のリーダーシップの重要性が政策的にも強調されて，期待が高まっている。国立大学の法人化では，諸外国では類を見ないほど，学長に権限を集中させた制度設計を採用し，2014年の学校教育法改正では，学長補佐体制の充実や教授会の権限の制限などの変更も加えられた。このように政策的に学長のリーダーシップを確立・強化しようとしてきたのは，制度改正と予算配分による権限の強化という考え方が中心であった。近年では，大学のガバナンス・コード[2]の作成が政府主導で進められている。

▷1　全米高等教育新聞（The Chronicle of Higher Education）には，学長等の公募情報が多く掲載されている。

▷2　法令のような最低基準や罰則規定のあるハードローではなく，望ましいガバナンスの姿を示すものでソフトローと呼ばれているが，たとえば国立大学のガバナンス・コードでは学長選挙のあり方について，「意向投票によることなく，（学長選考会議）自らの権限と責任において」選考を行うべしと書かれている。IDE大学協会，2020『IDE現代の高等教育——ガバナンス・コードとは』626。

③　学長リーダーシップ論の危うさ

　しかしながら，学長に権限が集中すれば，適切なリーダーシップが発揮できるわけではない。リーダーシップとはフォロワーとの関係性の中で評価されるべきものである。大学は上位下達的に命令で動くものではなく，教育研究活動の最前線にいる個々の教職員の信念や協力関係が組織の行く末を大きく左右する。アメリカの大学運営で生まれた共同統治（Shared Governance）という考え方が現在も理念として語り続けられているのもそのためである。▷3

　学長リーダーシップ論の暗黙の前提として，学長はすべての情報を理解し，最適な意思決定ができるという期待があると思われるが，現実には不可能である。人間の認知能力には限界があり，すべての情報を集めて検討する能力や時間はないという限定合理性を前提に，大学の行動を理解することが必要である。大学は多様なミッションを持ち，教育研究組織と事務局や運営支援組織から構成され，それぞれが重視する規範や価値観が異なっていることも多い。そうした重層性が組織統合を困難にする側面と，それぞれの下位部門では迅速に新しい取り組みができる面とがあり，分断と統合のマネジメントが重要である。▷4

　また，リーダーシップの発揮にもさまざまな選択肢があり，それを組織の特徴，当該課題の特質，本人の個性などに応じて選び取らなければならず，学長らに対する能力開発の必要性が増している。▷5

④　理事会との関係

　アメリカの大学と比較した際に，日本の大学経営の組織構造には，意思決定・執行・監督の役割が明確に分かれていない，という特徴がみられ，このことは学長のリーダーシップを考えるうえでも重要である。▷6 アメリカの大学では理事会が意思決定をし，それを実現できる学長を選び，執行は学長に任せる。学長が理事会の期待通りに運営できているのかを監督している。▷7 日本の国立大学法人では，学長が意思決定機関であり，代表機関であり，業務執行の総括機関であり，学長の意思決定と行動を法的に拘束する学内機関は存在しない。日本の私立大学の経営組織の構造はさらに複雑で，設置者である学校法人に，理事会，評議員会，監事が置かれているが，学校法人と大学の役割は機関ごとにも異なる。理事会が意思決定・執行の両方を担う大学もあれば，実質的に，大学の運営は大学に任せている大学もあり，学長がどのようなリーダーシップを発揮できるかは，理事会との関係に大きく依存している。私立学校法で理事会の役割が，学校教育法で学長の役割が規定されており，両者の法律的な位置づけが不明確であるためだ。

　　　　　　　　　　　　　　　　　　　　　　　（両角亜希子）

▷3　理事会，学長をはじめとする執行部，教育組織である評議会の3者による共同統治。これらのガバナンス主体の間の緊張や葛藤を調整するのが学長の役割である。

▷4　中島英博，2019，『大学教職員のための大学組織論入門』ナカニシヤ出版。

▷5　近年，大学団体等による学長研修も以前と比べれば充実してきたが，諸外国と比べると十分な水準言えず，学長を育てる仕組みの欠如は大きな課題である。また，学長のみならず，執行部体制，補佐体制をどのように構築するのかも重要な課題となっている。両角亜希子，2019，『学長リーダーシップの条件』東信堂。

▷6　両角亜希子，2010，『私立大学の経営と拡大・再編——1980年代後半以降の動態』東信堂；両角亜希子，2020，『日本の大学経営——自律的・協働的改革をめざして』東信堂。

▷7　アメリカの大学の理事は名誉職の位置づけで基本的に報酬はうけとらないのに対して，日本の学校法人の理事は職業理事（常勤）などという違いもみられる。

8　インスティテューショナル・リサーチ

1　IR：意思決定と説明責任のための情報収集・分析機能

　大学の諸活動を有効に機能させるために，大学内外の情報を収集・分析・評価し，大学の意思決定や対外的な説明責任に役立てる機能を，インスティテューショナル・リサーチ（Institutional Research：IR）と呼ぶことがある。

　その淵源は，1924年のミネソタ大学での学生に関する調査研究にある。これを原型として IR は1960年代に急速に拡大し，現在では多くの大学内で専門部署が設置され（たとえば IR office），配属される者は高い学位を保持する者が多く，専門職のような扱いを受けているという。

　日本の高等教育の文脈では，1990年代から国立大学を中心に政策課題となった「大学評価」が契機となり，評価のためのデータ収集と分析の機能が要請・強化されたが，IR はこれら機能の発展系と言ってもよい。ただし，単に評価制度のためのアドホックな情報収集分析にとどまらず，今日では大学全体の PDCA（計画→実行→点検評価→改善）の体系を支える恒常的かつ専門的組織の設置および専任の専門家の配置を通じた権限・機能強化が求められているとされる。実際，政府による「私立大学総合改革支援事業」（2013年〜）では，大学における専門的 IR の設置等が各大学の本事業への申請条件と化している。

2　IR の中心的機能

　IR の専門家によれば，IR の定義は定まっておらず，情報収集・分析にとどまらず，戦略策定や意思決定・改善活動支援など多岐にわたる活動が包摂され，「現在も発展中」という。とはいえおそらくコア機能は，自らの大学の性質や活動全般を適切に認識するために，関連する内外の情報収集・分析を行うことであろう。

　さらに日本では，IR 相応の機能でまず着手されるのは情報収集機能である場合が多い。具体的には学内で分散するデータの統合を目指し，情報処理システムの構築に関する議論が生じる。大学評価導入の90年代初頭を契機として，世界大学ランキングの影響力に比例する形で，主として情報関係の専門家・担当部署そして時には IT 関連企業により主導されてきたが，情報の専門的見地で構築されたデータベースは，統計分析の観点やデータの入力を行うエンドユーザーの視点を欠いていることも多く，失敗とやり直しを何度も繰り返してい

▷1　山田礼子，2007，「学内のデータ収集急げ IR の重要性と専門職の養成」『アルカディア学報』2269号，No. 278（https://www.shidaikyo.or.jp/riihe/research/278.html）。

▷2　浅野茂，2019，「教学マネジメントを支える基盤── IR の機能強化に向けた提案」（https://www.mext.go.jp/content/1417857_003.pdf）。

▷3　ただし，日本の文脈では「教学 IR」として教育・学習活動に特化した IR が政策課題化したこともあり，学生の大学内外・授業内外での諸活動や達成度・能力形成に関するデータの収集が主となることが多い。

る点が興味深い。

③ IRの課題

　日本の高等教育政策全般にいえるが，IRというキーワードをアメリカから輸入し，あたかもその機能が日本には不在であるかのような幻想を構築し，その必要性を喧伝し強要する議論には注意が必要である。アメリカでは大学は自らの裁量で学生数を増減可能である一方，大学として認定され続けるために学生の質保証にも配慮しており，学生が単位を落とせば退学にも容赦ない。つまり，大学の経営と質の均衡に敏感であり，その必然の帰結として retention rate（学生の在籍率）を中心とした学生の状況把握と分析がIRの中核になる。

　これに比して日本では，政府による定員管理，4年での卒業の不文律化，3年次からの一斉就職活動開始，入試選抜水準を核とした半固定化された大学間の序列の存在等，固有の制度・慣習が存在する点に注意が必要である。つまり大学以外のアクターである政府や労働市場の影響が強く，個々の機関の経営努力の余地がアメリカに比して小さいと想像されるので，アメリカ型IR導入がどこまで大学の経営改善として通用するのかは不明である。

　また，IRが情報処理や統計分析等を通じた数値情報重視である点，IR専従部署を設置し高等教育や分析に秀でた者を専門職かつ専任教職員として配置し権限機能の強化を要請する点も，注視する必要がある。こうした傾向は従事者の地位や質の向上へと繋がる反面，難解な分析の暴走や，各専門分野固有の専門知や現場における経験知等の軽視が横行し，IR機能と現場が乖離する恐れがある。またIR機能の権限集中・強化は，IRの客観性やエビデンスを盾にトップダウン型ガバナンスの正当化に用いられる恐れもある。さらに中小規模の大学にとっては資源や経営の問題からIRを整備することが難しいにもかかわらず，そのような大学にこそIRの機能が経営上必要であるというパラドックスをもたらしている。つまり中小規模や経営の厳しい大学にとっては「兵站なき戦い」に駆り出されることを意味し，IRにより大学間格差がむしろ助長されるという事態ももたらされかねない。

　IRが必要とする数理統計分析は，上述とは逆説的ではあるが，つねに先端的知識へのキャッチアップが必要とされるし，導かれる数値が「真」かどうかは不明であり絶え間なく研究が進展している。特に現況では「**因果推論**」がEBM，EBPMと抱き合わせでデータサイエンスの領域では関心も高く論争も熱いが，IRがこうした先端的動向とどう向き合うかも問われている。

（村澤昌崇）

▷4　因果推論
厳密な原因結果の関係を導こうとする分析方法の総称。ランダム化比較実験を理想とし，政策の純粋な効果を析出する方法として推奨もされているが，異論も多い。詳しくは以下文献を参照。林岳彦・黒木学，2016，「相関と因果と丸と矢印のはなし──はじめてのバックドア基準」『岩波データサイエンス　Vol. 3』岩波書店，pp. 28-48；林岳彦，2019，「環境分野における"EBPM"の可能性と危うさ──他山の石として」（http://takehiko-i-hayashi.hatenablog.com/entry/2019/11/12/162554）。なお，EBMとはEvidence-based Medicine（証拠に基づいた医療），EBPMとはEvidence-based Policy Making（証拠に基づいた政策形成）を意味する。

中世の大学（1）
大学の誕生

 なぜ中世大学が大学の起源か

　大学の起源は一般に12〜13世紀のヨーロッパと言われる。パリ大学，ボロー
ニャ大学がその代表とされるが，ハスキンズによれば「やっと12，3世紀にな
って，われわれにもっともなじみ深い組織された教育の諸特徴，すなわち学部
や学寮や学科課程が代表している教育の全機構，試験や卒業式や学位が世の中
に表れる」。だが，カラウィーイーン大学などイスラーム圏の学校であるマド
ラサ（Madrasa）が先だという考え方もある。この点，ベン-デービッドは以
下のようにいう。「ただ一つ重要な点で，ヨーロッパは他とは条件をことにし
ていた。すなわち，著名な教師の住む都市は，一つの自治団体であり，外国人
は国王の保護を受けることはなかった。（中略）教会は教育を含めて精神界の
すべての事象に責任と権力を求め，世俗的権力の支配が学校と学者に及ぶこと
を拒否した。こうした国家と教会の分離は，大学に集まる学者達を強力な強制
からときはなすことになる。やがて騒々しい学者の集まりの中に秩序を作り出
し，大学をとりまく社会との関係を規制するために，自治組織が作られた」。
つまり世俗権力と教会のはざまで，「教会によって権威づけられ，世俗的支配
者から容認された自治組織」として始まったのが大学である。

大学誕生の背景

　第一の背景は，いわゆる12世紀ルネサンスに代表される知的覚醒である。中
世ヨーロッパでは古代以来の**自由七科**が教会学校で細々と続けられたが，学問
の発展は停滞していた。他方で，中世前半（5世紀〜11世紀）にはイスラーム圏
勢力が拡大，東ローマ（ビザンツ）帝国から古代ギリシア・ローマの学問を吸
収し，アラビアの学問が発展した。そのアラビアに対して西ヨーロッパはレコ
ンキスタ（国土回復戦争），十字軍の大遠征（1096〜1270年）などを通じて接触，
12世紀頃には文献のアラビア語からラテン語への「翻訳時代」が到来し，ヨーロ
ッパ人に古代の学問特にアリストテレス哲学が体系的にもたらされた。これら
とキリスト教が結びついてスコラ学が成立し，大学の正統な学問となっていく。
　第二の背景は，知識への要請の高まりである。農業生産の向上で商業経済が
発展して都市が発達し，都市生活がヨーロッパ全土に普及した。この中世自治
都市組織の行政には法的整備が必要とされた。封建主義的集権化も始まり，新

▷1　ハスキンズ，チャー
ルズ・ホーマー，青木靖
三・三浦常司訳，1977，
『大学の起源』現代教養文
庫。

▷2　中世中期イスラー
ム圏（750〜1200年頃）の神
学と法律の高等教育機関で，
ギリシア・ヘレニズム学問
を吸収してアラビア学問が
隆盛したことを背景に11世
紀後半頃に発展した。学位
制度や建築様式などは中世
大学と類似。

▷3　ベン-デービッド，
ヨセフ，潮木守一・天野郁
夫訳，1971，『科学の社会
学』至誠堂。

▷4　**自由七科**
自由七科は古代ギリシア以
来の学問をコンパクトにま
とめたもので文法学，修辞
学，論理学あるいは弁証法
の3科 trivium，算術，音楽，
幾何，天文の4科 quadriv-
ium からなり，自由学芸
（リベラルアーツ）ともい
われ現代の文理学（Arts
& Sciences）に繋がる。

しい法的規範が要請され，ローマ法の再発見などがあり，11世紀末以来の**聖職叙任権闘争**[5]もそれを促した。ヨーロッパはキリスト教の支配下にあり，教会は権威維持のために神学体系の確立を要請，緻密な論理・弁証の方法的訓練を積んだ人材を必要とした。アリストテレス論理学の役割が重視され，自由七科が聖職者の教養に不可欠とされ，都市学校では教師の需要が高まった。司教座聖堂付属学校，教養諸学の学校，法律学校，さらには医学校が増え，知的専門職業の領域が拡大し，これらの学校が大学に発展していく。

　第三に，中世の団体意識による組織化の流れである。都市の発展に伴い同業組合（ギルド）の結成が流行し，学徒（教師と学生）もまた例外ではなかった。学徒たちは教師を求めてヨーロッパ全土を遍歴・放浪したが，都市ではよそ者であり，つねに部屋の賃貸等について市民との間に係争が起こった。いわゆる「タウンとガウン（town vs gown）との争い」である。学徒の間では共通の利害関係から徒党つまり学徒組合結成の動きが進んだ。学徒たちは教皇の権威を背景に，俗人学徒も聖職者の特権を得て，世俗の（都市又は領主）の裁判権から免除されるようになる[6]。こうして学問ギルドとしての大学が形成される。

　この点は大学の語源に表れている。ユニヴァーシティの語源はラテン語のウニヴェルシタス（universitas）だが，「学問の全分野を包括する総合大学」の意味ではない。この言葉は本来学問とも教育とも関係がなく，ギルドと同様に「団体」「組合」を意味し，学生のウニヴェルシタス，教師のウニヴェルシタスが大学となった。同様の団体の意味でコレギウム（collegium）が使われることもあった。コレギウムは学徒の共同生活の場である学寮・カレッジのことでもあり，学寮はフランスのソルボンヌ学寮やイギリスのカレッジへと発展する。

③　中世大学の社会的機能と学位

　中世の大学の役割は，神学部，法学部，医学部でそれぞれ聖職者，法律家，医者等の伝統的な専門職を養成し，学位を授与することであった。

　こうした資格制度は背後に大きな権力がなければ流通しないものだが，教皇や皇帝がその役割を果たした。大学は13世紀初頭から「ストゥディウム・ゲネラーレ（studium generale）」と呼ばれるようになるが，これはキリスト教世界全体のための学校のことであり，キリスト教世界のどこででも教えることのできる万国教授資格（ius ubique docendi）を与える学校であった。最初は習慣として呼ばれていた名称だが，13世紀後半には万国教授資格を授与できる学校として教皇や皇帝が特許状（チャーター charter）を付与するようになった。ドクター（doctor）もマスター（magister）も最初は教師や尊師を意味したが，教授資格（学位）は大学教師以外に大学外で専門職が増えると次第に専門職資格（学位）へと変容していった。現代でも大学とは何かとの問いには，学位を授与する機関であるというのが一つの答えである。　　　　　（阿曽沼明裕）

▷5　聖職叙任権闘争
大司教，司教，修道院長など高級聖職者の任命権をめぐる教皇と神聖ローマ皇帝との争いであり，法律研究を促した。

▷6　1158年皇帝フリードリヒ・バルバロッサの勅令「ハビタ」が有名である。都市の裁判で学生側が裁判官を選ぶことができるなど，学生の保護を謳ったものである。

参考文献

島田雄次郎，1990，『ヨーロッパの大学』玉川大学出版部。
児玉善仁編集委員代表，2018，『大学事典』平凡社。
児玉善仁，2007，『イタリアの中世大学』名古屋大学出版会。
横尾壮英，1992，『中世大学都市への旅』朝日選書。
ラシュドール，ヘースティングズ，横尾壮英訳，1968-1970，『大学の起源——ヨーロッパ中世大学史』（上・中・下）東洋館出版社。

2 中世の大学(2)
発展と停滞

1 中世大学の拡散と発展：14〜15世紀

12世紀中に，ボローニャ，パリ，モンペリエ，オックスフォード等6大学が生まれ，さらに13世紀に18大学，14世紀に22大学，15世紀には33大学という具合に大学はヨーロッパ中に拡散した。当初の大学に校舎はなく，移動は容易であった。都市と対立した大学の学徒たちは，講義停止（cessatio），分散，他の都市への移動等の手段で対抗した。大学はこの争いの中でしばしば勝利し，特権付与（治外法権，免税などの特権）がなされるのだが，場合によっては他の都市へ移動し，それが大学の拡散・伝搬につながった。[1]

大学が増え，その重要性が認識されるようになると教皇と世俗の王権が大学を設置するようになった。[2] 14世紀以降の大学は，ほとんど教皇か皇帝の創立特許状をえて設立された。こうした他律的に形成された大学では俸給制なども採用され，外部権力（都市，君主）への依存が高まった。[3] またこれらの大学では建物が整えられたが，大学の移動の自由を制限し始めることになった。

2 イギリスの学寮制大学

ヨーロッパ大陸で形成された大学とかなり違った形で発展したのがイギリスの大学であった。後にアメリカの大学のモデルとなり，ヨーロッパ大陸型の大学とは異なる大学モデルを提供することになる。

オックスフォードとケンブリッジは，専門職養成とそのための専門学部よりも自由学芸が重視され，学部を組織しなかった。同郷集団である国民団ものちに廃止された。そのなかで学寮（カレッジ）が主要な組織となっていく。学寮とは「学徒で構成されるパトロン付きの生活・教育共同体であり独自の基本財産と規約を有する自治法人団体」であり，「庭をめぐって礼拝堂と食堂（ホール），図書館，学芸員（フェロー）の居室を配し，回廊付き中庭とつなぐ学寮の建築様式（方庭形式）」はオックスフォードのニュー・カレッジがモデルになった。[4] カレッジにおける教育の大きな特徴は，きめ細かな教育配慮である。学生はカレッジで教師とともに生活し，礼拝し，チューターによる少人数のきめ細やかな指導を受けた。

カレッジ興隆の背景にはルネサンス・宗教改革の中で，忠誠の対象がローマ・カトリック教会からイギリス絶対王政とイギリス国教会へと変化し，国教

▷1 ボローニャ，パリ，パドヴァ，モンペリエ，オルレアン，アンジェーなどは学徒団形成の機運により大学ができたが，これら以降の大学の多くは，学徒の移動で形成された。

▷2 フランスのトゥールーズ大学（1229年），スペインのパレンシア大学（1212年頃），サラマンカ大学（1220年），ローマの教皇庁大学（1224年）等。

▷3 ナポリ大学は，神聖ローマ帝国皇帝フリードリヒ二世が創設（1224年）したが，学徒組合の長であるレクトルに裁判権はなく，教師は官吏であり，国王が学位授与権を有し，学生の外国遊学も禁止されていた。

▷4 安原義仁，2018，「学寮」児玉善仁編集委員代表『大学事典』平凡社。

会聖職者とともに，宮廷に仕えて国王の統治に献身する廷臣・貴族の養成が求められたことがある。いわば支配エリート再生産であり，地主・ジェントリー階級の勃興，ルネサンス新学芸の興隆などを背景に，為政者・廷臣としての新しい理想像を求める「ジェントルマン教育理念」（専門的職業知と異なる）が形成された。国王や貴族は競って学寮＝カレッジを創設することで大学支配を強め，カレッジが大学の主要構成組織となってイギリス独自の「学寮制大学」が確立していった。

❸ 大学の沈滞：16世紀〜18世紀

大学は当初自然発生的に形成されたが，先に見たように次第に教会や世俗権力による設立が大部分を占めるようになっていく。さらに大学はもともとヨーロッパ全体を支配したローマ教皇権を背景にコスモポリタン的な性格を有していたが，1517年に始まるルターの宗教改革，その後の宗派間の争い等を経て，個々の宗派のために存在する大学へと変容した（宗派主義）。また，中央集権的な絶対王政や領邦国家など主権国家の成立は大学の国家による分断をもたらし（地域主義），中世大学のコスモポリタン的性格は縮小，大学は国家につかえる人材養成機関へと変化し，国家の統制が強まるに伴い団体的な自治も衰退した。

加えて大学は，確立した学問（スコラ学など）に固執して新しい知的潮流に乗り遅れた。16〜17世紀に科学史において科学革命[45]と呼ばれる大きな変化が起きていたが，大学外の特にアカデミー[46]などで進展した。科学革命は反キリスト教的ではなかったが，反アリストテレス的側面があり，大学の正統派スコラ学となじめなかった。

さらに中世大学の専門職養成は医学を含めて古典の学習を基礎にしたものだったが，それは18世紀にいたっても同様であった。高度に抽象的な性格のもので，専門的な職業人になるために必要な専門的技術の実践のための準備をさせるようなものではなかった。このため，大学は主要な機能である専門職養成でも，他の学校や徒弟制度にその役割を奪われて形骸化していた[47]。

科学革命に続いて，17〜18世紀に**啓蒙主義運動**[48]が起こる。啓蒙主義運動は，理性に根ざした新しい知識や考え方を一般市民に「啓蒙」し社会を変革しようとする近代化運動で，大学にも少なからぬインパクトを与えたが（結果的には大学の近代化につながる），むしろ大学は王政およびキリスト教会と一体化し，それらに守られ，それらを維持し，強大な権威を持つ旧体制の典型として攻撃の対象となり，フランスではフランス革命により大学は解体にいたる。

このように宗派主義と地域主義によるセクショナリズムと，スコラ主義による大学のマンネリ化，専門職養成の形骸化，既成の政治・宗教体制に奉仕する特権的団体化したことで，大学は停滞していった。中世大学は近代大学での復活を待つことになる。

（阿曽沼明裕）

▷5　バターフィールド，H.，渡辺正雄訳，1978，『近代科学の誕生』（上・下）講談社。

▷6　隠岐さやか，2011，『科学アカデミーと「有用な科学」——フォントネルの夢からコンドルセのユートピアへ』名古屋大学出版会。

▷7　阿曽沼明裕，2014，『アメリカ研究大学の大学院——多様性の基盤を探る』名古屋大学出版会，p. 25。

▷8　**啓蒙主義運動**
近代科学誕生のインパクトを受けて起こった一種の反体制運動であり，これにより学問，知識，科学からキリスト教的な宗教的要素が消えていき（聖俗革命），19世紀以降の現代の科学への橋渡しとなった。村上陽一郎，1976，『近代科学と聖俗革命』新曜社。

〔参考文献〕
児玉善仁編集委員代表，2018，『大学事典』平凡社。
島田雄次郎，1990，『ヨーロッパの大学』玉川大学出版部。
古川安，1989，『科学の社会史——ルネサンスから20世紀まで』南窓社。
横尾壮英，1999，『大学の誕生と変貌——ヨーロッパ大学史断章』東信堂。
プラール，ハンス＝ヴェルナー，山本尤訳，1988，『大学制度の社会史』法政大学出版局。

3　フランス専門学校主義

1　大学とグランド・ゼコール

　「高等教育」と言えば，通常まずは大学が想起される。しかしフランスには，歴史的な経緯のなかで大学よりも高い威信を有する，グランド・ゼコールと呼ばれる高等教育機関の一群が存在している。1747年創設の土木学校（ポンゼショセ），1783年創設の鉱山学校（エコール・デ・ミンヌ），1794年創設の理工科学校（エコール・ポリテクニク）および高等師範学校（ENS），1872年創設の政治学院（シアンス・ポー），1945年創設の国立行政学院（ENA）などが著名なものとして挙げられる。

　フランスには，パリ大学（ソルボンヌ）やモンペリエ大学のように12〜13世紀頃という中世の時代にまでさかのぼる，世界でも最も古くからの大学の伝統がある。歴史的に見た大学の根本的な特徴として，学位授与権と，学生・教師の教育自治団体ということが挙げられるが，中世以来の伝統的な大学の構成は，神学部，法学部，医学部，文学部，理学部からなっていた。グランド・ゼコールは，そうした大学の外に，「大学」ではなく「学校」として設立された。

　大学とグランド・ゼコールとの最も大きな違いは，入学に際しての選抜の有無である。大学にはバカロレア（中等教育修了・高等教育進学を認定する国家資格）取得者は原則として入学が認められるのに対して，グランド・ゼコールにはバカロレアを取得した後に，厳しい選抜試験を経てグランド・ゼコール準備級（CPGE）（高校に付設されるが，制度的に高等教育機関の位置づけ）もしくはグランド・ゼコール併設の準備コースに入学し，さらにそこで通常2年間学んだ後に，再び厳しい選抜試験を経て各グランド・ゼコールへの入学が認められる。各グランド・ゼコールは通常100名単位程度の定員数で，少数精鋭の教育が行われる。設置形態には国立も私立もあり，分野も技術系，商業系，その他と幅広いが，「グランド・ゼコール評議会」には現在229の機関が加盟している。今日ではスペシャリストの養成だけでなく，よりジェネラルな教育を行うものも多い。

2　グランド・ゼコールとエリート

　グランド・ゼコールを直訳すれば，「大・学校」となり，上記の諸学校の名前が示すように，もともとは専門職に就く者を養成する機関として設立されていて，この点で防衛大学校，気象大学校，水産大学校などの日本の大学校と通

▷1　2019年の数字で，高等教育登録者総数は268万人，CPGE および準備コース登録者数は10万人（Direction de l'évaluation, de la prospective et de la performance du Ministère de l'Éducation nationale et de la Jeunesse, 2019, *Repères et références statistiques sur les enseignements, la formation et la recherche, édition 2019*, （https://cache.media.education.gouv.fr/file/2019/51/6/depp-rers-2019_1162516.pdf, p. 153.）。バカロレア取得者は67万人で（フランス国民教育省ホームページ https://www.education.gouv.fr/resultats-de-la-session-de-juin-du-baccalaureat-2019-7385），CPGE が原則2年の課程であることを考慮すると，CPGE および準備コース入学者はバカロレア取得者の8％弱程度。なお大学への登録者数は161万人。

▷2　Conférence des grandes écoles （https://www.cge.asso.fr/）

100

じるところがある。また土木学校が公共事業・運輸省を前身とする環境連帯移行省, 鉱山学校が経済・財務省, 理工科学校が軍事省, 国立行政学院が首相府の所管というように, 教育官庁以外の省庁の下に置かれるものがある点も日本の大学校に通じる。しかし社会の中での存在感の大きさは, 日本の大学校とは大きく異なっている。

　一例として, 1958年以降の第五共和政の大統領 8 名は, ドゴールがサンシール陸軍士官学校, ポンピドゥーが高等師範学校, ジスカール゠デスタンが理工科学校および国立行政学院, ミッテランが政治学院, シラク, オランド, マクロンが政治学院および国立行政学院, サルコジが政治学院（修了はせず）というように, 大学外のグランド・ゼコールで学んだ経歴を有し, とりわけ政治学院から国立行政学院へというコースが典型的である。また首相23名についても, 政治学院, 国立行政学院それぞれの出身者は14名および 9 名（国立行政学院の出身者は全員政治学院の出身者でもある）となっており, グランド・ゼコールがこうしたエリートの輩出の場となっていることがわかる。また社会の変化に伴った, 技術系から商業系, 行政系へという大きな流れも見て取れる。

③　専門学校主義とフランス社会, 日本社会

　フランスは,「自由・平等・博愛」を旗印としたフランス革命が起こり, 身分ではなく個人を単位とする社会の構築が追い求められたという意味で, 能力に応じた**メリトクラシー**[3]の理念が見出される社会である。近年は減少してきているとは言え, 義務教育段階でも留年がある一方で, グランド・ゼコールのようなエリート教育制度も根づいている。**再生産論**[4]の立場からはこうした教育制度に対する批判もなされるが, 能力に応じてエリートへの途が開かれているというグランド・ゼコールの制度の存在は, 現実にはそうした道程を経て社会の上層に移動することが困難であっても, 可能性が閉ざされずにいるという意味で社会に受け入れられている面がある。

　フランスはまた, 原子力発電による電力供給割合が 7 割を占め, エアバス社の本社がトゥールーズに置かれているといったことに象徴されるように, 科学技術に対する一般的な信頼が高い社会という側面もある。とりわけ技術系のグランド・ゼコールの社会的位置づけについては, こうした背景も考えられる。

　なお, 明治期に, 帝国大学工科大学初代学長, 内務省土木局長, 初代土木技監等の要職を歴任し, 日本の工学教育, 近代土木技術, 土木行政の礎を築いたとされる古市公威（1854-1934）は, 有力なグランド・ゼコールのひとつであるエコール・サントラルで学んでおり, 近代日本とフランスの専門学校主義との間には, 歴史的に重要な関係を見出すこともできる。神・法・医・文・理という伝統的な大学の枠組みの中に工学を導入したのも, 1886年創立の帝国大学（東京大学の前身）が世界の中で最初とも言われている。　　　　　（白鳥義彦）

▷ 3　メリトクラシー
社会的な地位の配分を個人の知的能力に基づいて行う仕組み。学歴がしばしば知的能力の指標とされる。

▷ 4　再生産論
近代社会の平等の理念にも関わらず, 経済的, 文化的な有利／不利によって, 実際には, 社会の上層の子どもは上層に, 下層の子どもは下層にと, 社会階層が世代を超えて再生産されていると批判する論。

（参考文献）
白鳥義彦, 2018,「グランド・ゼコール」児玉善仁編集委員代表『大学事典』平凡社, pp. 381-382。
中山茂, 1978,『帝国大学の誕生──国際比較の中での東大』中央公論社。

近代ドイツ大学

 大学改革の理念と哲学部の拡充

　18世紀末から19世紀初頭のドイツは大小の領邦国家や自由都市からなる分裂国家であり，政治的・経済的・社会的にはイギリスやフランスの後塵を拝する後進地域であった。フランス革命の中から登場したナポレオンは，ドイツ諸国に軍をすすめ，支配下においた。屈辱的な状況におかれたドイツの人々は，共通の言語であるドイツ語とドイツ語で書かれた優れた文学や哲学などのドイツ文化によりどころを求めた。ドイツの知識人や哲学者は文化の拠点として大学に着目し，大学改革を通じてドイツ文化のさらなる発展を目指すべきだと論じた。大学はアカデミック・フリーダム（学問の自由）の理念のもと，真理探究の場でなければならず，研究と教育の一致を目指すべきだとするヴィッセンシャフト理念が語られたのである。この新しい学問観によって既存の大学の改革が図られるとともに，ドイツ諸国の中で最も強力なプロイセンの首都ベルリンに，言語学者 W. フォン・フンボルトらの尽力でヴィッセンシャフト理念を掲げた大学が設立されたのは1810年のことであった。

　大学には神学部，法学部，医学部の専門学部とは別に予科的な役割の哲学部が置かれていたが，哲学部の地位は低かった。しかし大学改革をめぐる議論の中で，特定の職業に直結しない哲学部こそヴィッセンシャフト理念にふさわしい場とみなされ，哲学部が重点的に拡充された。その結果，次第に専門分化を遂げつつあった人文科学や自然科学の諸分野は哲学部で研究教育された。

　大学改革をめぐってドイツ各地の大学間に競争原理が働き，規模の拡張を通じて新しい学問領域の開拓がなされたことは，研究者を目指す若者にとって，任用や昇進のチャンスの拡大を意味した。彼らは教授資格（ハビリタツィオン）を取得すれば，私講師（プリヴァートドツェント）として，大学から俸給を得られないものの，大学で講義を行う権利を獲得できた。私講師たちは受講生から得られるわずかな聴講料で糊口をしのぎつつ，研鑽を積んで，教授職の空席や講座新設に伴う任用の機会を待った。

 大学教員の任用基準

　それでは，大学教員の任用権はどこに属し，どのような基準で任用，昇進がなされたのか。ドイツの大学にあってはこれらの権限は法的には大学の設立主

▷1　ベン‐デービッド，J.，潮木守一・天野郁夫訳，1974，『科学の社会学』至誠堂。特に第7章「ドイツ科学のヘゲモニーと組織化された科学の登場」。

▷2　ドイツの大学では博士論文とは別に教授資格論文を提出し審査に合格した者に教授資格が与えられる。

体である領邦国家に属していたものの，19世紀初頭までは実質的に各大学の自主性に委ねられていた（大学自治）。ところが大学教授会の任用基準に一貫性がなかったために各方面から批判が生じ，プロイセン政府は次第に大学の人事や管理運営に実質的に関与するようになり，1817年には文部省が設置された。そして文部大臣 S. アルテンシュタインは，大学の人事権を掌握し大学改革に大きな影響を及ぼした。その際，アルテンシュタインが依拠した任用基準は，一般的な名声ではなく専門領域における研究業績を重視したものであり，その意味でヴィッセンシャフト理念に則したものであった。^{▷3}

▷3　潮木守一，1982，『ドイツの大学──文化史的考察』講談社学術文庫。

③　リービッヒの実験室

　1824年，当時21歳の青年化学者 J. リービッヒが，パリ滞在中に知遇を得た博物学者 A. フォン・フンボルト（言語学者 W. フォン・フンボルトの弟）の推挙により，ギーセン大学に任用された。この事例は，国家による大学人事権の掌握と研究業績に基づく新しい任用基準の確立という背景のもとでなされた人事であった。リービッヒはパリ留学中に，当時未開拓だった有機化学を専攻し，簡単で精度の高い元素分析方法を確立した。ギーセンに着任したリービッヒは，有機化学の研究と学生の教育訓練のために実験室を開設した。リービッヒは各学生に研究テーマを課し，実験室で直接指導にあたった。リービッヒの卓抜した研究指導を通じて，未熟な学生も，わずかの準備期間の後には第一線の研究に携わることができた。その成果はリービッヒ自らが編集する専門誌に論文として掲載された。学生たちは自らの研究成果を携えて，ドイツ各地へ化学の専門家，教師として巣立っていった。リービッヒの名声を慕って，ギーセンにはドイツ各地から，さらには外国からも多くの学生たちが押し寄せた。このようにしてリービッヒは研究と教育の一致を実現し，大学における自然科学の研究教育のスタイルを確立したのであった。^{▷4}　人文科学の場合，自然科学の実験室に相当するのはゼミナールであった。ゼミナールとは単に少人数授業の形式を指すのではなく，独自の設備，資料，資金が付与される制度であった。ゼミナールを主宰する教授は恵まれた条件のもと，少数の熱心な学生とともに，古典や資・史料の解明に努めたのである。

▷4　山岡望，1952，『ギーセンの化学教室』内田老鶴圃新社。リービッヒの成功は，ベルリン大学医学部教授の生理学者 J. ミュラーら他の自然科学の諸分野でも踏襲された。

　ドイツの大学では技術や工学が排除されていたが，大学とは別に工業高等専門学校（テヒニッシェ・ホッホシューレ，T. H.）がドイツ各地に設立され，近代化・工業化の担い手を多数育成した。T. H. の充実発展の結果，1899年には学位授与権が認められ，T. H. は実質的に大学と同等になった。

　かくて19世紀初頭，学問的後進国であったドイツは，大学改革を通じて，世紀後半には世界に冠たる学問大国となったのである。フランスとの戦争に勝利したプロイセンを中心に統一国家が樹立されたのは1871年のことであった。

（成定　薫）

アメリカ的大学の形成

① アメリカ最古の大学

　アメリカ最古の大学はどこか。ここで言う「アメリカ」が「アメリカ合衆国」を意味するのであれば，正解は，1636年に設立されたハーバード大学である。しかし，「アメリカ」が「アメリカ大陸」ということであるならば，南アメリカにはハーバード大学よりも歴史の旧い大学がいくつもあり，正解は，ペルーのサン・マルコス大学（1551年創立）ということになろう。

　中世ヨーロッパに誕生した大学は，最初はヨーロッパの中での制度上の拡張を行っていくが，遂には，ヨーロッパの外の植民地に大学が設立されるようになる。ハーバード大学についてもそうであり，それはイギリス植民地の大学として成立した。したがって，そこには宗主国の大学の理念や制度上の特徴が色濃く反映されていた。この意味で，それは，アメリカ大陸に設立されたといえども，基本的にはヨーロッパ的大学であったということができよう[1]。

② 植民地大学の成立とその発展

　こうして，1776年にアメリカ合衆国が成立するまでに，9つの大学（当時はカレッジ）が設立される（**表Ⅷ-5-1**）。

　これらの大学は，アメリカ大学史上，古典的カレッジと呼ばれるが，それぞれの教団が設立した宗派カレッジ（私立大学）であったと同時に，立地する植民地（ハーバードであればマサチューセッツ植民地）と密接な関係を締結していた。また，聖職者養成にとどまらず，将来の教養ある指導者の養成をも担っていた。これに対して，合衆国連邦政府による国立大学の創設は，独立期から何度か連邦議会に提案されたものの，ついに実現しなかった[2]。

③ 共和国の成立から南北戦争へ

　アメリカ独立革命後，上述の9つの大学は，一時期は，旧体制の牙城と見られたものの，やがては，新たな共和国の建設にとってなくてはならない存在となった。共和制は，それを担う啓発され自律的な市民を，さらには民主的な新指導者を前提としており，大学教育の重要性は論をまたないからである。

　18世紀後半になると植民地時代における9大学の独占状況はもはや崩壊し，ヨーロッパに比べてはるかに短期間で，きわめて多数の小規模カレッジが生ま

▷ 1　Lucas, Christopher J., 1994, *American Higher Education : A History,* St. Martin's Press. ルーカスのアメリカ大学史の特徴は，その先行であるヨーロッパ（特にイングランド）の17世紀大学史だけではなく，中世大学史をさらに突き抜けて古代の高等学術（ハイヤー・ラーニング）の誕生から説き起こすという構成をとっていることである。

▷ 2　国立大学構想の最初の提案者は初代大統領のワシントンであり，その議会での離任演説（1796年）で行ったものである。以降，国立大学は，ある人々にとっては“見果てぬ夢”として何度も連邦議会に上程されるが，現在に至るまで実現していない。

▷ 3　南北戦争が，19世紀前半に設立された財政基盤が弱い宗派カレッジの多くを死滅させたという議論（516校のうち81％が閉鎖）は，トゥックスベリィによってなされたものであったが，

れていった。この趨勢は19世紀になると拍車がかかり，共和国分裂の危機となった南北戦争までに，実に249の大学が設立されたといわれる。[43]

南北戦争最中の1862年，アメリカ合衆国連邦議会（ただし，戦争のさなかであるから北部23州のみの議会）では，通称モリル法，あるいは国有地交付大学法と呼ばれる法律が成立した。この法律は教育援助法の一種であり，連邦政府が所有する土地を州

表Ⅷ-5-1　植民地時代に創立された9つの大学

創設時の名称	現在の名称	創立年	創立時の宗派
ハーバード・カレッジ	ハーバード大学	1636	会衆派
カレッジ・オブ・ウイリアム・アンド・メアリ	ウイリアム・アンド・メアリ大学	1693	英国国教会
イェール・カレッジ	イェール大学	1701	会衆派
カレッジ・オブ・フィラデルフィア	ペンシルバニア大学	1740	
カレッジ・オブ・ニュージャーシー	プリンストン大学	1746	長老教会
キングス・カレッジ	コロンビア大学	1754	英国国教会
カレッジ・オブ・ロードアイランド	ブラウン大学	1765	バプティスト
クイーンズ・カレッジ	ラトガース	1766	オランダ改革派教会
ダートマス・カレッジ	ダートマス・カレッジ	1769	会衆派

出所：Arthur M. Cohen with Carrie B. Kisker, 2010, *The Shaping of American Higher Education: Emergence and Growth of the Contemporary*, Second ed., Jossey-Bass, p. 25.

に払い下げることによって，州が大学を創設することを可能にするものであった。同法によって創られる大学の「主要な目的は，農科・機械科に関連した諸学科（他の科学・古典諸学科を除外することなく，また，軍事学も含んでよい）を教えること」であり，それは，「勤労階級の人々の教養および実務的な教育を振興する」ためのものであった。[44]同法制立までにすでに，いくつかの州立大学が設立されていたが，モリル法によって，今日の私たちがよく知るアメリカの州立大学（たとえば，カリフォルニア大学，マサチューセッツ大学など多数）が生まれるようになった。それらは，古典的カレッジとは異なり，実務的な教育を掲げていたのであり，こうして，農学や工学といった，当時のヨーロッパの大学では，大学の学科とは考えられなかった諸学問がアメリカの大学に導入されることになった。[45]

❹　アメリカ的な大学の形成へ

こうして，ヨーロッパ的大学の亜流とも言える状態であったアメリカの大学は，19世紀末から徐々に，「アメリカ的大学」と呼べるような新たな理念・制度を獲得することになった。しかしながら，「アメリカ的大学」を創るためには，もう一つ，アメリカの大学の学術水準を飛躍的に上昇させること，そのためには，研究という機能を大学の中に意識的に取り入れる必要があった。そのための制度上の整備が（たとえば，大学院や研究所の創設）が，20世紀への世紀転換期に進められてゆく。

ふたつの世界戦争とその間の時代はアメリカの諸大学にとって量的にも質的にも一大飛躍の時代となった。すなわち，世界に先駆けて多くの若者たちにさまざまなタイプの大学教育を提供するためのマス高等教育への歩みを始める。大規模大学の創設と同時に，短期大学（ジュニア・カレッジ）に代表される，それまでの大学史には存在しなかった，まさに「アメリカ的革新」と呼ぶべきまったく新たなタイプの高等教育制度を誕生させることになった。（坂本辰朗）

バークはこれを，実際に開校していたのは249校であり，南北戦争の結果，これらのうち17%が閉鎖されたに過ぎなかったとしている。Burke, Colin B., 1982, *American Collegiate Populations: A Test of the Traditional View*, New York University Press.

▷4　*United States Statutes at Large*, 12（1862），pp. 503-505.

▷5　19世紀末に日本で近代大学が設立された際に，その制度モデルをどこに求めたのかはきわめて興味深い研究テーマであるが，ここに述べた農学や工学は，帝国大学の中に組み入れられていた。これは，ヨーロッパの大学をモデルとするのではありえないことであった。

（参考文献）

Geiger, Roger L., 2014, *The History of American Higher Education: Learning and Culture from the Founding to World War II*, Princeton University Press.

6 戦前期の日本の高等教育

▷1　天野郁夫，1986,
『高等教育の日本的構造』
玉川大学出版部；天野郁夫,
1989,『近代日本高等教育
研究』玉川大学出版部。

 戦前期の二元多重構造

　戦前のわが国の高等教育制度は，「二元重層的」な構造を特徴としていた。[1]
すなわち，官立（国立）セクター（「国家須用ノ人材育成」に対応）と私立セクター（社会的需要に対応）という二元体制のもと，大きく分けて「大学」,「(旧制)専門学校」,「高等学校（大学予科）」という3種類の教育機関を抱える構造となっていた（ほかに高等師範学校などさまざまな学校が存立していたが，以下ではこの3種をメインに解説する）。

　ただしこうした一定の構造に至るまでに，わが国の教育制度ならびに接続（アーティキュレーション）はさまざまな試行錯誤を繰り返してきた。図Ⅷ-6-1は，1919（大正8）年4月時点の教育制度の系統図である。この時期は，「臨時教育会議」によって中学校令，高等学校令が改正されたほか，大学令が施行され，明治時代の多種多様な錯綜した教育機関が整備されて全般的な制度改革がようやく実現した時期に当たる。

　この系統図に見るように，専門学校への入学は中学校（男子のみ），高等女学校（女子のみ）の卒業を要件とし，高等学校（男子のみ）は中学校4年生から入学が可能であった（7年制高等学校も設置された）。大学令によって官公立のほかに私立大学も設置が認められ，高等学校ないし大学予科の修了が入学要件とされた（いずれも男子のみ）。以下では，この時期を基点として，上記の二元制下における3種類の機関の成立と発展について概観しておきたい。

2 大学

▷2　明治政府は1869（明治2）年の官制改革で「大学校」を置き（その後「大学」に改称），1871（明治4）年にこれを廃して文部省を設置するなど，大学は当初は国の最高学府であると同時に教育行政機関としての位置づけであった。

　明治初期，大学は文部省管轄の東京大学だけでなく，近代化を進める現業部門や技術を統括する諸官庁の下にも多数の高等教育機関が存立していた。[2]たとえば，工部省の工部大学校，司法省の法学校，農商務省の駒場農学校や東京山林学校などである。したがって明治10年代までは，理工系テクノクラートの養成が喫緊の課題であり，むしろフランスのグランド・ゼコール型が支配的であったと言える。しかし，明治10年代半ばからの財政支出の節約と教育体系の統合の必要性などから，これらの諸学校は文部省へと移管され，次第に東京大学と合併されて，帝国大学の母体となっていく。

　東京大学は，旧幕時代の諸学校をひとつの機関に統合・再編したものである。

すなわち，古くは種痘所に発する医学所―医学校―大学東校―東校―東京医学校と，蕃書調所に発する開成所―開成学校―大学南校―南校―開成学校―東京開成学校とが，それぞれ医学部ならびに法・文・理学部として，1877（明治10）年に合併されたものである。しかし，教育プログラムとしてはどの学部でも，諸外国から数多くのいわゆる「御雇教師」を招聘して，それぞれの言語で講義が行われた。法・文・理学部では，英米系カレッジがモデルとされて英語がメインであったが，明治10年代半ば以降，化学を中心とした科学（ヴィッセンシャフト）の進展と官房学（カメラリスムス，国家学・国家経済学）の発展とを背景に，ドイツ（語）への傾斜が顕著となっていく。医学部においても英・仏系医学（語）の駆逐とドイツ（語）化が進んでいった。[3]

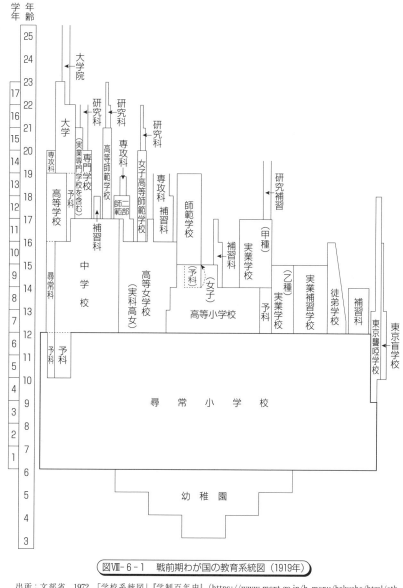

図Ⅷ-6-1　戦前期わが国の教育系統図（1919年）

出所：文部省，1972，「学校系統図」『学制百年史』（https://www.mext.go.jp/b_menu/hakusho/html/others/detail/1318188.htm）。

　東京大学は1886（明治19）年，帝国大学と改められる。帝国大学令第1条では「帝国大学ハ国家ノ須要ニ応スル学術技芸ヲ教授シ及其蘊奥ヲ攻究スルヲ以テ目的トス」と規定され，明治10年代半ばからの国家的な意義があらためて強調される。当初は大学院と分科大学（はじめ法科・医科・工科・文科・理科の5校，1890年に東京農林学校から農科が加わり6校体制に）とから構成された。1893（明治26）年に帝国大学令が改正，各分科大学に教授会と講座制が導入され，専門領域の明確化と教授の責任体制が確立した。1899（明治32）年には京都に第二番目の帝国大学が設置され，第二次世界大戦後までに東北，北海道，九州，大阪，名古屋と合計7校（京城，台北帝大を含めると9校）が設置される。[4]

▷3　中山茂，1978，『帝国大学の誕生――国際比較の中での東大』中公新書。

▷4　天野郁夫，2017，『帝国大学――近代日本のエリート育成装置』中公新書などを参照。

大学制度の画期となったのは，1918（大正7）年の「大学令」である。大学令は，勅令第388号をもって公布され翌1919（大正8）年4月に施行された，戦前期のわが国の官公私立大学全般を包括的に規定する最初の法令であった。それによれば，大学は「数個ノ学部ヲ置クヲ常例」とし，法・医・工・文・理・農・経済・商のうち複数の学部から構成されることを基本としたが，特別の必要がある場合には一個の学部による単科大学も認めた。また学部には研究科を設置することとし，これを総合して大学院とすることもできる制度とした。設置者として，従来の官立（帝大など）のほか，公立と私立を認めたが，ともにその設置と廃止は文部大臣が認可するものとし，公立大学は北海道と府県に限定し，私立大学は十分な資金と基本財産を持つ財団法人に限定するなど，高いハードルを設けた。修業年限は3年（医学部のみ4年），入学要件は大学予科・高等学校高等科卒業者ないしそれと同程度の学力あるものとした。慶応義塾や早稲田などの専門学校は1903（明治36）年の専門学校令によって予科を持つ専門学校として「大学」と称することが認められていたが，この大学令によって1920（大正9）年に私立セクターで初めて名実ともに大学として認可された。[45]

この後，原敬内閣の下で「高等諸学校創設及拡張計画」が進められ，第一次世界大戦後の経済好況も背景となって，全国に多数の官立単科大学（医科大学が多くを占める）のほか，公立大学，私立大学の設立が続いた。[46] 1943（昭和18）年の時点で官立19校，公立2校，私立28校の計49校を数えた。これによって戦後に続くわが国の大学制度の基盤が形成されたと言ってよい。大学令は1947（昭和22）年4月施行の学校教育法により廃止されたが，その下で設立された大学のほとんどは新制大学へと移行した。[47]

③ 高等学校

戦前期の旧制高等学校は，基本的に帝国大学への予備機関として機能しつづけた。その前身は1886（明治19）年の中学校令により全国に設置された高等中学校であるが（東京大学予備門が第一高等中学校に改称，第二（仙台），第三（京都），第四（金沢），第五（熊本）など），当初は予備教育を担当する本科の他に，法科・医科・工科などの実務教育を行う分科（専門学部）も設置された。1894（明治27）年の高等学校令は，この分科を主体とするべく改編しようとしたが，逆に専門学部が専門学校として独立したため，高等学校は大学予科だけを置く予備教育機関となった。1900（明治33）年には第六（岡山），第七（鹿児島・造士館），第八（名古屋）の各校が増設される。帝国大学への進学を約束されたこれらのナンバースクールは，法規定とは乖離する形で男子のみの特権的なエリート教育機関として存続していき，教養主義的な学生文化と自治・自律を重視する伝統を標榜することとなった。大学令とともに公布された1918（大正7）年の新高等学校令では，「男子ノ高等普通教育ヲ完成スル」ことを目的とした転

▷5　伊藤彰浩，1999，『戦間期日本の高等教育』玉川大学出版部などを参照。

▷6　伊藤彰浩，1999，『戦間期日本の高等教育』玉川大学出版部；吉川卓治，2010，『公立大学の誕生——近代日本の大学と地域』名古屋大学出版会などを参照。

▷7　天野郁夫，2016，『新制大学の誕生』（上・下）名古屋大学出版会などを参照。

換が企図されたが，結局は大学予科的な性格は踏襲された。一方で，新高等学校令により7年制ならびに公私立の高等学校の設置も可能となり，地名を冠するネームスクールが次々と増設され，官立25校（うち東京高校は7年制），公立3校（のち富山高校が官立移管），私立4校（公・私立はいずれも7年制）が新設された。このほか，大正期半ば以降に昇格した私立大学では2～3年の大学予科が付設された。戦後，これらの旧制高校および大学予科の多くは，新制大学の教養部・文理学部などへ発展的に解消された。

▷8 竹内洋，1999，『日本の近代12 学歴貴族の栄光と挫折』中央公論社；高橋左門，1978，『旧制高等学校研究』昭和出版などを参照。

④ 専門学校

　明治期後半まで，さまざまな公私立の専門教育機関が設立された。明治10年代には，各地に公立医学校が開設されたものの，地方政府の財源難から，そのほとんどは淘汰された。一方，私立セクターでは専門領域ごとに数多くの機関が設置された。とくに自由民権運動を背景に設立された東京法学校（薩埵正邦ら，現法政大学），専修学校（相馬永胤ら，現専修大学），明治法律学校（岸本辰雄ら，現明治大学），東京専門学校（大隈重信，現早稲田大学），英吉利法律学校（現中央大学）などの法学校が有名である。このほかにも，たとえば外国語教育の機関として慶応義塾（福沢諭吉），医学校の済生学舎（長谷川泰），キリスト教主義学校の同志社（新島襄）などがある。これらの学校群は，新時代の動向に敏感であり，かつ設立者の学識や個性に支えられていたが，逆に言えば，その内実は非常に多様であり，また財政的にも脆弱であった。文部省もまた特にこれらの専門教育機関を規制する法律を規定してこなかった（1885年の教育令改正では「法科・理科・医科・文科・農業・商業・職工等各科ノ学業ヲ授クル所」と規定されるにとどまる）。

　こうした学校群が，中等教育と大学との間のレベルに位置する「高等ノ学術技芸ヲ教授スル学校」として制度的に規定され，また安定するのは，1903（明治36）年の専門学校令によってである。修業年限は3年以上，中学校，高等女学校の卒業を入学要件とし，年限，学科目などは文部大臣の規定もしくは認可によるものとされた。これにより，これまで各分野で存立していた多数の学校群が専門学校として認可される一方，医学・法学・文学・芸術・宗教・体育などの分野で，私立セクターを中心に数多くの専門学校が新設されていくことになる。また，これに先立つ1899（明治32）年に実業学校令が制定されていたが，専門学校令と同時にこれを改正し，程度の高い教育を提供する実業学校を実業専門学校とし，商業，工業，農林などの分野ではたとえば高等工業学校のように数多くの官公私立の専門学校が設立されていった。

　こうして大正期から昭和戦前期にも発展を続けたこれらの専門学校は，戦後改革時には全国で352校を数え，その多くは新制大学の母体となった。

▷9 天野郁夫，1993，『旧制専門学校』玉川大学出版部などを参照。

（橋本鉱市）

高等教育の大衆化とトロウモデル

トロウの構造─歴史理論

　マーチン・トロウは，当該年齢人口に占める大学（高等教育機関）在籍者の割合から，各国の発展段階は「エリート段階」，「マス段階」，「ユニバーサル段階」へと展開するという仮説を提示し，それぞれの段階移行のタイミングは，在籍率15％および50％を画期とするとした（**表IX-1-1**）。

　この各段階の名称や概要は，まさに人口に膾炙されて高等教育関係者には有名な発展段階論となっている。重要なのは，こうした変化は大学への進学要件やアクセス，進学や就学パターン，選抜方法などだけでなく，教育課程（大学のカリキュラム），教育方法，研究のあり方，学生─教員間関係，管理運営など，大学に関わるハードとソフトすべての側面に及び，また各段階への移行には，さまざまな葛藤や障害が伴うという点である。

　この発展段階モデルは1990年代までのアメリカの高等教育の経験に基づいて想定されており，その意味では理論と言うよりは経験則に基づいた自然史的モデルと言うべきものだが，しかし各国の高等教育の拡大と課題を考える際に，このトロウモデルは一種の準拠枠として有益である。

2 欧米における差異

　トロウは，アメリカを発展の最終段階であるユニバーサル型に到達している国として位置づける一方で，ヨーロッパ諸国をエリート段階に停滞していると論じた。なぜこうした差異が生じたのか。天野がトロウの所論を紹介しつつ総括するところによれば，アメリカは全世界的に見てもマス型システムに適合したきわめて特異な機能と構造を持っており，このために量的需要の潜在的可能性に十分対応できたこと，そしてその独自性として高等教育をコントロールする中央政府（国家）の影響力が弱く（高等教育機関が緩やかなネットワークで連結されている），ユーザーであり消費者である学生を主体としている（大学を取り巻く市場が大きな力を持っている）ことという2つの側面による。ヨーロッパ諸国は，個人的欲求と経済的需要に対応して自律的に発展する学習社会の構造になじまないため，マス・ユニバーサル段階では財政的にも構造的にもさまざまな努力を要することになっているとし，システムの多様性の不備，公的資金以外の補助的な財源の不足，社会の要求に柔軟に対応できる機関の不在，といっ

▷1　トロウ，M.，天野郁夫・喜多村和之訳，1976，『高学歴社会の大学──エリートからマスへ』東京大学出版会。

表Ⅸ-1-1 高等教育の段階移行に伴う変化の図式

高等教育制度の段階	エリート型	マス型	ユニバーサル型
全体規模 （該当年齢人口に占める 大学在学率）	15％まで	15％～50％まで	50％以上
当該社会（例）	イギリス・多くの西欧諸国	日本・カナダ・スウェーデン等	アメリカ合衆国
高等教育の機会	少数者の特権	相対的多数者の権利	万人の義務
大学進学の要件	制約的（家柄や才能）	準制約的（一定の制度化された資格）	開放的（個人の選択意思）
高等教育の目的観	人間形成・社会化	知識・技能の伝達	新しい広い経験の提供
高等教育の主要機能	エリート・支配階級の精神や性格の形成	専門分化したエリート養成＋社会の指導者層の育成	産業社会に適応しうる全国民の育成
教育課程（カリキュラム）	高度に構造化（剛構造的）	構造化＋弾力化（柔構造的）	非構造的（段階的学習方式の崩壊）
主要な教育方法・手段	個人指導・師弟関係重視のチューター制・ゼミナール制	非個別的な多人数講義＋補助的ゼミ，パート・タイム型・サンドイッチ型コース	通信・TV・コンピュータ・教育機器等の活用
学生の進学・就学パターン	中等教育修了後ストレートに大学進学，中断なく学習して学位取得，ドロップアウト率低い	中等教育後のノンストレート進学や一時的就学停止（ストップアウト），ドロップアウトの増加	入学時期のおくれやストップアウト，成人・勤労学生の進学，職業経験者の再入学が激増
高等教育機関の特色	同質性 （共通の高い基準をもった大学と専門分化した専門学校）	多様性 （多様なレベルの水準をもつ高等教育機関，総合制教育機関の増加）	極度の多様性 （共通の一定水準の喪失，スタンダードそのものの考え方が疑問視される）
高等教育機関の規模	学生数2,000～3,000人 （共通の学問共同体の成立）	学生・教職員総数30,000～40,000人 （共通の学問共同体であるよりは頭脳の都市）	学生数は無制限的 （共通の学問共同体意識の消滅）
社会と大学との境界	明確な区分 閉じられた大学	相対的に希薄化 開かれた大学	境界区分の消滅 大学と社会の一体化
最終的な権力の所在と 意思決定の主体	小規模のエリート集団	エリート集団＋利益集団＋政治集団	一般公衆
学生の選抜原理	中等教育での成績または試験による選抜（能力主義）	能力主義＋個人の教育機会の均等化原理	万人のための教育保障＋集団としての達成水準の均等化
大学の管理者	アマチュアの大学人の兼任	専任化した大学人＋巨大な官僚スタッフ	管理専門職
大学の内部運営形態	長老教授による寡頭支配	長老教授＋若手教員や学生参加による"民主的"支配	学内コンセンサスの崩壊？ 学外者による支配？

出所：トロウ，M.，天野郁夫・喜多村和之訳，1976，『高学歴社会の大学——エリートからマスへ』東京大学出版会，pp. 194-195 より作成。

た特徴をあげている。

③ わが国における経緯

　それでは，日本の発展段階はどうか。トロウは日本に言及することに慎重である。それはヨーロッパともアメリカとも異なり，位置づけの著しく困難な事例であったためではないかと言われているが，実際にわが国はアメリカのように多様な社会的需要を満たす私立セクターを持ちつつも，中央政府のコントロールの厳しい国立大学も併存するという意味で，両者の中間をいく独自性の強いシステムを構築している。

　いずれにしてもトロウがモデルを案出した時代からすでに30年近くが経った。わが国をはじめ，いくつかのヨーロッパ諸国はすでにユニバーサル段階に達している。各国の「大学」や「在籍率」の定義などに幅があるため単純な比較は難しいが，ヨーロッパ諸国はトロウが指摘したさまざまな障壁をどうクリアしたのか，さらにアジア諸国はどの移行段階にあるのか，このⅨ章の各項目でその歩みを追いかけ，トロウモデルを検証してみよう。　　　　　　（橋本鉱市）

▷2　トロウ，M.，喜多村和之監訳，2000，『高度情報社会の大学』玉川大学出版部；天野郁夫，2009，「日本高等教育システムの構造変動——トロウ理論による比較高等教育論的考察』『教育学研究』76(2)：pp. 174-175。

▷3　天野郁夫，2009，「日本高等教育システムの構造変動——トロウ理論による比較高等教育論的考察』『教育学研究』76(2)：p. 177。

▷4　Ⅻ-1 参照。

イギリスの大学

① イギリスの大学

　イギリスは，その正式名称を「グレートブリテンおよび北アイルランド連合王国（United Kingdom of Great Britain and Northern Ireland: UK）」といい，イングランド，ウェールズ，スコットランド，北アイルランドという，4つの「地域（nations）」で構成されている。各地域は独自の教育制度を有しており，高等教育制度も異なる。このため，ここでは紙幅の都合上，イングランドのみに言及することとする。

　イギリス（イングランド）の大学は主に5つに分類される。それは，伝統大学，ロンドン大学，市民大学，新大学，および私立大学である。各分類で異なる特徴が見られるため，分類ごとの特徴を高等教育の歴史的発展過程（特に既存の大学への批判）を踏まえて，説明したい。

② 伝統大学：オックスフォード大学とケンブリッジ大学

　英語圏で最古の大学であるオックスフォード大学の設立年は明らかではないが，11世紀末頃（1096年）には講義が行われていたという記録が残っている。そして，イングランドの学生がパリ大学で学ぶことをヘンリー二世に禁じられた1167年に，大学として公に認められる存在となった。1209年には，市民との対立によりオックスフォードを離れた教員によって，ケンブリッジ大学が設立されている。

　両大学（オックスブリッジ）において，学生が居住する宿舎はやがて教育機能を有する寄宿制の学寮へと発展していき，遂には，個々のカレッジとして，大学から管理運営の面で独立することとなる。こうして，学生と教員がカレッジに所属し，そのカレッジにて寝食を共にするだけでなく，少人数の教育活動も行うという，「学寮制度（college system）」が整備されたのである。さらに，教員が学生の個人指導を担う，「チュートリアル制度（tutorial system）」も定着した。これらの制度が伝統大学に分類される機関の特徴である。

③ ロンドン大学

　ロンドン大学が設立された1836年時点では，伝統大学（オックスブリッジ）は英国国教徒の男性貴族のみに入学を許可していた。このため，宗教，性別，人

種，政治的思想により大学進学を妨げられていた人たちに強い不満が溜まっていた。この不満が強いため，ロンドン大学は，宗教，人種，政治的思想（少し遅れて，性別）による，入学希望者の差別的な扱いを設立当初から行わなかったのである。その結果，ロンドン大学は開放性という特徴を最初から有することとなった。

ロンドン大学の開放性は学位授与機関（ユニバーシティ・カレッジ・ロンドンとキングス・カレッジの卒業生に学位を与える機関）として誕生したことで，さらに強化された。というのも，1858年に「遠隔教育（long distance learning）」を開始し，ロンドンから遠く離れた学生にも学位を授与したからである。このため，学生は，たとえ国外からでも，学位試験に合格すれば大卒資格を得られるようになった。

ロンドン大学の遠隔教育は，「地方に大学を新設するよりも

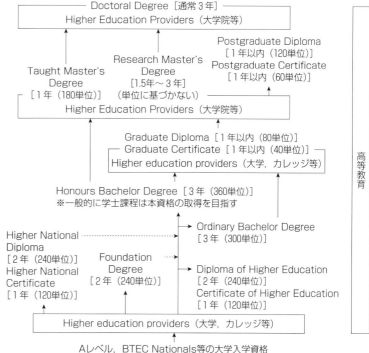

図Ⅸ-2-1　イングランドの学校教育制度系統図

出所：大学改革支援・学位授与機構，2020，『高等教育・質保証システムの概要　英国』[第3版]，p. 4。

はるかに安価な方法によって，学士課程教育の機会拡大を可能にした[▷1]」。その一方で，地方の教育ニーズと合致しない画一的なカリキュラムの押しつけとも捉えられた。このことへの不満が，地方工業都市における市民大学の設立につながるのである。

④　市民大学

「市民大学（civic university）」に分類される大学は，地域産業への人材の供給を主な目的として，20世紀初め頃に地方工業都市（バーミンガムやマンチェスターなど）に設置された機関である。この設置目的に沿って，設立当初の市民大学は，実学的な学問（特に工学や農学など）の教育・研究に力を注いでいた[▷2]。この実学指向の教育・研究が（当時の）市民大学の特徴であった。

▷1　中村勝美，2016，「イギリスにおける市民大学の誕生と学士課程教育の理念──バーミンガム大学の成立過程を中心に」『広島女学院大学人間生活学部紀要』3：p. 41。

▷2　グリーン，V. H. H.，安原義仁・成定薫訳，1994，『イギリスの大学──その歴史と生態』法政大学出版局。

▷ 3　Somerset, E. J., 1934, *The Birth of a University : A passage in the life of E. A. Sonnenschein,* Blackwell.

▷ 4　当時のイギリスの大学は篤志家団体など政府以外の団体によって設立されたものが一般的であった。

▷ 5　当時，公的な補助金を傾斜配分していた組織は，「高等教育財政審議会（Higher Education Funding Councils: HEFCs）」である。HEFCs は，各学問分野（実質的に，各大学の学科単位）で「研究評価（Research Assessment Exercise: RAE）」を実施し，7段階（1，2，3b，3a，4，5，5*）で評価していた。最高評価の5*は基準額の4.05倍，評価5は3.375倍，評価4は2.25倍，評価3a は1.5倍，評価3b は1倍の補助金を受け取ることができた。その一方で，評価2や1は基準額の0倍，つまり補助金をまったく受け取ることができなかったのである。

▷ 6　角替弘規，2001，「イギリスの一元的高等教育システムにおける旧ポリテクニク大学」『比較教育学研究』27：p. 146。

市民大学にはドイツの大学の影響が強く見られる。その影響とは，研究を教員の業務に位置づけたこと，教育の自由（教える内容を教員が決められる権利）を保障したこと，教員のテニュア（終身雇用）を認めたことである。この先駆的な取り組みは，その後に設立されたイギリスの大学のモデルとなったほか，伝統大学やロンドン大学でも後に採用された。

市民大学は，高等教育の需要の高まりを受けて，各地方都市に建設されていった（20世紀初め頃に開校した大学を旧市民大学，それ以後に開校した大学を新市民大学と区別することもある）。市民大学は立地する都市への人材供給を目的としていたことから，都市型キャンパスの機関である。その一方で，第二次世界大戦後，特に1960年代に設立された大学には地域への貢献を第一の目的としない，郊外型キャンパスの機関もある。これらの大学は，政府の入念な計画の下で適切に配置され，さらに設立のための資本を政府が支出までしたことから，新構想大学と呼ばれることもある。

戦後多くの大学が設立されたが，1970年代になっても進学率は約15％であり，高等教育への旺盛な進学需要をまかなえるほどの量的な拡大とはいえなかった。このため，大学よりも安価な高等教育機関である「ポリテクニク（polytechnic）」の設立が急速に推進された。ポリテクニクは職業教育を目的とする機関であり，研究活動は期待されていなかった。とはいえ，教員の多くは博士号を有する研究者であり，大学との差別的な扱いに不満を抱えていた。よって，大学への昇格（高等教育の一元化）はポリテクニクの教員にとって悲願であった。

⑤　新大学

ポリテクニク（および一部の高等教育カレッジ）は，「1992年継続・高等教育法（Further and Higher Education Act 1992）」の施行により，制度区分上，既存大学と同等の大学へと昇格した。その結果，旧ポリテクニクは「新大学（new university／post-1992 university）」に分類されるようになった。ただし，制度区分上は同等であっても，新大学が旧大学と平等に扱われたかというと，それは正しくない。評価結果に基づいて，公的な補助金が傾斜配分されたためである。

公正な評価結果に基づいた傾斜配分ではあったが，研究実績を積み重ねてきた長い歴史を有する旧大学と比べて，研究環境の整備すらままならない新大学がまともに競争できるはずもなく，初めから結果のわかっている不平等な配分方法であった。事実，2000-01年度において，伝統大学やロンドン大学の補助金総額に占める研究経費の割合は50％を超えていた（旧大学で最も低い割合は13％）のに対して，新大学の中で「研究経費の比率が最も高いポーツマス大学においてもその比率は10％を僅かに下回（っており，）ほとんどの旧ポリテクニク大学では，その比率は5％台に留まって」いたのである。

研究のための公的な補助金をあまり得られなかった新大学にも，獲得しやす

い補助金が用意されていた。それは、「非伝統的な学生」（パートタイム学生や社会人学生，または従来であれば大学進学を諦めた学力・経済層の学生）を積極的に受け入れた際に配分される，教育のための割増金である[7]。この割増金を受け取るために，新大学は2年制の「基礎学位（foundation degree）」プログラムの開設に注力した[8]。その結果，（当時の）新大学の特徴は，ポリテクニクの時代とあまり変わらない，非伝統的な学生の教育を重視することになった。

　新旧の大学が公的な補助金の獲得競争に明け暮れる中で，補助金の受け取りを前提としない大学の数が増えつつあった。すなわち，私立大学の勃興である。

⑥　私立大学

　イギリスの大学は，かりに設置組織が私法人であったとしても，教育面の公的な補助金を受け取る機関は，「私立大学（private university）」ではなく，「公的な補助金を受け取る機関（publicly funded institutions）」と呼ばれる。換言すれば，イギリスの私立大学とは，公的な補助金を受け取らない機関のことを意味する。イギリスで最古の私立大学は，1976年にカレッジとして開校し，1983年に学位授与権を得て大学の称号を得た，バッキンガム大学である。この大学は，人文・社会科学を中心とした小規模な機関で，伝統大学のようにチュートリアル教育に力を注いでいた。

　バッキンガム大学は，長い間，イギリスで唯一の私立大学であった。ところが，2000年代半ば頃から，私立大学の設立が相次いだ[9]。

　私立大学の特徴は①小規模であること，②人文・社会科学系に偏っていること，③専門職（法曹やMBAなど）の学位課程を中心とすることなどであった。ただし最近は，バッキンガム大学が医学部を開設するなど，総合大学化が進みつつある。政府の後押しもあり，イギリスでは私立大学の設立が今後も加速していくことが予想されている[10]。

　私立大学の勃興は，国による大学の規制体制にも変化を与えた。というのも，「高等教育財政審議会（Higher Education Funding Councils: HEFCs）」の補助金配分を通して間接的に規制する方法では，補助金を受け取らない私立大学の規制が限定的にならざるを得ないためである[11]。よって，イングランドではHEFCが廃止となり，その代わりに，学位授与権を有するすべての大学を規制する機関として，「学生局（Office for Students: OfS）」が2018年に新設された。

⑦　新しい評価の時代へ

　イギリスの大学は伝統大学，ロンドン大学，市民大学，新大学，および私立大学の5つの分類ごとに異なる特徴が見られる。ただし，これらの特徴は，研究評価だけでなく，教育評価の結果も重視する新しい評価の時代へ移行していく中で，その差が曖昧になりつつある。　　　　　　　　　　　　（田中正弘）

▷7　田中正弘，2005，「イギリス高等教育における財政配分制度の変更に関する一考察——教育の改善・発展を誘因する装置としての配分制度」『大学教育学会誌』27(1)：pp. 93-100。

▷8　旧大学の優等学位の修業年限は通常3年である。

▷9　バッキンガム大学と同様に非営利団体が設立した私立大学には，2013年に大学の称号を獲得したリージェンツ・ユニバーシティ・ロンドンなどがある。また，営利団体が設立した私立大学には，BPP Holdings が2007年に開校したBPP大学などがある。営利を目的とした私立大学の中には，アーデン大学（2015年に開校）のようにオンラインだけで学位が取れる大学も登場している。

▷10　Hunt, S. and Boliver, V., 2019, *Private Providers of Higher Education in the UK : mapping the terrain*, Centre for Global Higher Education.

▷11　田中正弘，2018，「イギリスの大学教育改革」『IDE 現代の高等教育』605：pp. 60-66。

3 フランスの大学

▷1　Direction de l'évaluation, de la prospective et de la performance du Ministère de l'Éducation nationale et de la Jeunesse, 2019, *Repères et références statistiques sur les enseignements, la formation et la recherche, édition 2019*（https://cache.media.education.gouv.fr/file/2019/51/6/depp-rers-2019_1162516.pdf），p. 63 および p. 153.

▷2　文部科学省「諸外国の教育統計 令和2（2020）年版」（https://www.mext.go.jp/content/20200821-mxt_chousa02-000009501-01.pdf）。日本は附属病院収益の比率が37.2％と最も大きい。

▷3　*Note Flash* n°26-Décembre 2019, «Parcours et réussite en licence: les résultats de la session 2018»（https://cache.media.enseignementsup-recherche.gouv.fr/file/2019/27/7/NF26_ReussiteLicence_1214277.pdf）

▷4　技術短期大学部。

▷5　上級技術者養成課程。

▷6　グランド・ゼコールについては Ⅷ-3 参照。

❶ フランスの大学の特徴

　フランスの大学はすべて国立で，68の大学に161万人の学生が学んでいる（高等教育登録者の総数は268万人[1]）。公教育の無償性は国家の義務であると憲法に定められており，大学も原則として無償である。大学の収入の構成を見ると，81.0％が国からであり，学生納付金は2.4％であるが，この数字からも無償の原則が読み取れる（2017年の数字。年間数万円程度の「登録料」は徴収される。なお日本の国立大学法人は，2018年の数字で，国からの運営費交付金が31.9％，学生納付金が11.3％[2]）。1998年の「ソルボンヌ宣言」および1999年の「ボローニャ宣言」を受けて進められたヨーロッパ共通学位制度の導入（「ボローニャ・プロセス」）により，大学入学後3年，5年，8年での学士号（licence），修士号（master），博士号（doctorat）の取得を標準修業年限とする「LMD」の教育制度となっている。大学にはバカロレア（中等教育修了・高等教育進学を認定する国家資格）を取得した者は原則として入学が認められる。しかし卒業は必ずしも容易ではなく，たとえば2014年の入学者のうち，学士号を標準修業年限の3年で取得した者は29.2％，4年で取得した者を合わせても41.9％にとどまっている[3]。

　他の国に見られないフランスの高等教育の特徴は，大学とグランド・ゼコールという二極の構造から成ることである（実態としては，これにIUT[4]やSTS[5]の短期職業教育を加えて，三極構造としても捉えられる）。本項では大学の歴史において大きな転換をなすいくつかの点にも注目しながら，大学を中心に考察する[6]。

❷ 中世から19世紀末までのフランスの大学

　フランスには，パリ（ソルボンヌ）やモンペリエといった，イタリアのボローニャ，イギリスのオックスフォード，ケンブリッジ等とともに中世にまで遡る，世界でも最古のものに位置づけられる大学の伝統がある。モンペリエ大学は医学で有名であり，またパリ大学は早くから神学，法学，医学，文芸の各学部を備え，たとえばローマとアヴィニョンに教皇が並び立った1378年から1417年のカトリックの教会大分裂の収拾に当時のパリ大学総長が大きな役割を果たすなど，ヨーロッパの中で大きな存在を示していた。

　1789年にバスティーユ監獄襲撃から始まったフランス革命は，フランス社会全体のみならず，フランスの大学にも大きな影響をもたらした。革命期に進め

られた，アンシャン・レジーム下の特権的な同業組合を廃止するという流れの中で，1793年に大学が廃止されたのである。その後，ナポレオン帝政期の1806年に「帝国大学」が創設されるが，これは「大学」という名が付されてはいるものの，実際には初等，中等教育を含む教育行政機関（省庁に相当）であった。一般的な意味での大学に当たる教育機関はファキュルテ（単科大学）であるが，実態としては神，法，医のファキ

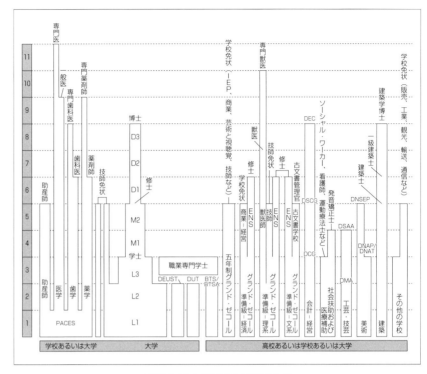

出所：児玉善仁編集委員代表，2018，『大学事典』平凡社，p. 124より作成。

図IX-3-1　フランスの高等教育

ュルテは職業と結びついた専門学校として位置づけられ，また文，理についても教育・研究の場ではなく，バカロレア，学士号，博士号の学位授与の試験機関ということにその主たる役割はとどまっていた。

　このように停滞していた大学を再興すべく進められたのが，普仏戦争（1870-1871）の混乱・敗北の中で成立した第三共和政（1870-1940）における大学改革である。当時のドイツ（普仏戦争の後，プロイセン主導でドイツ統一がなされる）は世界の学問界でトップの位置にあったが（日本からも，アメリカからも，多くの留学生がドイツで学んでいる），フランスでは普仏戦争の敗北は単なる軍事力の敗北ではなく，ドイツの科学に対するフランスの科学の敗北であると捉えられた。そして，科学が行われる場であり，「科学が自らを高めるために必要なあらゆることを発見するような，また科学が国民全体の上に普及しうるような，高い文化の諸中心」[7]としてのユニヴェルシテ（総合大学）が求められた。「ユニヴェルシテは，それを構成するファキュルテや諸学校の単なる並置物とは全く別のものである。ユニヴェルシテは一つの自然的全体である。……ユニヴェルシテが示すものは，この統一性と連帯なのである」[8]。この改革の到達点が1896年の総合大学設置法であるが，実際には既存のファキュルテの連合体にユニヴェルシテという名を与えただけにとどまったとも言われる。しかし，真の総合大学の設置を目指すということは，今日にまで至るフランスの大学改革の議論の重

▷7　Durkheim, É., 1918, Contribution à *La vie universitaire à Paris*, dans *Textes1*, Éditions de Minuit, 1975, p. 465. ＝田邊壽利訳，1946，「パリ大学の歴史」『教育と社会学』日光書院，p. 331。(« L' histoire de l'Université » の部分の訳）。

▷8　Durkheim, É., 1918, Contribution à *La vie universitaire à Paris*, dans *Textes1*, Éditions de Minuit, 1975, p. 470.

要な軸のひとつとなっている。

③ 「五月革命」と大学改革

「異議申し立ての時代」とも言われる1960年代末には，日本を含む世界各地で大学闘争が起きたが，フランスでは1968年の「五月革命」として，従来の権威や規範を否定する新たな「68年世代」という言葉が生まれるほどに，大学という枠を超えて社会的に大きな影響をもたらした。

「五月革命」を受けて，大学については半年後の1968年11月に「高等教育基本法」（これを主導した国民教育相の名をとって「エドガール・フォール法」とも呼ばれる）が新たに定められた。この法律による重要な改革として，①これまであったファキュルテを解体して，日本で言う学部と学科との中間的水準に位置づけられる「教育研究単位」に再編成し，これによって大学（ユニヴェルシテ）を新たに再構成したこと，②管理運営制度の改革と参加，が挙げられる。①については，各大学区（「アカデミー」と呼ばれるフランスの教育行政の地域区分）に一校ごとの全国23の大学に合計で約100あったファキュルテが，新たに全国で約650の「教育研究単位」に再編された。また大学区に複数の大学を設置することが可能となり，この「教育研究単位」を構成単位として，パリでは第13大学まで，全国では最終的に80強の大学が設置されている。[9] 従来はファキュルテが予算や行政を含めて自律的な存在だったが，これを解体して「教育研究単位」に置きかえることにより，ユニヴェルシテを自律的な存在とすることが目指されたのである。②については，各大学区の初等教育から高等教育までの教育全体を統括する行政官である大学区長（recteur）に代わって，5年任期で教員の中から選ばれる学長（président）が大学のトップとして選出されることとなり，また，大学および「教育研究単位」のそれぞれに最高議決機関として設置される評議会の構成メンバーは，従来は教授と准教授からのみ選ばれていたが，「参加」の原則によって新たに学生や職員からも選ばれることとなった。[10] こうした原則は，現在も制度として引き継がれている。

④ 近年の動向

1989年には「契約政策」が導入され，国と大学との間の契約によって大学が自ら新たな展開を求める可能性が開かれた。契約により，追加的な予算を得ることが可能となるので，この政策は大学から肯定的に受け入れられたとも言われている。また大学として力を入れる点を契約に反映することにより，自律的な大学運営の方向に進めることが意図された。

2007年には「大学の自由と責任に関する法律（LRU）」が定められ，また2013年にはこの法律をさらに展開する形で「高等教育・研究法」が制定されている。これらの法律には，学長の権限を強化し，大学執行部による集権的な大

▷9　パリ以外では関連する学問分野が広くまとめられて各大学が設置されている。パリでも基本的に同様であるが，同一の学問分野が複数の大学に設けられていることも多い。フランスの大学は制度上すべて平等とされるので，大学の番号に序列はない。なお近年は多くの大学が地名やゆかりの人名等を大学名に冠するようになってきている。

▷10　白鳥義彦，2009，「『五月革命』と大学」富永茂樹編『転回点を求めて──一九六〇年代の研究』世界思想社，pp. 281-297も参照。

▷11　«Liste des regroupements: 19 COMUE, 7 Associations et 3 Établissements expérimentaux» （https://cache.media.enseignementsup-recherche.gouv.fr/file/Etablissements_et_organismes/68/2/Liste_regroupements_Associations_et_COMUE_et_associes_1er_fevrier_2018_890682.pdf#search=%27regroupement+des+universites+en+France%27）

学運営を行おうとする方向性が見出される。

　大学の統合や再結集の動きも，近年見出される特徴的な傾向である。2007年のLRUに先立つ2006年の「研究プログラム法」によって設立された「研究・高等教育拠点（PRES）」が，2013年の「高等教育・研究法」によって，「大学・機関共同体（COMUE）」に置き換えられるという形で，この動きは進んでいる。こうした動きの目的は，学際性，効率性，視認性等を高めること等にあるとされるが，基本的に大学の側からの自発的な動きというよりも，政府の側からの「上から」の改革としてとらえられる。PRESおよびその後継のCOMUEは，大学，グランド・ゼコールをはじめとする各種高等

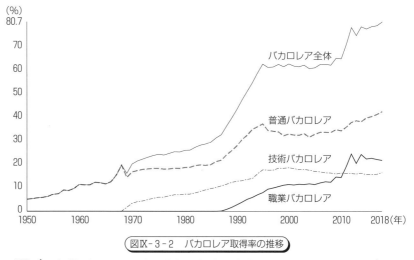

図Ⅸ-3-2　バカロレア取得率の推移

出所：*État de l'Enseignement supérieur, de la Recherche et de l'Innovation en France* n°13, 2020　（https://publication.enseignementsup-recherche.gouv.fr/eesr/FR/T739/les_nouveaux_bacheliers_et_leur_entree_dans_les_filieres_de_l_enseignement_superieur/）

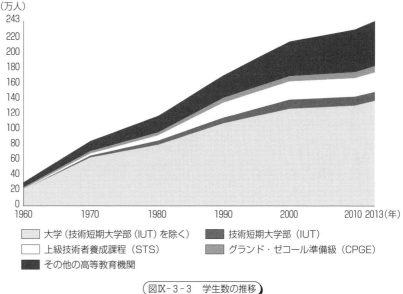

　　□ 大学（技術短期大学部（IUT）を除く）　　■ 技術短期大学部（IUT）
　　□ 上級技術者養成課程（STS）　　　　　　　■ グランド・ゼコール準備級（CPGE）
　　■ その他の高等教育機関

図Ⅸ-3-3　学生数の推移

出所：*L'état de l'Enseignement supérieur et de la Recherche en France* n°8, 2015　（https://publication.enseignementsup-recherche.gouv.fr/eesr/8/EESR8_ES_08-les_evolutions_de_l_enseignement_superieur_depuis_50_ans_croissance_et_diversification.php）

教育機関，諸研究機関を集める形で組織されており，グランド・ゼコールを「大学」の制度の中に組み入れるという側面も考えられる。2008年にストラスブール，2011年にエックス＝マルセイユ，2014年にボルドー，2016年にグルノーブルで大学の統合がなされる等により，2005年に81あった大学数は2019年には68となっている。2019年9月現在で，19のCOMUE，7の連合，3の実験機関があり，その中でも多いものでは20以上の機関を集めて構成されている。

（白鳥義彦）

参考文献

岡山茂，2018，「フランスの大学」児玉善仁編集委員代表『大学事典』平凡社，pp. 122-126。

白鳥義彦，2018，「パリ大学」児玉善仁編集委員代表『大学事典』平凡社，pp. 742-743。

4 ドイツの大学

 ドイツの大学・高等教育機関

　ドイツ連邦共和国において高等教育機関は "Hochschule" と総称され，ふたつの類型に大別される。ひとつは総合大学（Universität）とそれに類する高等教育機関，もうひとつは専門大学（Fachhochschule）である。前者の "Universität" が中世の大学（universitas）の伝統を受け継ぐ「大学」の名称であることはいうまでもないが，総合大学，教育大学，神学大学を合わせた「学術的な大学（wissenschaftliche Hochschule）」を指す語として，専門大学と対比する形でも用いられる。後者の専門大学は，実践・応用指向の教育と研究に特徴を持つ。

　ドイツの高等教育機関には，学問の自由と自治を中核として，19世紀初頭のベルリン大学創設に連なるフンボルト（Wilhelm von Humboldt）の近代大学の理念「教育と研究の統一（Einheit von Lehre und Forschung）」を学術研究と芸術の発展にむすびつけ，職業上の能力・資格を学生に授けることが課せられている。しかし，大学と専門大学における教育・研究には，それぞれ異なる力点がみとめられる。

○**大学**

　ドイツの「大学」に位置づけられるのは，第一に総合大学（Universität）と工科総合大学である。伝統的な総合大学は法学部，医学部，神学部をはじめ主要な学部を擁する一方で，工科総合大学は自然科学と工学を柱とし，大半は1960年代から1980年代までの間に，100年近い歴史を有する「工科大学（Technische Hochschule: TH）」から「工科総合大学（Technische Universität: TU）」に改称した。歴史的経緯からドイツでは，多くの由緒ある総合大学には工学を学問領域とする学部が設けられていない。

　「大学」における教育と研究は，基礎研究と学術的な理論認識に主眼を置いている。また，博士の学位授与権（Promotionsrecht）と大学教授資格付与権（Habilitationsrecht）は大学のみに与えられた権限であり，この使命にかかわって，学術後継者の育成は大学の重要な機能とされている。

○**専門大学**

　「専門大学（Fachhochschule）」は，ドイツ連邦共和国の各州間の合意（1968年）に基づき，新しい種類の高等教育機関として高等教育制度に組み入れられた。実践的な教育と応用指向の研究に強みを持つ。その特徴は実習学期が学修

▷1　専門大学が提供する学修の分野は，工業，技術，経済，社会福祉，デザインの比重が大きく，実習学期に学生は専門大学の外に出て企業等で実務実習を行なう。人文・社会科学の分野も射程に入るが，総合大学と異なり，専門通訳翻訳，企業における法律，法律と人事管理など，実務に関連した内容が中心とされる。ドイツの専門大学は "University of Applied Sciences" として国外で名を馳せてきたが，近年，国内でも「専門大学」に代わる総称「応用科学大学（Hochschule für Angewandte Wissenschaften, HAW）」が広がり，"Fachhochschule (FH)/Hochschule für Angewandte Wissenschaften (HAW)" と併記されることが増えている。

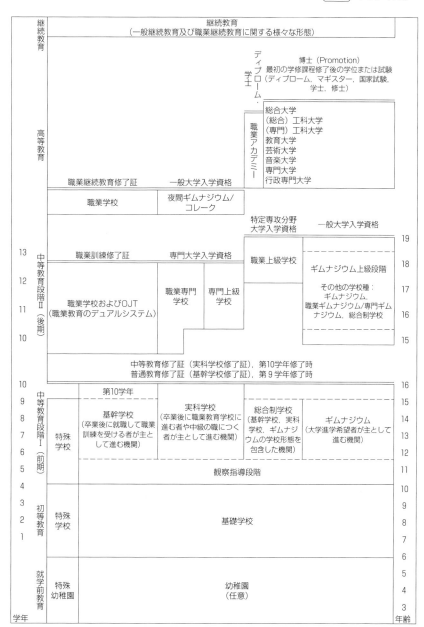

の一部をなすこと，教授の任命にあたり学術的な資格（博士の学位）と高等教育以外での数年にわたる職業実務経験を要件とされること，研究開発が原則として応用研究に限られることなどに表れている。

○第三段階教育機関：中等後教育機関

　高等教育機関以外で中等教育修了者を対象とする，いわゆる第三段階の教育機関として，幾つかの州に職業アカデミー（Berufsakademie）が設置されている。また，専門学校（Fachschule）も第三段階に位置づけられるが，中等教育修了後に職業訓練を終え，専門労働者として経験を積んだ実務者を主な対象とし，継続教育の色彩が強い。

2　ドイツの高等教育制度の特徴

　連邦制をとるドイツでは，ドイツ基本法すなわち憲法に基づき，連邦（Bund）を構成する各州が国家（Staat）として教育制度に対する権限を有する。高等教育も州（Land）の所轄事項である。

　州（国）立の高等教育機関が大多数を占めていることも，ドイツの高等教育制度の特徴である。州は設置者としてその経営に責任を持ち，運営資金を交付する。州立の高等教育機関は研究と教育の自由，職業選択の自由など，ドイツ基本法が定める諸原則を順守する義務を負う。私立の高等教育機関は近年その数を増しているが，州立の高等教育機関を拘束する基本法の諸規定が私立の機

図Ⅸ-4-1　ドイツの学校系統図

出所：大学改革支援・学位授与機構，2014，「諸外国の高等教育分野における質保証システムの概要　ドイツ」p.6
（https://www.niad.ac.jp/consolidation/international/info/germany.html）

▷2　連邦は高等教育大綱法を定め，それが各州高等教育法の大枠を定める法律として30年にわたり機能してきた。しかし2006年の連邦改革の過程で，高等教育領域における連邦の大綱的責任は存続しないことに

なった。連邦は競合的立法権（基本法第72条）の一部として，ドイツ全土での高等教育機関への入学と授与される学位に関してなお責任を持つが，各州（16州）には独自の規定を制定する権限が与えられている。

▷3　たとえば，高等教育に関する基本的な事項は，各州大臣を構成員とする常設各州文部大臣会議（Kultusministerkonferenz: KMK）で協議され，決議あるいは勧告などの形で公表される。それが各州の議会に諮られ，法制化してはじめて効力を発する。学術協議会（Wissenschaftsrat: WR）は，いわば学術と政治の対話の場である。行政と学術のふたつの委員会が置かれ，前者には連邦と各州の担当大臣が加わり，後者は研究者を中心とする専門家で構成され，総会で勧告が決議される。さらに大学学長会議（Hochschulrektorenkonferenz: HRK）は大学共同体として意見を表明し，必要に応じて各州文部大臣会議と共同で声明や勧告を出す。

▷4　総合制大学はいずれも2000年代初頭に，総合大学に移行した。かつての総合制大学はいまではすべて"Universität"と称している。

関にただちに適用されるわけではない。しかし教育と修了試験を行い，学位を授与するという大学本来の使命を私立の高等教育機関が果たすためには，州の認可が必須である。認可の要件は，州立高等教育機関による教育・学修の提供と修了資格（すなわち学位）の実質的な等価性を保障するという点に集約される。

州を超えたドイツ全体の政策については，常設各州文部大臣会議，大学学長会議，学術協議会などが調整機関としての役割を果たしている。[3]

③ 近年の変化と政策の動向

大学進学を目指す若者の増加は，ドイツもまた例外ではない。2018年現在，同年齢層に占める高等教育進学者の割合は5割を超え，若者の2人に1人は中等教育修了後に高等教育機関で学んでいる。ドイツにおいても，高等教育は大衆化の段階から，万人が能力に応じて広く進学機会を手にするユニバーサル・アクセスの段階に移行している。興味深い点は，ドイツが分岐型教育制度のもとで高等教育の拡大を遂げたことであろう。この拡大を牽引したのが，1960年代末に始まる機能分化の政策である。

ドイツの分岐型教育制度では，生徒は初等教育から中等教育への移行時に複数の学校種に分かれて進学する。その選択には生徒の家庭背景が強く影響を及ぼすことから，高等教育への進学者層が限られ，能力のある潜在的な教育予備軍を十分に活かすことができない。高度な教育を受けた労働力の不足は，グローバルな経済競争でドイツが後塵を拝することにつながる。こうした懸念に基づき新しい種類の高等教育機関として，専門大学と総合制大学（Gesamthochschule）が発足した。総合制大学は，総合大学と専門大学の双方の課程を内包する。[4]

大学以外の高等教育機関の設立が，ドイツの高等教育の拡大に寄与したことは疑いない。しかし近年の政策議論は，機関類型の違いによる分化を前提としつつも，大学と専門大学の個々の機関の個性に着目した機能分化に焦点が移っている。その背景として，3つの要因を挙げることができる。

第一に，欧州高等教育圏の創設を目指すボローニャ・プロセスと軌を一にして，ドイツの高等教育に3段階の学修構造と学位が導入された。これはヨーロッパ内で学位・高等教育資格の互換性を高め，学生の移動を促進する目的にかなうものである。結果として，大学と専門大学のいずれの課程に対しても，修了時に同一の学位"Bachelor"と"Master"が授与されることになった。自然科学・工学の分野で20世紀末まで主流であったディプロームの学位が，総合大学で"Diplom"，専門大学では"Diplom（FH）"と表され，「専門大学（Fachhochschule）」の頭字語を付すことによって，大学と専門大学の修了資格の差異化がはかられたこととは大きく異なる。

このように，同一の学位の授与権を大学と専門大学の双方に与えることによって，ドイツは高等教育機関の二類型を保持したまま，制度の収斂を前進させたと捉えることができる。かつて総合制大学が掲げた目的は，これによって発展的に達成されたといえる。ただし同一の Bachelor, Master 学位が授与される前提として，大学と専門大学の類型の別にかかわりなく，学修課程は同じ基準のアクレディテーション（適格認定）を受け，それによって質の等価性を担保することが求められている。

第二に，社会の高等教育に対する期待と要求が多様化し，機関類型に基づく分化だけでは十分に応えきれない現実が20世紀の終わりを前に明らかになった。こうした趨勢にドイツでは，政府が主導するインプット指向の政策と規制から，限られた財政資金を用いて効率的かつ有効に施策を進める方途として，高等教育機関の自律的裁量を拡げアウトプットを指向する政策に舵を切った。総合大学であれ専門大学であれ，個々の機関が独自の個性と強みを伸ばし，それによって高等教育全体で社会の多様な要求に応えていくという方策である。規制緩和，効率，質の保証，包括予算，実績に応じた資金配分，事後管理などに重きを置く1990年代の政策転換は，高等教育の新たな分化を進める一歩となった。

第三に，人口動態と若年層の教育行動が変化する状況下で，近未来を見据えて労働市場の労働力構成を検討し，政治，経済，学術の各分野で対応策を考える必要が生じた。ドイツでは日本と同様に少子高齢化が進み，その一方で若者の進学意欲が高まっている。大学入学資格取得者が同一年齢層に占める割合は過去40年余の間に5倍近くに伸びた。翻って中等教育修了後に職業訓練，とりわけ二元制（デュアル・システム）職業訓練を受ける者の数は，停滞ないし減少の傾向を示している。

デュアル・システムの職業訓練生の減少は，各方面に危機感をもって受けとめられている。それは個々の業種・職種を支えてきた中級の職業技能を有する専門労働者の不足を招き，ひいてはドイツ経済に不利益をもたらしかねない。他方で，産業の高度化やグローバル化の進展に伴い，国内企業はより高度な知識技能を持つ人材を求めるようになっている。高等教育は量的に拡大しているものの，不均質な学生層，言い換えれば来歴と関心が多様で，準備教育も一律でない学生が大学に進学し，教員の教育負担が増している。しかも高等教育と職業訓練の双方で，修了に至らず途中で断念する者の割合が小さくない。

このような社会経済的な変化を背景に，高等教育と中等教育後の職業教育との関係に着目し，両者間の移動可能性を改善するだけでなく，学術的教育と職業教育を直に結びつけ，学位と職業資格の二重の資格の取得に導く専門教育の形態が徐々に広がりをみせている。

(吉川裕美子)

参考文献

吉川裕美子，2010，「ドイツの大学・学位制度」『学位と大学——イギリス・フランス・ドイツ・アメリカ・日本の比較研究報告』大学評価・学位授与機構研究報告第1号：pp. 161-232。

吉川裕美子，2016，「ドイツの高等教育における職業教育と学位」『高等教育における職業教育と学位』大学評価・学位授与機構研究報告第2号：pp. 83-114。

5 アメリカの大学

1 多様性の中の統一

　E Pluribus Unum とは，「多数（の州）から一つ（の国）へ」を意味するラテン語であり，アメリカ合衆国の国章に書き込まれた言葉である。50もの，それぞれが独自性を持つ州と，ワシントン特別区が集ってアメリカという統一国家を形成している——これは，アメリカという国家を象徴するモットーであるが，同時にアメリカの大学をもあらわしていると言ってよい。

2 アメリカ合衆国の大学の概観

　アメリカ合衆国の大学について，最新の統計値を引用するならば，大学数では4360校である。1970年代の終わりに，ある著名な高等教育審議会が *Three Thousand Futures*（3000の未来）という報告書を出したことがあった。アメリカ合衆国高等教育の未来はひとつではなく，実際には現存する大学の数だけ未来が考えられる，という趣旨である。これをもじって言えば，21世紀の初頭の現在，4000以上の多様な未来があるということであろうか。たしかに，学生数数万人を擁する大規模州立大学と，学生・教員併せて数百人のリベラル・アーツ・カレッジを同一には論じられないであろう。文字通り無選抜入学で，学生はその立地する地域社会から通学してくる2年制地域短期大学（コミュニティ・カレッジ）と，全米から志願者を集め厳格な選抜を行う歴史の旧い私立大学を比較するのは無理というものであろう。さらには，公立か私立か，という二区分でアメリカ合衆国の大学を見ることはもはや不可能であり，今やアメリカの"第三の大学"となった営利大学は，近年，その増加が顕著である。日本でいう株式会社立大学であるが，1980年代より急速に発展し，一時期には200万人を超える学生を集めるに至った。オンラインによる遠隔教育によって，入学した翌月からでも学修開始が可能という便宜性，ITやビジネス，看護といった，時代が求める職種に即応したコースを設置するという機動性が特徴である（ただし，採算が取れない場合はいち早く撤退する。本項第3節参照）。

　学生数で見ると，1977万8151人という途方もない数である。しかも，多数というだけでなく多様でもある。フルタイム就学の1199万人余とパートタイム就学の765万人余に大別できる。後者は何らかの勤労をしながら大学に通っている人々であるが，それが全学生数の実に約39％も占めるのである。そのために，

▷1　The Carnegie Council on Policy Studies in Higher Education, 1980, *Three Thousand Futures : The Next Twenty Years for Higher Education,* Jossey-Bass.

アメリカの大学の学生の平均年齢はすでに25歳を超え，“おとなの大学”になった。さらに，学生をジェンダーによって分けると，フルタイム就学者の57％およびパートタイム就学者の59％が女性である。つまり，アメリカ合衆国の大学では，女性の学生が多数派ということになる。

人種／民族というカテゴリーで見ると，これも多様で，白人が55.2％に対して非白人が44.8％を占め，この非白人の内訳は，ヒスパニック（19.5％），アフリカ系（13.4％），アジア系（7.3％），先住民（0.7％）等という割合である。

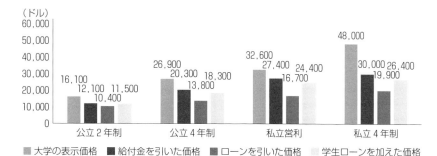

図Ⅸ-5-1　アメリカ合衆国の大学教育の平均価格

出所：U. S. Department of Education, December 2019, *What Is the Price of College ? Total, Net, and Out-of-Pocket Prices in 2015-16*, Stats in Brief, NCES 2020-470.

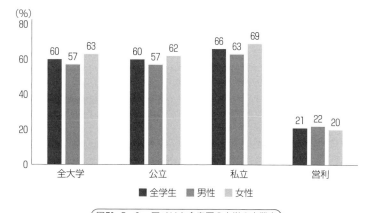

図Ⅸ-5-2　アメリカ合衆国の大学の卒業率

出所：National Center for Education Statistics, May 2019, *The Condition of Education 2019*, U. S. Department of Education, NCES, 198.

こうして，アメリカでは，どんな人でも大学に行くことができる——むしろ，大学に行かなければならない——のである。そして，「すべての人に大学教育を」という理念を実現するために，第一次世界大戦後から約半世紀をかけて創り上げられていったのが，この世界最大の高等教育システムであった。

❸ アメリカの大学が抱える問題

だが，アメリカの大学は現在，いくつかの大きな問題に直面している。

その第一は，このシステムを維持するには，巨大な資金を必要とするということである。高等教育支出の対 GDP 比率で見ると，アメリカ合衆国は2.6％と，OECD 諸国の中では飛び抜けて大きく，国家としても巨額の資金を投入していることが理解できる。しかしながら，学費は以下に見るように公立大学でも異常というべき高騰を続け，多くの家庭にとって，もはや手の届く金額をはるかに超えている。**図Ⅸ-5-1**は，公立２年制大学，公立４年制大学，営利大学，私立４年制大学での教育の平均価格（2015/16年度）である。いちばん左が，大学の表示価格（授業料・寮費・教科書等の費用・交通費・その他，大学出席の

▷2　OECD, 2020, *Education at a Glance 2020 : OECD Indicators*, OECD Publishing, Paris, 292. ちなみに日本は1.4％，OECD 諸国の平均は1.4％である。

▷3　「手の届く」は英語の affordable であるが，この言葉は，現在，アメリカ合衆国だけでなく，世界の教育改革のキーワードのひとつである。

ための個人的費用の総額）であり，そこから，さまざまな給付金（奨学金など，返済不要）を引いた金額が次の数値である。

　アメリカにおいては，大学の給付型奨学金制度が発達していることは事実であるが，それを受領したうえでも，公立4年制大学で2万300ドル（約220万円），私立4年制大学となると3万ドル（約330万円）という金額は，大多数の家庭にとっては負担が大きすぎるため，各種ローン（家庭が負担するローンと学生本人が負担するローンの双方）を組むことになる。次の数字はそのローン分を差し引いた金額で，これが，入学時に実際に手元に用意しなければならない金額となる。最後右端の数字は，手元に用意する分に学生ローンとして本人が負担しなければならない分を加えた数字で，言い換えるとグラフの最後2つのバーの差が，卒業後の本人返済分ということになる。

　この結果，教育ローン（家庭と学生本人）のデフォルト（返済不能）件数および総額は増加の一途をたどり，2010年にはついにアメリカ全体のクレジット・カードのデフォルト総額を追い抜き，2020年現在では1兆6000億ドルの債務総額の7.8％に至っている。

　第二の問題は，以上のような高額の負担をしているにもかかわらず，卒業率（入学時から6年間での学士学位取得者の比率）が伸び悩んでいるということである（図IX-5-2）。

　すべてのタイプの大学を平均して40％の学生が，6年かけても卒業できない，ということになる。とりわけ，営利大学での卒業率が極端に低いことがわかる。卒業率の低さは，一方では，入学後の厳格な教育を意味し，さらには意図的にストップ・アウト（一時的就学停止）をする学生が増加していることも事実であるが，ある論者は，卒業できない40％のうちの大多数が実はドロップ・アウトせざるをえないのであり，その原因は，学生が学習に傾注しないことと，それを重要問題として取り上げ，学習支援と生活支援の体制を整えようとしない大学の無策にあるとして，低迷する卒業率はアメリカ高等教育の隠されたスキャンダルであるとする。

　第三の問題は，大学倒産数の増加である。「大学は絶対に倒産しない」とは，日本の場合は，1990年代までは信じられてきた神話であった。アメリカ合衆国の場合は，歴史的に，大学倒産は決して珍しくなかった。しかし，近年における倒産数の増加は，巨大な高等教育システムのきしみとでも言うべき，構造上の問題と捉えるべきである（表IX-5-1）。

　構造上の問題とはどのようなことか。総数4360もの大学の中で，学生数1000名未満の大学が実に42％を占めるのであるが，これら小規模カレッジに在籍する学生は全学生総数の3％に過ぎない。そして，近年の数多くの大学倒産の主役が，これら小規模カレッジなのである。システムの統一性だけを考えれば，きわめて経営効率が悪いということになる。だが，すでに見たようなアメリカ

▷4　初期費用だが，日本と異なり「入学金」がないので，毎年，ほぼ同額。

▷5　Friedman, Zack, 2020, Student Loan Debt Statistics In 2020: A Record $1.6 Trillion (https://www.forbes.com/sites/zackfriedman/2020/02/03/student-loan-debt-statistics/#276f4a61281f，閲覧日2020年3月20日)

▷6　Kirp, David, 2019, "Introduction: The Scandal and the Solutions," *The College Dropout Scandal*, Oxford University Press. エルムとロクサの調査によれば，フルタイム就学の学生の学習時間（家庭学習と授業出席）は1週あたり約27時間である。これは，1960年代初めまでのフルタイム就学の学生の平均学習時間であった1週あたり約40時間から，時代を経るにつれて減少していった結果であるという。Arum, Richard and Josipa Roksa, 2011, *Academically Adrift: Limited Learning on College Campuses,* The University of Chicago Press, 3.

表IX-5-1 大学倒産の件数（2012/13-2018/19）

	全教育機関総計			公立			私立								
							合計			非営利			営利		
	総計	4年制	2年制	合計	4年制	2年制	合計	4年制	2年制	合計	4年制	2年制	合計	4年制	2年制
2013-14	20	8	12	1	1	0	19	7	12	4	3	1	15	4	11
2014-15	54	7	47	0	0	0	54	7	47	5	3	2	49	4	45
2015-16	66	24	42	0	0	0	66	24	42	8	5	3	58	19	39
2016-17	112	65	47	0	0	0	112	65	47	20	12	8	92	53	39
2017-18	86	39	47	1	0	1	85	39	46	17	12	5	68	27	41
2018-19	236	111	125	0	0	0	236	111	125	30	15	15	206	96	110

出所：Snyder, Thomas D., Cristobal de Brey, and Sally A. Dillow, 2018, *Digest of Education Statistics 2019*（NCES 2020-009）. National Center for Education Statistics, Institute of Education Sciences, U. S. Department of Education. Washington, DC., Table 317.50. より作成。

大学モデルの多様性を担保するためには，多数で多様な小規模私立カレッジの存在が絶対に必要なのである。

4 アメリカ大学モデルの未来

どんな人にも中等以上の教育の機会を保障し，多様性を最大限に尊重しつつも，ひとつのシステムとして統一をはかる——このアメリカ大学モデルは，世紀転換期において，日本をはじめ，世界中に浸透していった。1990年代初頭以降の日本の"大学大競争時代"には，さまざまな改革のための"カタカナ語"（シラバス，ファカルティ・ディベロプメント等）が氾濫したが，その多くが，アメリカ起源であったことは偶然ではない。ヨーロッパでは，ボローニャ・プロセスによって「欧州高等教育圏の創設」が目指されたが，そこにもまた，アメリカの大学モデルが色濃く影を落としている[7]。中国では，国境を越えたトランス・ナショナル高等教育（跨国高等教育）が急速に進展しているが，その相手先に選ばれた最大多数がアメリカ合衆国の大学であった[8]。こうしてアメリカの大学モデルは，世界的にも，今や"一人勝ち"のように見える。

しかしながら，先に確認したように，このアメリカ大学モデルが，現在，制度的なきしみを見せ始めていることも事実である。あらためて思い返せば，多様性の中の統一 E Pluribus Unum は，現在のアメリカ合衆国がそれを実現しているということではなく，年々月々の営々とした努力を要求する，実現すべき国家的な理想像として捉えるべきであろう。とすれば，「どんな人でも大学に行くことができる」というアメリカ大学モデルもまた，ヨーロッパの大学の遺産を継承しつつ，新大陸で開始された壮大な実験であり，この実験はいまだ進行中ということになろう。

（坂本辰朗）

▷7 ボローニャ・プロセスの決定は，最初は，アメリカ合衆国の高等教育に対するヨーロッパの高等教育の競争力の飛躍的向上を狙ったものであった。では，アメリカの高等教育にとって参照すべき何が結果したのか。これについては，以下の文献を参照されたい。Gaston, Paul L., 2010, *The Challenge of Bologna: What United States Higher Education Has to Learn from Europe, and Why It Matters That We Learn It*, Stylus Publishing.

▷8 王璞，2017，「美国大学海外分校全球扩张历史和战略研究」『比较教育研究』2017年第1期，pp. 17-23.

参考文献

ケネディ，D.，立川明・坂本辰朗・井上比呂子訳，2008，『大学の責務』東信堂。

中国の大学

① 高等教育の歴史的展開

　中国では古代から知的伝統が発展し，専門人材を養成したり学問を継承したりする最高学府が存在していた。早くも殷（商）の時代（B. C. 15世紀頃～ B. C. 12世紀頃）には東序，東校，上庠，右学などの学校が置かれたとされ，その後，漢代には太学が設けられ，また隋代，唐代には国子監が設置された。また唐代からは政府や私人によって書院が設立された。書院は，学問探究の場として設立されたものもあれば，科挙の受験準備を目的に設立されたものもあった。

　1840年のアヘン戦争を契機として西洋文明を認識したことにより，19世紀末以降，近代的な大学モデルの導入が図られた。1912年に中華民国が成立すると，法令の制定を通じて近代的な高等教育制度が整備され，教会大学を含む私立大学も創設されるようになった。日中戦争が勃発すると，多くの高等教育機関が内陸部に疎開するなか昆明では西南連合大学が設置された。一方，共産党の勢力下では中国人民抗日軍事政治大学など幹部養成機関が設けられ，それは後に社会主義的な高等教育機関として国の制度に組み込まれた。

　1949年に中華人民共和国が成立すると，社会主義体制に適合した高等教育のあり方が模索された。私立大学の接収をはじめさまざまな改革が行われたが，最も大きな影響を与えたのは「院系調整」だった。これにより，総合大学を単科大学に分割するなど大学組織を全国的に見直して即戦力となる人材を専門分野ごとに計画的に育成することが目指された。また，教育行政部門だけでなく専門分野に対応して非教育行政部門が高等教育機関を所管する「多数省庁所管方式」もこの時期に整えられた。1950年代にはソ連に学ぶことが謳われたが，ソ連との対立が生じて以降は独自の発展を探るようになった。

　文化大革命による混乱を経て1970年代後半からは，それ以前の制度が復活するとともに，「中華人民共和国学位条例」（1980年）の公布により学位制度が導入され，また高等職業教育機関の設立や成人高等教育の整備・拡大が進められた。高等教育独学試験制度も1980年代初めに導入された。1990年代には，社会主義市場経済体制への移行に伴い，高等教育機関の統合や合併が生じ，民営（私立）高等教育機関の設立が奨励されるようになった。また，授業料の徴収が全面的に導入された。1998年には「中華人民共和国高等教育法」が制定され，高等教育の基本的なあり方が法律として明示された。1990年代末からは大幅な

▷1　科挙
6世紀末に導入された高等官僚登用試験制度で，1904年に廃止されるまで存続した。受験にあたって必ずしも学校教育を受ける必要はなく，学校の教育機能は軽視されていた。

▷2　中華人民共和国成立後に行われた改革については，大塚豊，1996，『現代中国高等教育の成立』玉川大学出版部に詳しい。

▷3　ソ連
正式名称はソビエト社会主義共和国連邦。ロシア革命を経て設立した社会主義国家で，1991年に解体された。

▷4　高等教育独学試験制度
個人が自らの学習を通じて得た知識や技能を国が試験によって認定し，国が承認する高等教育修了学歴を与える制度。どのような形式で学習したかは問われず，試験に参加するにあたって年齢，参加前の学歴などにも制限がない。

量的拡大が進められ，大学評価の仕組みが整えられて全体的な裾野の拡大と底上げが行われると同時に，「211プロジェクト▷5」や「985プロジェクト▷6」といった重点支援が実施され，トップレベルの引き上げも進められている。加えて，外国大学との「内外協力による大学運営▷7」や海外分校の設置，留学生の受け入れも積極的に展開している。

② 高等教育の基本制度

　中国の高等教育制度は，複雑な体系を形成している。ここでは，高等教育を提供する機関と，提供される教育の種類に分けて整理する。

　中国の高等教育機関は，主として担う教育の種類に対応して大きく，普通高等教育機関と成人高等教育機関に分けられる。普通高等教育機関は日本で大学や短期大学というときにイメージする機関に最も近く，全日制の教育課程を中心に多様な教育を提供している。成人高等教育機関は，在職者を主たる対象とした教育（成人高等教育）の提供を目的としている。このほか，人民解放軍や武装警察部が所管する軍事高等教育機関もある。学位授与権があるとか，重点的財政支援の対象になるといった点は普通高等教育機関と同じである。

　高等教育機関の名称には大学，学院，専科学校があり，このうち大学や学院は一般に学士課程段階以上の教育を提供する。しかし，短期の高等職業教育課程のみを提供する普通高等教育機関でも職業技術学院や職業学院などと名乗ることがある。またこれらの名称は3種類の高等教育機関で共通に用いられているため，こうした名称だけから機関の種類を把握するのは容易でない。

　設置形態に注目すると，中央省庁が所管する機関，地方政府が所管する機関，民営高等教育機関の3つに分けることができる。2019年時点の普通高等教育機関2688校についてみるとそれぞれ118校，1802校，756校となっている▷8。このほか，寧波ノッティンガム大学（寧波諾丁漢大学）や上海ニューヨーク大学（上海紐約大学）といった内外協力の形式で設置された高等教育機関が12校ある。このように地方政府が所管する機関と民営高等教育機関が多数を占めるが，制度の中核にあるのは中央省庁，特に教育部が所管する大学である。

　提供される教育の種類に目を向けると，高等教育はまず目的や方法によって大きく，普通高等教育，成人高等教育，軍事高等教育の3つに分けることができる。このうち，普通高等教育は全日制で，通常は対面式教育であり，大部分は普通高等教育機関で行われている。成人高等教育はテレビ・ラジオを利用して教育を行ったり，夜間や週末といった余暇の時間を利用して教育を行ったりする。成人高等教育機関はこのような教育の提供を主として担っているが，現在は成人高等教育を受ける学生のうち9割を超える学生は普通高等教育機関に開設された成人高等教育部門で学んでいる。そして軍事高等教育は，軍や武装警察に関わる人材の養成を目的とした教育であり，軍事高等教育機関で行われ

▷5　211プロジェクト
21世紀に向けて100校程度の高等教育機関と一定数の専門分野を重点的に整備し，世界のトップレベルに近づき到達することを目的として，1993年に始まった。2014年時点で119校が対象となっていた。

▷6　985プロジェクト
一部の高等教育機関に重点的な財政配分を行うことによって世界一流の大学と専門分野を作り出すことを目標としたプロジェクト。1999年に始まった後対象校は徐々に増えて最終的には39校となった。

▷7　国内の教育機関と外国の教育機関とが協力して高等教育機関を設立したり，教育プログラムを提供したりする活動。国内で不足するリソースの補完，改革と発展の進展，国際競争力の向上などへの期待から積極的に展開されている。

▷8　中央省庁が所管する118校のうち42校は，教育部（日本の文部科学省に相当）ではない省庁が所管している。地方政府が所管する機関でも，短期の教育課程のみを提供する機関を中心に教育行政部門以外の部署が所管することが多い。

表IX-6-1 高等教育機関数の変遷

（単位：校）

	2001年	2005年	2010年	2015年	2019年
普通高等教育機関 （うち本科課程を有する機関）	1,225 (597)	1,792 (701)	2,358 (1,112)	2,560 (1,219)	2,688 (1,265)
成人高等教育機関	686	481	365	292	268

出所：各年の教育統計より作成。

表IX-6-2 課程別在学生数の変遷

（単位：万人）

	2001年	2005年	2010年	2015年	2019年
博士課程	8.6	19.1	25.9	32.7	42.4
碩士課程	30.6	78.7	127.9	158.5	244.0
本科課程	535.3	1,009.9	1,490.7	1,856.0	2,092.1
専科課程	639.7	987.9	1,277.2	1,405.2	1,607.9

出所：表IX-6-1に同じ。

▷9　中国の大学院教育では，学生の99%は高等教育機関に在籍しているものの，中国科学院傘下の研究所をはじめとする研究機関に在籍する者もいる。2019年時点で大学院教育を行う828機関のうち235は研究機関である。

▷10　専門学位は，碩士学位レベルだけでなく，博士学位レベルや学士学位レベルでも設置されている。また，碩士課程の学生数で見ると（2019年），学術学位課程（97万人）よりも専門学位課程（147万人）の方が多くなっている。

▷11　表IX-6-2には含まれていないが，普通高等教育機関などが提供しているオンラインの教育プログラムには2019年時点で858万人（本科課程294万人，専科課程564万人）の在学生がいる。

ている。このほか，1999年からは普通高等教育機関を中心に，オンラインによる正規の教育プログラムも導入されている。

教育課程の段階に注目すれば，大きく大学院課程，本科課程，専科課程に分けることができ，大学院課程は，博士課程と碩士課程（日本の修士課程に相当）から構成されている[9]。博士課程と碩士課程の基本修業年限はそれぞれ3～4年，2～3年である。本科課程は日本の学部教育に相当する4～5年制の課程であり，専科課程は2～3年制の短期高等教育の課程で，職業教育に特化した課程の多くが含まれる。

学位は，博士，碩士（修士），学士の3種類ある。専門分野によっては，学術学位とともに専門学位がある[10]。博士課程や碩士課程ではそれぞれ，課程を修了すれば卒業となり，理論や知識を体系的に身につけ科学研究や専門的な職務に従事できるという条件を満たせば学位が授与される。本科課程も同様に，課程を終えたうえで，科学研究や職務に従事するのに必要な基礎的な知識や技能を身につけているという条件を満たせば学士学位が授与されることになっている。このように，中国では課程の修了がただちに学位の取得を意味しているわけではない。

3　高等教育の規模

中国では，高等教育全体の規模を示すのに粗就学率（原語は「毛入学率」）という数値が用いられる。これは，当該年齢人口に対して高等教育を受けている者の比率であるが，大学院学生なども対象に含まれている点は注意が必要である。この比率は1990年の3.4%から一貫して上昇し，2001年には13.3%，2019年には51.6%に達し，21世紀に入って大きく拡大したことがわかる。

機関数を確認すると（表IX-6-1），普通高等教育機関が大きく増加する一方，成人高等教育機関は減少が顕著である。一方，学生数を見ると（表IX-6-2），大学院学生とともに，普通高等教育や成人高等教育を受ける学生（本科課程，専科課程）も急速に増えていることがわかる。このうち成人高等教育機関で学ぶ学生は50万人ほどで，ほとんどの学生は普通高等教育機関に在学している[11]。

普通高等教育機関と成人高等教育機関の専任教員も2001年の62万人（このうち普通高等教育機関の専任教員は53万人）から大きく増えた。2019年には176万人

（同174万人）となっており，ほぼ半数の89万人が女性である。

④ 近年の改革動向

中国の高等教育は今日，社会の人材ニーズに対応させて機関の明確な種別化を図り，高等教育システムをより体系的なものへと再編しようとしている。

その動きのひとつは，世界一流大学の形成に向けた財政支援のさらなる促進である。「211プロジェクト」と「985プロジェクト」に続いて，世界一流の大学と一流の専門分野を形成するという意味で「双一流」と略称されるプロジェクトが2015年に提案され，2017年に対象となる高等教育機関が発表された[12]。選ばれた機関は定期的に業績評価を受け，その結果によっては対象から外される仕組みが採られている。優秀な創造型人材の育成や科学研究水準の向上，優れた教員集団の形成に取り組むと同時に，社会主義的運営方針の堅持が謳われ「中華民族の偉大な復興」に対する貢献が目指されている点は特徴的である。

もうひとつの動きは，経済や社会の発展への貢献を目的とする高等職業教育の充実である。専科課程段階の高等職業教育を行う機関は1980年代に導入されたが，2014年からは，地方政府が所管する高等教育機関を応用技術大学へ転換させる動きが生じている。応用技術大学は本科課程段階の職業教育を提供し，職業教育，高等教育，継続教育を一体的に担う新型の機関類型であると説明される。職業教育体系の整備には地方政府が主たる責任を負っている。将来的には，高等職業教育の規模が高等教育全体の半分以上を占め，そのうち本科課程段階の職業教育が一定の規模に達するようにすることが目指されている。

高等教育の規模が大きく拡大する中で，大学入学者選抜に関しても改革が進められている。「高考」と呼ばれる全国統一大学入学試験が1950年代から実施され[13]，従来は，普通高等教育を受けるほとんどの学生はその試験の結果で合否や進学先が決定された。そうした方式からの転換が模索され，選抜にあたって大学の自主権を拡大する試みや，試験の結果と他の指標を組み合わせる方法など新たな取り組みが始まっている。あわせて，教育課程についても卒業生が経済や社会の発展に貢献できるように教育内容の見直しが行われ，幅広い知識の修得や実践的な能力の育成が図られている。

さらに，国際化に関しては，2010年から始まった「**中国留学計画**」[14]に基づき，留学生の受け入れと送り出しをいっそう積極的に支援しているほか，内外協力による高等教育機関やプログラムの受け入れも継続して進めている。また，高等教育機関の海外展開も，近年の「一帯一路」構想をよりどころに，新たな原則を策定して促進しようとしている。

中国の高等教育はこのように，世界最大規模のシステムを形成し，社会主義体制への適合と国際的通用性の向上をともに追求している。　　　（南部広孝）

▷12　2017年に選ばれたのは137校。このうち42校は一流大学の対象校となり，それ以外の95校は一部の専門分野を一流に作り上げることとされた。

▷13　中国では1980年代から，成人高等教育を受ける学生や大学院碩士課程の入学者についてもそれぞれ全国統一の入学試験が実施されている。

▷14　中国留学計画
2020年までに中国で学ぶ留学生を50万人（そのうち高等教育機関で学歴取得を目的とした教育を受ける留学生を15万人）にまで増加させる計画。2017年時点ですでに49万人（同24万人）の留学生を受け入れている。

参考文献

南部広孝，2009，『中国高等教育独学試験制度の展開』東信堂。
南部広孝，2016，『東アジアの大学・大学院入学者選抜制度の比較——中国・台湾・韓国・日本』東信堂。
黄福涛・李敏編，2016，『中国における高等教育の変貌と動向——2005年以降の動きを中心に』広島大学高等教育研究開発センター。

7 イスラームの大学

▷1　ここでイスラーム圏とは，イスラームを国教としているかどうかにかかわらず，ムスリム（イスラーム教徒）が人口的あるいは政治的にマジョリティを形成している地域を指す。

1 二元的な教育体系

イスラーム圏[◁1]の高等教育の特徴のひとつは，いわゆる世俗の学問を中心に置く一般系の高等教育とは別に，宗教系の高等教育機関が存在する点にある。これらの高等教育機関は国によっては宗務をあつかう宗教省によって管轄されており，教育省管轄の学校系統と宗教省管轄の学校系統という二元的な教育体系を形成している。

図Ⅸ-7-1はインドネシアの学校系統図を示したものである。学校は，教育文化省管轄の一般学校系統と宗教省管轄のイスラーム学校系統に分かれる。両系統とも修業年限は同じで，初等教育6年間，前期中等教育3年間，後期中等教育3年間，高等教育4年間，大学院である。両系統の相互進学は1975年以降，制度的に保障されている。

宗教省管轄の高等教育機関は，イスラーム大学，イスラーム宗教大学，イスラーム単科大学に分類される。イスラーム大学は総合大学で，宗教系学部のほかに一般系学部を有する。イスラーム宗教大学とイスラーム単科大学は宗教系学部から構成され，両者の違いは学部数である。イスラーム宗教大学は，ウスルディン学部（神学部），シャリーア学部（イスラーム法学部），アダブ学部（アラビア文学部），タルビヤー学部（イスラーム教育学部）が主要な学部である。

学年
年齢
20 26
19 25
18 24
17 23
16 22
15 21
14 20
13 19
12 18
11 17
10 16
9 15
8 14
7 13
6 12
5 11
4 10
3 9
2 8
1 7
6
5
4
高等教育
中等教育
初等教育
就学前教育
義務教育
大学院
一般総合大学，インスティテュート，単科大学，ポリテクニク，アカデミー，コミュニティ・アカデミー
職業高校
一般高校
一般中学校
一般小学校
一般幼稚園
教育文化省管轄
大学院
イスラーム大学，イスラーム宗教大学，イスラーム単科大学
イスラーム高校（マドラサ・アリヤー）
職業イスラーム高校
イスラーム中学校（マドラサ・サナウィヤー）
イスラーム小学校（マドラサ・イブティダイヤー）
イスラーム幼稚園
宗教省管轄

図Ⅸ-7-1　インドネシアの学校系統図

出所：2003年国家教育法をもとに筆者作成。

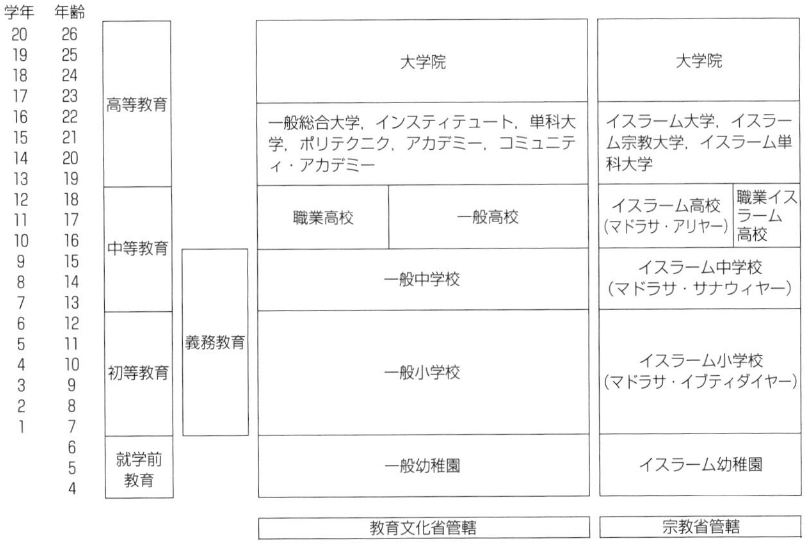

4年間は8学期からなり，教育課程は教養課程と専門課程に分かれていない。2012年制定の高等教育法が定める必修科目は，宗教教育，公民，パンチャシラ教育（パンチャシラは建国五原則を意味

する），インドネシア語である。この他，ほとんどの高等教育機関で，KKN と
よばれるサービスラーニングが履修される。カリキュラムは，ナショナルレベ
ル，大学レベル，学部レベル，専攻レベルからなり，取得単位数は144から最
大160単位である。必修科目を除き，各大学は比較的自由なカリキュラム編成
が可能である。一例として，スナン・カリジャガ国立イスラーム大学のシャリ
ーア・法学部をあげると，同学部には5つの専攻（①イスラーム家族法専攻，②
国家組織法専攻，③シャリーア経済法専攻，④比較学派専攻，⑤法学専攻）があり，
前述の必修科目のうち，宗教科目は全学期にわたって履修されるほか，パンチ
ャシラ教育は第1学期，公民は第2学期，インドネシア語は第5学期，KKN
（サービスラーニング）は第8学期に履修される。なお，第7学期には，地方・
宗教・軍事裁判所での模擬裁判を含む実習も設けられている。

　二元的教育体系の起源には植民地支配の影響がある。多くのイスラーム圏は
西洋諸国による植民地支配を経験しており，植民地期には宗主国のモデルに基
づく教育機関が設立された。それらは基本的に現地の宗教教育から切り離され
たものであったため，現地の人々による宗教教育は植民地教育体系の外側で維
持された。インドネシアを例にとると，オランダ植民地政府による教育機関の
設立が19世紀後半以降，徐々に始まり，1920年代になるとバンドゥン工科大学
（1920年設立），バタヴィア法科大学（1924年設立），バタヴィア医科大学（1927年
設立）などの高等教育機関が設立された。一方，宗教教育については，コミュ
ニティが運営する子ども用の宗教学習施設や，アラビア語やアラビア語で書か
れた宗教注釈書を学ぶプサントレンと呼ばれるイスラーム寄宿塾が維持された。
プサントレンは，キヤイとよばれる宗教的学識とカリスマ性を持つ主宰者によ
って運営された。プサントレンのなかには，20世紀以降，宗教改革運動に影響
を受けた教育改革により，一般科目を導入した「学校」を創設するものもあっ
た。またイスラーム高等教育機関としては1940年代前半，西スマトラ州にイス
ラーム高等学院が創設された。

❷ イスラーム世界における知の探究と高等教育の変化

　イスラームでは宗教創始の頃より知の獲得が非常に重要なものとされ，男女
を問わず知の獲得の重要性が説かれる。「知識を求めるためなら遠くシナまで
旅をせよ」というハディース（預言者ムハンマドの言行録）はイスラームにおけ
る知の探究の姿勢を象徴するとされ，実際に多くのイスラーム学者は知を求め
て旅をした。

　8世紀後半から15世紀にかけてイスラーム地域で発展した知は，ギリシア，
ペルシア，インドなどの知を統合・発展させたものである。アッバース朝第7
代カリフ（在位813～833）の時代にバグダードに設立された「知恵の館」は，
中世のアラブ世界における代表的研究機関で，ギリシア哲学・科学文献の収集

▷2 8世紀後半から15世紀に，イスラーム地域においてアラビア語で文化活動をおこなった人びとの科学。

▷3 International Islamic University Malaysia, 2020, "about IIUM" (http://www.iium.edu. my/page/about-iium) (2020年3月20日閲覧)

▷4 Khozin, 2006, *Jejak -Jejak Pendidikan Islam di Indonesia : Rekonstruksi Sejarah untuk Aksi*, Edisi Revisi, UMM Press, pp. 153-155; Marwan Saridjo, 2010, *Pendidikan Islam dari Masa ke Masa : Tinjauan Kebijakan Publik Terhadap Pendidikan Islam di Indonesia*, Yayasan Ngali Aksara, pp. 183-220.

とアラビア語への翻訳が行われたことで知られる。アラビア科学の黄金期とされる10世紀から11世紀の時期の最も著名な学者としてイブン・スィーナーが挙げられる。スィーナーが医学と哲学の分野で築いた知は，西欧ラテン世界の知の発展に深い影響を与えた。スィーナーだけでなく，哲学，数学，天文学，医学，錬金術などの分野で数多くの著名な学者が輩出された。これらの知は，12世紀になるとラテン語に翻訳され，西洋ラテン世界における知の基盤となった。

また，エジプトのアル＝アズハル大学は世界最古の高等教育機関ともいわれる。その起源はファーティマ朝統治下の970年に設立されたモスクで，数十年後には教学の中心となり，著名なウラマー（イスラーム知識人）が輩出された。現在もなお，アル＝アズハル大学は，スンナ派イスラーム圏におけるイスラーム学の最高学府としての権威を有する。

第二次世界大戦後のイスラーム圏の高等教育は，各国の高等教育機会の拡大や国家の要請に応じて改革が進められている。おおむね共通する改革の方向性としては，総合大学化および世俗知と宗教知の融合への志向性があげられる。総合大学化に関してアル＝アズハル大学では，1961年までは伝統3学部（イスラーム学部，イスラーム法学部，アラビア語学部）のみであったが，1961年以降は医学部，工学部，理学部を加えた総合大学に再編された。

また，1983年に設立されたマレーシア国際イスラーム大学は，マレーシア政府とイスラーム諸国政府，イスラーム諸国会議機構（2012年以降はイスラーム協力機構，OIC）の共同出資によるもので，英語とアラビア語を教授言語とした総合大学である。イスラーム諸学を学ぶ学部と一般の学部からなる14の学部とふたつの研究所を有し，2018年末の教員数は2000人，学生数は2万6000人（学部2万人，大学院6000人）で，イスラーム圏を主とする117ヶ国からの留学生が在籍している。留学生を幅広く受け入れるアル＝アズハル大学やマレーシア国際イスラーム大学は，イスラーム諸国の学生にとって魅力的な留学先となっており，これらの大学を拠点とする留学・卒業生ネットワークが形成されている。

インドネシアにおいても2000年代以降，宗教専門大学としての国立イスラーム宗教大学から，総合大学としての国立イスラーム大学への再編が進められている。2002年にシャリフ・ヒダヤトゥッラー国立イスラーム宗教大学（ジャカルタ）が，総合大学としてのシャリフ・ヒダヤトゥッラー国立イスラーム大学に再編されたことを端緒に，2019年までに9校の国立イスラーム大学が誕生した。国立イスラーム大学では，従来の「シャリーア（イスラーム法）学部」を「シャリーア・法学部」に，「ダアワ（伝道）学部」を「ダアワ・コミュニケーション学部」などに再編し，イスラームと一般学問を分離しない知の融合が目指されている。また，上述のシャリフ・ヒダヤトゥッラー国立イスラーム大学には国立イスラーム大学初の医学部が2003年に設けられた。総合大学への再編は，一般系とイスラーム系の高等教育間における溝の解消や，国立イスラーム

大学を卒業した学生に広い活躍の場を提供する目的があるとされる[44]。

③　イスラームにおける知と高等教育の将来像

　世俗知と宗教知の融合に関して，前述のマレーシア国際イスラーム大学は，イスラーム的価値やイスラーム哲学を土台とする科学観に基づく「知のイスラーム化」を推進している[45]。背景にはイスラームの知と西欧を中心に発展してきた近代以降の知との間の乖離がある。イスラームでは宗教と科学の分離を前提とせず，「科学は神が創造した宇宙の摂理を探究する」という考え方に立つ[46]。人間が求めることのできるあらゆる知識は神のものであり，神が許す限りにおいて人間に知識が与えられる。つまり，知の最上位には常に神の存在があり，合理的・科学的なものの上に神の存在があるとされる。アラビア語で知識，学問，学知を意味する「知（ilm）」はイスラームの知を表す単語として最もよく使用され，宗教から自然科学に至るすべての領域に用いられる。また，イスラームでは，「行為」を伴わない「知」は役に立たないものとみなされる。冒頭で二元的教育体系の起源には植民地支配の影響があることを指摘したが，知の側面からみると，イスラームにおける知の捉え方と西欧を中心に発展してきた近代以降の知との乖離も，現在に至るまで二元的な教育体系が解消されない理由である。

　イスラーム圏の高等教育の今後にとって知のあり方は重要な課題である。このことは，ひとつには教育が制度化されることにより，合理性や理性が重視されることで近代教育から排除されていったタリーカ（イスラーム神秘主義）の位置づけとも関係している。また，冒頭で紹介したインドネシアの学校系統図には描ききれないイスラーム教育機関の存在もある。その代表的なものが前述したプサントレンと呼ばれるイスラーム寄宿塾である。プサントレンのなかには，近代的な学校教育を部分的に取り入れて学校化するものもあれば，近代的な学校教育とは一線を画し，学校化されていないものもある。学校化されていないプサントレンでは，標準化されたカリキュラムを用いず，独自の教育スタイルが維持されている。それゆえ，原則としてイスラーム系の学校や大学，一般系の学校や大学との接続はない。高等教育段階はマアハド・アリーと呼ばれる。宗教省の統計によると現在 2 万8194あるプサントレンのなかに，35のマアハド・アリーが設立されており，各マアハド・アリーの専門性に基づき，アラビア語で書かれた宗教注釈書を用いての宗教教育が行われている。いわゆる学位が授与されるイスラーム高等教育機関とは異なる，もうひとつのイスラーム高等教育機関である。

　多様な教育機関を包摂しつつ，制度としてイスラーム圏の高等教育を今後どのように構想していくのか。イスラーム知の概念，知の習得と実践のあり方を含め，今後も試行錯誤が積み重ねられるであろう。　　　　　（服部美奈）

▷5　杉本均, 1996,「高等教育における科学と哲学——アジア・イスラム社会の視点その 2」『京都大学高等教育研究』2：pp. 172-173。

▷6　小杉泰, 2007,「イスラーム世界における文理融合論——『宗教と科学』の関係をめぐる考察」『イスラーム世界研究』1(2)：p. 127。

参考文献

小杉泰, 2007,「イスラーム世界における文理融合論——『宗教と科学』の関係をめぐる考察」『イスラーム世界研究』1(2)：pp. 123-147。

杉本均, 1996,「高等教育における科学と哲学——アジア・イスラム社会の視点その 2」『京都大学高等教育研究』2：pp. 165-183。

Khozin, 2006, *Jejak-Jejak Pendidikan Islam di Indonesia : Rekonstruksi Sejarah untuk Aksi*, Edisi Revisi, UMM Press.

Marwan Saridjo, 2010, *Pendidikan Islam dari Masa ke Masa : Tinjauan Kebijakan Publik Terhadap Pendidikan Islam di Indonesia*, Yayasan Ngali Aksara.

戦後日本の大学

① 戦後の高等教育の拡大

　現在，わが国の高等教育の制度は，大学（4年制以外に2〜3年制の短期大学を含む）のほか，専修学校（専門課程），高等専門学校（4年次以降）などから構成されており，中等後（Post-Secondary もしくは第三段階 tertiary）の教育機関を総称したものとなっている。

　第二次世界大戦後の1947（昭和22）年，「学校教育法」が制定され，新たに6―3―3―4制の単線型の学校制度が発足した。旧制高校（大学予科）ならびに旧制専門学校の多くは，その最終段階の4年制大学へと統合・改編され（医・歯系は6年制），戦前期の多重的な構造は一本化することとなった。しかし国立セクターと私学セクターという二元制度は維持され，私立大学は専門学校などから昇格して急増していく。また，新たに2年制の短期大学が恒久化され，高等専門学校，専修学校（専門課程）なども設置されたことで高等教育制度内での新たな複線化，多様化が進行することとなった。この私立大学ならびに短大・高専などは，戦後に急増した18歳人口とその進学熱の上昇（プッシュ要因），また産業界からの人材養成（プル要因）に応え，わが国の高等教育のマス化・ユニバーサル化の実現に大きく寄与することになった。したがって，わが国の戦後の高等教育の発展と変容は，こうした「拡大」に対して政策や個別機関がいかに対応してきたかが，最も重要な論点と言える。以下では，拡大をキータームに，各機関の成立と発展について概観しておこう。

② 4年制大学

　学校教育法では，大学の設置認可には「大学設置委員会」（のち「大学設置審議会」と改称）の諮問が必要とされた（第60条）。また旧制大学・旧制専門学校を新制大学へ移行させる際の原則が問題となったが，連合国軍最高司令部民間情報教育局（CIE: Civil Information and Education Section）は国立大学の設置方針を示し，これを受けて文部省は1948（昭和23）年6月，府県ごとにひとつの大学，学部・分校の同一府県内設置，教養および教職に関する学部の必置，東西二ヶ所に女子大学設置などを内容とする「新制国立大学実施要綱」（国立大学設置の11原則）を発表した。これをもとに，1949（昭和24）年5月「国立学校設置法」が制定され，同一府県内の各種の高等教育機関を再編する形で，69校の

新制国立大学が発足した。公立・私立大学は，国立に先立つ形で女子系ならびにキリスト教系の12校（上智，同志社，日本女子，東京女子の各大学など）が新制大学への認可を申請し，文部省は占領下の特殊事情を勘案して1948年３月にこれを認可した。翌1949年には，旧制大学，旧制専門学校などを母体とする数多くの公私立大学が認可を受け，1950年度までに国立70校，公立26校，私立105校の計201校が設置された。一方で，大学基準に達しない旧制専門学校については，1949年５月に学校教育法の一部を改正して暫定措置として「短期大学」を設置し（翌1950年度に発足），新学制への切り替えを行った。

1950年代には制度面ならびに内容面の充実が図られ

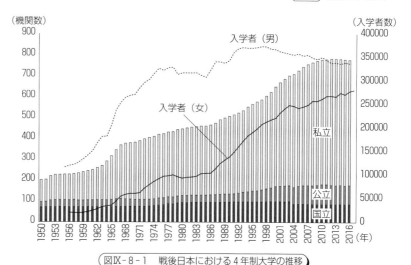

図Ⅸ-8-1 戦後日本における４年制大学の推移

出所：『学校基本調査報告書（高等教育機関）』各年度版より筆者作成。

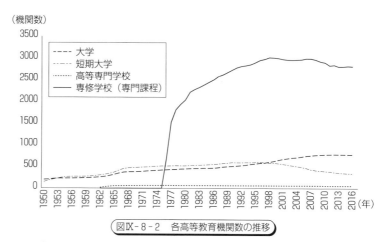

図Ⅸ-8-2 各高等教育機関数の推移

出所：『学校基本調査報告書（高等教育機関）』各年度版ならびに広島大学高等教育研究開発センター『高等教育統計データ集』より筆者作成。

たため大学数は大きく増加しなかったが，1960年代に入ると高度経済成長に支えられて国民所得が上昇して高等教育への進学希望も高まったが，第一次ベビーブームで18歳人口も急増しており，こうした状況に対応すべく私立大学の学校数は急激な拡大を遂げた。私立セクターによる急激な拡大により，わが国の高等教育の大衆化が達成できたと言っても過言ではないが，一方で，大学教育のあり方にも大きな影響を及ぼすようになった。60年代後半の大学紛争を契機に，1970年代に入ると量的拡大から質の充実が目指されることとなり，1975年に私立学校振興助成法が成立して私大の定員政策は厳格化され，また大都市部での私大新増設も原則禁止されるなど，大学拡大は抑制されることとなった。これと並行して，高等教育は計画的整備が進められることになり，筑波大学（1973年）を始めとする新構想大学あるいは放送大学（1983年）が創設された。1990年代以降は，高等教育機関の多様な発展などの観点から大学改革が進めら

▷１ 戦後改革については，海後宗臣・寺﨑昌男，1969，『大学教育』東京大学出版会；羽田貴史，1999，『戦後大学改革』玉川大学出版部などを参照。

▷２ 1960年時点には140校であったものが，1970年で274校とほぼ倍増。なおこの時期，入学定員の規制も緩和されて11万人から26万人近くまで大学生の数は激増した。

れ，大学の新増設が再び加速化した。2004年度に国立大学は国立大学法人に移行（法人化）し，その設置形態は大きく変更されることになった。2020年度現在では国立86校[43]，公立94校[44]，私立615校の合計795校を数えるに至っている[45]。

③ 短期大学

当初は暫定的措置として設置された短期大学だが，その後，女子の高等教育機会拡大に大きな役割を果たし，また社会の実用的なニーズにも応えて拡大を遂げていくことになった。その発展と社会的要請に鑑みて，学校体系の中に恒久的制度として位置付ける要望が高まり，そうした動向を受けて1964年に学校教育法が改正され，「大学」という枠内において短期の完成教育を提供する機関として正式に位置づけられることとなった[46]。

短大の設置者は私立セクターが多く，また女性を対象とした家政系・人文系を中心に発展を遂げていく。1991年から卒業生には「準学士」称号が，2005年からは「短期大学士」の学位が授与されることとなった。1990年代には3年制の看護系が増加し，1996年に598校と最多に達する。2000年代には女子の高学歴化志向や，学生数の確保（男女共学化する場合が多い）から4年制への改組転換が進められ，数としては減少の一途をたどっている。2020年度現在，公立17校，私立306校の合計323校があるものの，国立は2009年度で消滅している[47]。

④ 高等専門学校

戦後，産業界が経済の発展と急激な工業化に対応するため中級技術者養成を目的とした教育機関の設置を要望すると，政府は専科大学創設を企図し，すでに暫定的に開設されていた短大をこれに吸収しようとしたが，短大側からの強硬な反対によって失敗した。そこで文部省は，新たに工業教育を中心とした教育機関を構想し，1962年度から高等専門学校を開設した。各地方自治体は誘致合戦を繰り広げ，高専は数年の内に全国に60数校が設置されることとなった。わが国の教育体系は戦後改革によってそれまでの複線系システムから単線系に転換されたはずであったが，高専はそれを一部修正することになった。

高専は，中学校卒業程度を入学要件とした5年一貫の高等教育機関であり，その卒業生は4年制大学への編入が認められている。また1991年からは卒業生には「準学士」称号が付与されることとなった。高専も2004年に法人化され，国立4校が高度化を企図して統合されるなどして，2020年度現在では，国立51校，公立3校，私立3校の合計57校を数える[48]。

⑤ 専門学校・専修学校専門課程

専修学校は1976年の学校教育法改正によって，それまで各種学校として包括されていた1年以上の教育機関のうち，「職業若しくは実際生活に必要な能力

▷ 3　国立大学法人化については，大崎仁，2011，『国立大学法人の形成』東信堂などを参照。

▷ 4　公立大学の増加は，1990年代からの保健・看護系の拡充によるところが大きい。高橋寛人，2009，『20世紀日本の公立大学』日本図書センターを参照。

▷ 5　私立大学の拡大については，米澤彰純，2010，『高等教育の大衆化と私立大学経営』東北大学出版会を参照。

▷ 6　戦後の短期大学については，舘昭編，2002，『短大からコミュニティ・カレッジへ』東信堂などを参照。

▷ 7　女子の高等教育機会と短大の役割については，金子元久編，1992，『短期大学教育と現在女性のキャリア』高等教育研究叢書（広島大学大学教育研究センター）18号を参照。

▷ 8　高専教育については，矢野眞和他，2018，『高専教育の発見』岩波書店を参照。

を育成し，又は教養の向上を図ることを目的として」認可された組織的な教育機関であり，そのうち後期中等教育卒業を要件として専門課程を有する機関を「専門学校」とした。

専門学校は発足当初から急激な拡大を見せ，2000年度に3000校を超えるまで増加を続けたが，その後は漸減に転じている（**図IX-8-2**参照）。分野別の在籍者としては，当初は服飾・家政系が多かったものの，次第に医療系，工業系，商業実務が増え，90年代前半には工業系が最も多くなった。近年では医療系が3分の1を占め，続いて文化・教養系が続いており，時代によって大きな変動がある。2020年度現在，国立9校，公立184校，私立2584校の合計2777校を数える。[9]

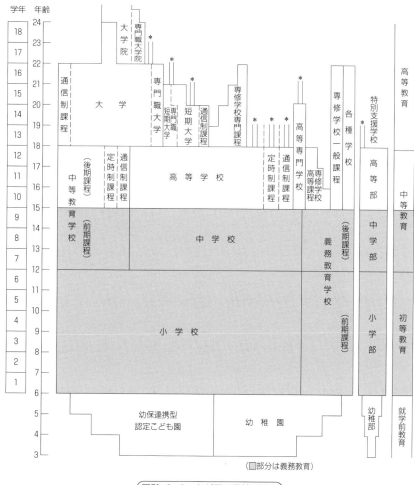

図IX-8-3 わが国の学校系統図

注：1．＊印は専攻科を示す。
　　2．高等学校，中等教育学校後期課程，大学，短期大学，特別支援学校高等部には修業年限1年以上の別科を置くことができる。
　　3．幼保連携型認定こども園は，学校かつ児童福祉施設であり0～2歳児も入園することができる。
　　4．専修学校の一般課程と各種学校については年齢や入学資格を一律に定めていない。
出所：文部科学省『諸外国の教育統計』平成31（2019）年度版より。

以上，各機関の成立と拡大を軸に概観してきたが，戦後30年あまりにおける拡大は，4年制大学ではなく，他の機関が主であったと言えるが，1990年代後半からの専門学校の拡大停止や，短大の4年制化などに見られるように，それ以降は4年制大学が拡大を吸収するようになったとも言える。わが国の高等教育機関は，複線的な経路をはらみつつも，4年制大学が増加を続けており，その内部での機能分化，多様化によって，プッシュとプル双方の拡大要請を引き受ける構造となっているとも言えよう。

（橋本鉱市）

▷9　専門学校については，韓民，1996，『現代日本の専門学校』玉川大学出版部；吉本圭一，2009，「専門学校と高等職業教育の体系化」『大学論集』40：pp. 199-215などを参照。

大学の国際化

1 大学の国際化とは何か

　大学の国際化という考え方は，1990年代以降のグローバル化の進展の中で，急速に進展してきた。1970年代までの世界は，植民地支配を脱したアジア・アフリカ諸国で自前の高等教育システムの建設が進み，また，西側先進諸国では福祉国家政策，社会主義諸国では国家計画のもとでそれぞれ大学・高等教育機関の発展に国が大きく関与する状況にあった。1980年代に新自由主義が高等教育政策にも影響を及ぼすようになり，国際開発の分野では構造調整と基礎教育重視への政策転換の中で高等教育への公共投資が停滞し，アジアや中南米で私的な高等教育の発展が進んだ。冷戦終結後，世界はグローバル化へと向かい，高等教育の分野で英語を主な共通言語としたヒト，資本，情報の国境を越えた流れが爆発的に拡大し，新たな国際連携の必要性が生じた。

　現代の大学や高等教育機関自体は，国連大学などの例外を除けば，私立も含めてその学位・資格・運営の基盤を国家においている。社会のグローバル化に，大学・高等教育はどのように対応していけばよいのか。こうした問題意識に基づいた国際的な議論が国際機関や関係団体の間で1990年代以降盛んになり，大学・高等教育の国際化への共通理解が形成されてきた。

　現在最も広く知られている高等教育の国際化の定義は，2015年に国際高等教育の専門家たちによって提唱された，「すべての学生・教職員の教育・研究の質を高め，社会に有意義な貢献をするために，中等後教育の目的，機能，実施において，国際的，異文化的，グローバルな側面を統合していく，意図されたプロセス」というものである。この定義は，国際化をプロセスと捉え，国際化に「理想的，正解としてのあり方」が存在するわけではないとしたうえで，国際化それ自体は目的ではなく，学生や教職員，そして社会のために行われる行動であること，また，国際化を進めるうえでは確固たる意思・態度が必要であることを共通理解としようというものである。

2 国際化は大学をどう変えるか

　国際化が，大学・高等教育のあり方を具体的にどのように変えていくのかについては，実践と結びついた多くの領域にまたがる議論が存在する。

　第一の領域は，キャンパスの国際化である。学生に国際的な学習・経験の機

▷1　高等教育をどのようにグローバルに調整・発展させていくかについては，米澤彰純・梅宮直樹，2016，「グローバル・ガバナンスと高等教育開発」『国際開発研究』25(1-2)：pp. 81-88 にまとめられている。

▷2　De Wit, H., Hunter F., Howard L., Egron-Polak E. eds., 2015, "Internationalization of Higher Education", European Parliament, Brussels: EU), p. 283. (https://www.europarl.europa.eu/RegData/etudes/STUD/2015/540370/IPOL_STU(2015)540370_EN.pdf)

▷3　もちろん，こうしたキャンパスの国際化には，たとえば留学生と自国の学生の交流や相互学習を促すなど，大学の意図的な環境作りが欠かせない。ハラル・フード（イスラーム教の教義において食べてもよいと認められた食材や料理）の提供など，多文化・多様性への配慮も，こうしたキャンパスの国際化の重要な要素となる。

会を与える最も直接的な方法は，海外の大学や組織などに送り出すことである。ただし，これには多くの場合費用や健康・安全面でのリスクが発生し，また大学の教職員による引率や監督，受け入れ先との密接な連携がなければ，自分たちの提供する大学教育の一部とはならない。これに対し，海外から学生や教職員を受入れ，あるいは国外とオンラインでつなげていくことで，キャンパスにおける文化・言語環境の多様化を図ることができれば，キャンパスにいるすべての学生たちが国際的な学習・経験を享受できる。▷3

　第二の領域は，教育に関わる国際化である。研究の世界は多くの学術分野で国際的な普遍性を有しており，言語・文化的な多様性が大きい人文・社会科学の分野を含めて国際的な交流や移動は以前より重視されてきた。これに対して，教育実践にいかにして国際的，異文化的，グローバルな側面を統合していくかは必ずしも自明ではなく，社会や教育・学習環境の変化に応じた探索や議論が積み重ねられている。▷4

　第三の領域は，包括的国際化である。▷5 かつて，あるいは今でも，大学・高等教育の国際化は，一部の国際的な技能を持った専門スタッフが担っていくのがよいという考え方が存在する。これは，逆に言えば，それ以外の大学構成員は国際化と無縁に生きていけるし，それでよいという考えにもつながり，これを「出島」的国際化と言う。これに対して現在は，大学・高等教育のあらゆる領域がグローバル化した社会と関わっているのだから，学長から支援スタッフ，個々の学生に至るまで，すべての構成員が国際化のプロセスに連携しながら関与していくべきだ，という考え方もあり，これを，包括的国際化，国際化のメインストリーミングと呼ぶ。国際化が効果的なプロセスとして深く根付くためには，最終的にはこうした包括的国際化が必要となる。▷6

③ 大学は国際化を通じて社会とどう関わっていくのか

　大学・高等教育の国際化に対する批判のひとつが，自己目的化，すなわち，「国際化のための国際化」になっているというもので，こうした批判と反グローバリズム，国家主義，排外主義などとが結びつくと，留学生や文化的多様性を持つ教職員などへの物理的・心理的な暴力につながるリスクが高まる。他方で，2020年に世界を巻き込んだ新型コロナウイルスのパンデミックのように，国境を越えた物理的移動が閉ざされても，オンライン上で連携・協力して共通の課題に挑戦していくなどして，大学や高等教育が研究，教育，社会貢献などで国際的に果たす役割は大変大きい。国際化を自明とするのではなく，学習者個人はもちろんのこと，たとえば気候変動や持続的開発などの世界の共通課題，そして立地する社会に対して大学・高等教育がどう関与していくのかを，つねに問い直し，意識的なメッセージとして発信していくことが求められる。

（米澤彰純）

▷4　このなかで特に盛んなのが，カリキュラムの国際化の議論である。ここには，正課の他，課外活動や大学の指針キャンパスの国際化などの環境作りを通じた隠されたカリキュラムも含まれる。学生にどのような国際的知識，技能，態度の修得を求め，それに向けて彼らの学習環境をどう設計し，提供していくのか。たとえば日本のグローバル人材養成の取り組みをこうした動きの一環として捉え，適切な評価を行っていくことが重要である。

▷5　米澤由香子，2019，「包括的国際化と国際担当上級管理職」ウェブマガジン『留学交流』94（https://www.jasso.go.jp/ryugaku/related/kouryu/2018/__icsFiles/afieldfile/2019/01/08/201901yonezawayukako_1.pdf）

▷6　ただし，「誰もが」となると国際化に対して責任と専門性を誰が持つのかが不明確になってしまうというリスクも存在し，それゆえに，国際化のプロセスを推進する確固たる意思が再度強調されることになる。

（参考文献）

松塚ゆかり編，2016，『国際流動化時代の高等教育——人と知のモビリティーを担う大学』ミネルヴァ書房。

末松和子・秋庭裕子・米澤由香子編著，2019，『国際共修——文化的多様性を生かした授業実践へのアプローチ』東信堂。

② アジア高等教育圏

① 多様なアジア

　「アジア」と聞いてどのような地理範囲を思い浮かべるにしても，そこには，面積や人口だけでなく，歴史的な歩みでも現在の国家体制や経済水準でも，また民族や言語，宗教，文化などの点でも実に多様な国々が含まれる。アジア全体では高等教育に関する統一的な枠組みはまだ見られないが，個別の地域を単位として，学生・研究者の交流や高等教育の質保証を目指すネットワークが形成されてきている。

② アジア太平洋地域

　アジア太平洋大学交流機構（UMAP）は1991年に，日本を含む18の国・地域によって発足した。1998年には UMAP 憲章が採択され，UMAP の目的や目標，参加資格，組織体制，予算などが定められた。高等教育分野における政府または非政府の代表からなる任意団体であり，アジア太平洋地域における高等教育機関間の協力と学生・教職員の交流を促進することを通じて，地域内の文化的・経済的・社会的制度の理解をいっそう深めることを目的としている。学生や教員，研究者の流動性を促進するために，交換留学プログラム，サマープログラム，研究ネットの3つのプログラムを進めている。加えて，各国間の学生交流事業を発展させ，単位や成績の互換を促進するために，UMAP 単位互換方式（UCTS）が開発されている。1999年の導入当初は欧州単位互換制度（ECTS）をモデルにしていたが，2013年には，13～16時間の授業時間数を含む38～48学修時間数を 1UCTS とする，という新たな概念が採り入れられた。

　アジア太平洋質保証ネットワーク（APQN）もある。2004年にオーストラリア・ビクトリア州で非営利団体として登録されたこのネットワークは，質保証機関の強化と連携の拡大を通してアジア太平洋地域の高等教育の質を向上させることを目的としている。優良事例（グッド・プラクティス）の普及，研究の推進，新設される質保証機関への助言と支援，質保証機関の連携促進，国内外の高等教育機関間の学生移動の促進などに取り組んでいる。2020年4月時点で231の質保証機関や高等教育機関が会員となっている。

　このほか，2011年には「高等教育の資格の承認に関するアジア太平洋地域規約」（東京規約）が採択されている。これは，1983年に採択された「アジア太平

▷1　ここでは取り上げないが，東アジア地域や南アジア地域，中東地域などでもそれぞれネットワークの形成が見られる。

▷2　アジア太平洋大学交流機構（UMAP）ホームページ（http://umap.org/）

▷3　アジア太平洋質保証ネットワーク（APQN）ホームページ（https://www.apqn.org/）

洋における高等教育に係る修学，修了証書及び学位の承認に関する地域規約」の改定版であり，高等教育資格の相互承認の枠組みを整えることによって，国際的な学生および研究者の流動を促進することを目的としている。[4]

3　東南アジア地域

　東南アジア地域では，1967年に東南アジア諸国連合（ASEAN）が設立されて以降，地域の安定や経済成長の促進などで地域内協力が進められてきた。2015年にはアセアン共同体の創設を宣言するなど関係を強化してきている。こうした展開の中で，高等教育に関してもいくつかの協力枠組みが作られている。

　東南アジア地域における教育，科学，文化の協力を促進することを目的として1965年に東南アジア教育大臣機構（SEAMEO）が設立されたが，その下部組織として，1993年に東南アジア教育大臣機構・高等教育開発センター（SEAMEO RIHED）[5]が設置された。このセンターは，東南アジア地域における高等教育の効率性と効果を高め，調和を進めることを目的としており，2017年度から始まった第五次五ヶ年発展計画では，制度レベルでの提携や発展への支援，多国間協力の強化，政策志向的研究の実施，高等教育情報ポータルの発展という4つの領域での活動に重点が置かれている。

　また1995年にはアセアン大学ネットワーク（AUN）[6]が設立された。これは，域内の有力大学によって構成される大学間ネットワークであり，学生・教員の交流，共同研究を積極的に実施し，加盟国間の協力と団結を促進することを目的としている。傘下にテーマ別のサブネットワークを形成しており，その中には大学の教育基準の調和や質の向上に関わる AUN-QA や，アセアン単位互換制度（ACTS）の運用に関わる AUN-ACTS がある。また，アセアン域外のパートナーとの協力も活発で，そうしたサブネットワークも設けられている。[7]

　さらに，2008年にはアセアン質保証ネットワーク（AQAN）[8]が設立され，アセアン10ヶ国の高等教育やその質保証に責任を負う機関から構成されている。各国の質保証枠組みの調和，高等教育の質保証に関する優良事例の共有，高等教育の質保証に関する能力開発の協力，高等教育に関する情報の共有と域内外における資格の相互認証の推進などを目的としている。2013年にはアセアン質保証枠組み（AQAF）が開発されている。この枠組みは，アセアン地域における教育の質の向上と地域内外での学生・労働者・専門家の流動性の高まりを目的としており，地域内の多様な高等教育制度，文化，伝統の調和に向けて，質保証機関や高等教育機関の共通の参照点としての役割を果たしている。

　2010年代に入って地域横断的な高等教育資格枠組みの策定に向けた準備が進められ，2014年にアセアン資格参照枠組み（AQRF）が承認された。この枠組みでは，国別の資格枠組みを発展させたり，それらの比較可能性を担保したりすることが目指され，取り組みが進められている。　　　　　（南部広孝）

▷4　日本は2017年12月に締結した。2019年時点での締結国は8ヶ国である。

▷5　東南アジア教育大臣機構・高等教育開発センター（SEAMEO RIHED）ホームページ（https://rihed.seameo.org/）

▷6　アセアン大学ネットワーク（AUN）ホームページ（http://www.aunsec.org/）

▷7　そうした取り組みのひとつに，2003年から始まったアセアン工学系高等教育ネットワーク（AUN/SEED-Net）がある。アセアンの工学系大学と日本の大学が協力して事業を進めるもので，現在第4フェーズ（2018～2023年）が展開されている。

▷8　アセアン質保証ネットワーク（AQAN）ホームページ（https://aqan.org/）

（参考文献）

黒田一雄編，2013，『アジアの高等教育ガバナンス』勁草書房。

堀田泰司，2017，「高等教育のグローバル化と学生の流動化──アジア共通単位互換制度の発展と学生の流動性への影響」『高等教育研究』17：pp. 31-48。

欧州高等教育圏

 ## ボローニャ・プロセスと欧州高等教育圏

　ヨーロッパでは20世紀末から，域内諸国の高等教育を対象に，ボローニャ・プロセスと呼ばれる取り組みが進行している。1999年6月にイタリアのボローニャに会した欧州29ヶ国の教育担当大臣は「ボローニャ宣言（Bologna Declaration）」に署名し，21世紀最初の10年に協力して達すべき目標を掲げた。同宣言は，世界全体により魅力的で国際競争力の高い「欧州高等教育圏（European Higher Education Area: EHEA）」を創ること，そのために各国制度の多様性と大学の自治を尊重したうえで，調和に向けて一連の改革を協調して進めることを謳っている。当初の構想通り，欧州高等教育圏はボローニャ宣言から10年を経た2010年に公告され，2019年にはボローニャ宣言20周年を祝う式典が挙行された。ボローニャ・プロセスは次の10年を視野に入れ，2020年を超えてさらなる進展を目指している。

　ボローニャ・プロセスと欧州高等教育圏はこのように表裏一体として捉えられるが，ヨーロッパにひとつの高等教育圏を設ける構想に先鞭をつけたのは，ボローニャ宣言に先立つ1998年に仏独伊英の教育担当大臣が表明した「ソルボンヌ宣言（Sorbonne Declaration）」にさかのぼる。欧州の主要4ヶ国が共同で声を上げた背景には，ヨーロッパの高等教育が国際社会の中で存在感を高め，来たる21世紀の挑戦に市民が立ち向かう力を培うには，価値観を共有し共通の社会的文化的空間に属する「知のヨーロッパ」が不可欠との認識があった。

　中世の大学発祥の地といわれるパリとボローニャで，21世紀の欧州高等教育を方向づけるふたつの宣言が出されたことは，象徴的な意味を持っている。

鍵となる3つの基盤

　20世紀末までヨーロッパ諸国の高等教育は，修了者に授与される学位も，課程の修業年限もきわめて多彩であった。それは歴史，文化，言語の異なる国々から構成されるヨーロッパの豊かさをあらわす一方で，高等教育関係者にも雇用者にも理解されにくく，学生，大学教員・研究者，高度な専門労働者の移動を阻む要因になっていた。

　こうした障碍を取り除くことが欧州地域に高等教育圏を築く主眼であり，ボローニャ・プロセスは最重点として，①3段階の学修構造と比較可能な学位

▷1　公式ウェブサイト
（https://ehea.info）

(bachelor, master, doctorate degree：学士，修士，博士）の導入，②学位と学修歴の承認，③高等教育の質の保証，を挙げている。国を越えて人の移動を促すには，学んだ成果を適正に認め合い，学修の継続と雇用可能性を確保する共通の基盤が欠かせない。それゆえ各国には，以下の履行が求められている。

①学修の構造と学位を，欧州高等教育圏の資格枠組みと互換性を持つ自国の資格枠組みに明示し，欧州単位互換累積制度を用いて学修の量を示すこと。
②欧州評議会・ユネスコによる「リスボン承認規約」を順守し，他の加盟国で授与された学位・高等教育資格を承認すること。
③「欧州高等教育圏における質保証の基準とガイドライン」に則して，学位を授与する高等教育機関の教育プログラムの質を保証すること。

③　欧州高等教育圏の課題と挑戦

　ボローニャ・プロセスは，各国政府，高等教育機関，関係者の自主性と自律性を最大限に尊重して進められ，国際法や政府間協定が拘束力を持つものではない。その代わりに，2年ないし3年ごとに署名国が一堂に会して達成状況を確認しあい，大学協会，学生団体連盟，質保証機関協会などヨーロッパの関係諸機関と協力しながら次の措置を講ずることによって，このプロセスを着実に前進させる方途がとられてきた。ボローニャに続いてプラハ，ベルリン，ベルゲン，ロンドン，ルーヴァンで閣僚会議が開かれ，2010年のブダペスト・ウィーン会議で「欧州高等教育圏」が公言された後，ブカレスト，イェレヴァン，パリを経て2020年代最初の会議はオンラインで開催され，ローマ・コミュニケが出された。

　欧州高等教育圏の構成国は49ヶ国を数え（2020年12月現在），ヨーロッパ連合（EU）の加盟27ヶ国をはるかに上回る。EUは政策・資金面で協力関係にあるものの，ボローニャ・プロセスはEUの枠にとどまらないヨーロッパ全体の取り組みである。欧州独自のこの協力体制は世界の他の地域の関心を集め，波及する一方で，新たな課題も20年の過程で明らかになってきた。

　欧州高等教育圏を支える理念は，大学の自治，学問の自由，表現の自由，学生と教員の自由な移動など，1988年の大学憲章（Magna Charta Universitatum）を基調としている。欧州49ヶ国はこれらの共通の価値観を共有し，高等教育にかかわる改革の歩を進めてきた。しかし英国のEU離脱が示すように，欧州統合のプロセス自体が大きな課題に直面している。国益が再び優位を占め，競争と実利の圧力がボローニャ宣言の精神と相対している。世界的な潮流に対して，社会的結束と信頼に根ざしたボローニャ・プロセスの今後が注目される。

（吉川裕美子）

▷2　Qualifications Framework for the European Higher Education Area: QF-EHEA

▷3　European Credits Transfer and Accumulation System: ECTS

▷4　Lisbon Recognition Convention

▷5　Standards and Guidelines for Quality Assurance in the European Higher Education Area: ESG

（参考文献）
Curaj, Adrian, Ligia Deca and Remus Pricopie eds., 2020, *European Higher Education Area: Challenges for a New Decade,* Springer（https://link.springer.com/book/10.1007/978-3-030-56316-5）
Curaj, Adrian, Ligia Deca and Remus Pricopie eds., 2018, *European Higher Education Area: The Impact of Past and Future Policies,* Springer（Open Access）（https://link.springer.com/book/10.1007%2F978-3-319-77407-7）
Curaj, Adrian, Liviu Matei, Remus Pricopie, Jamil Salmi and Peter Scott eds., 2015, *The European Higher Education Area: Between Critical Reflections and Future Policies,* Springer（Open Access）（https://link.springer.com/book/10.1007%2F978-3-319-20877-0）

4　国境を越える学生と高等教育機関

1　学生・高等教育と国境

「イングランド人がパリ大学で学ぶことを禁ず」。1167年，世俗と教会の権力闘争の最中にあった英国王ヘンリー二世によるこの詔は，同国の学生の大量帰還を促し，オックスフォード大学成立の主要因のひとつになったとされている。欧州中世大学は，多様な言語・文化圏の学生が集まり，ラテン語という共通言語で学術活動を行っていたが，同時に学生たちは出身地域ごとに分かれた国民団という互助組織を形成しており，現在も北欧の大学の学生コミュニティなどにその伝統の痕跡が認められる。

　宗教改革や近代国家の成立を経て，大学・高等教育は自国の国民教育・国語システムと官僚・技術者養成を通じて国民国家との結びつきを強めていく。19世紀半ばに，西洋へ大きく目を開いた日本がモデルにしたのは，こうした近代国家の装置としての大学・高等教育像であった。明治維新前後の留学は莫大な移動時間と費用を伴うものであり，国家や藩などの支援を受けたものが圧倒的多数を占め，学習内容やその後のキャリアも，自ずと国や社会の建設と深く関わりを持つことが多かった。

　「国境」が意味するものは，20世紀前半までの列強中心の国際秩序と，後半のアジア・アフリカ諸国の独立・発展，さらには冷戦終結以降のグローバル化の下では，大きく異なる。たとえば現在のソウルに1924年に設立された京城帝国大学では日本語が教授言語であり，学生の過半数と教員のほとんどは朝鮮半島出身者ではなく，民族のための大学設立運動は存在したものの実現は解放後であった。解放後の大学の教員の供給源はアメリカなどへの留学経験者とともに日本の各地の大学で学んだ者が当初充てられ，さらには，現在も大学・高等教育機関や社会のリーダー層は国・国際社会の支援を受けて，あるいは個人の意思や費用負担により，アメリカを中心とした留学を盛んに行っている。

2　現代の学生の国際移動

　日本がバブル景気を経験し，アジア各地で大学進学を目指す中間層の厚みが増してきた1980年代頃から，学生の国際移動のあり方が大きく変化してきた。第一に，量的な拡大が大きく進んだ。

　第二に，学生の国際移動，あるいは「留学」が意味する内実もまた，大きく

▷1　OECD, 2020, *Education at a Glance 2020 : OECD Indicators,* OECD. によれば，全世界で自分の出身国以外の高等教育機関で正規の学生として学ぶ学生は，1998年の200万人から，2018年には560万人まで増加した。日本は1980年代以降留学生受け入れを国家政策として推進してきており，2003年までに10万人，2019年までに30万人の留学生受け入れを国の目標として達成している。

▷2　たとえば，日本には韓国・朝鮮国籍を持つ市民が38万人（2015年国勢調査）在住し，フィリピンやブラジルなどからのニューカマーとして日本で生まれ育つ者も多い。彼らの中には国際移動を経験していない者も含まれるが，文化・言語的な配慮が必要とされる場合も多い。他方で，自

変化してきた。

第三に、留学の費用負担が、より学生個人やその家族の私的負担に依存するようになってきている。私費負担による留学自体は新興国を中心に以前からあり、たとえば韓国は1994年まで外貨流出を防ぐ目的から私費留学を含めて国外への留学希望者に国家試験を義務づけていた。ただし、留学生数の増加と多様化が進む中で、その費用負担が私費で賄われる割合が大きく拡大してきている。たとえば、日本の留学生10万人・30万人受入れ計画は、その大多数を私費留学生の受入れで達成することがあらかじめ織り込まれており、日本語学校などの在籍者を含めた2019年の留学生総数の内95.9%が私費留学生となっている。また、イギリス、オーストラリアなどは、1980年代頃からの高等教育進学率拡大の過程で、増え続ける留学生に対して全額私費負担、すなわち自国学生とは異なる学費設定を行うようになった。さらには、この留学生からの学費収入は、自国の納税者の保護を超えて、大学や高等教育機関にとっては収入源、国家としては輸出産品と見なされるようになった。もともと州外からの学生に高い学費を設定していたアメリカの州立大学を含め、英語圏や欧州を中心に、留学生に対して自国学生とは異なる学費設定を行う国や大学・高等教育機関は増え続けてきている。

3　トランスナショナル教育の発展

1980年代から90年代にかけて、自国内に華人・タミルなど非マレー系人口を過半数抱えるマレーシアでは、マレー語を主体とする自国の公立大学・高等教育機関では吸収しきれない（主に英語での）大学・高等教育進学需要を抱えており、学生の大規模な海外流出が起きていた。このため、自国で入学し、海外で卒業するツイニングという外国の高等教育機関との連携による自国の私立高等教育の発展のための制度作りを進めていたところに、1997年にアジア経済危機が起こり、多数の留学希望者が経済的な困難に直面することになった。このことが、主にイギリスやオーストラリアなど高等教育の輸出国による海外キャンパス・プログラム展開を自国で公的に認知し、管理下に置くという、大学・高等教育機関の方が国境を越えるトランスナショナル教育の発展へとつながった。

2020年の新型コロナウイルスの感染拡大で、学生の国境を越えた移動が世界中でストップした。この中で、「ポスト移動」の高等教育のあり方として、内容的にも急速に発達する情報技術を背景に、トランスナショナル教育と、学生の国境を越えた移動の問題を考えていこうという動きが強まっている。

こうした中、誰が何のために国境を越えた移動や学習・教育活動を行い、それをどのように個人と、自国・国際社会に裨益していくのかが大きく問われている。

（米澤彰純）

国の大学に所属する学生に国際的な学習・経験の機会を開く観点から、留学や海外経験を大学として支援しようという動きも世界各国で強まっている。かつては在学中の1年程度の留学でも、休学をするなど所属大学とは直接関わらない形で行うことも多かった。しかし、現在は、たとえば1〜2週間程度の語学研修や海外ボランティアなども含めて、大学が自分たちの正課・課外の教育活動の一環として積極的に把握し、推奨するようになってきている。

▷3　米澤彰純編，2014，『日韓大学国際化と留学生政策の展開』日本私立大学協会付置私学高等教育研究所（https://www.shidaikyo.or.jp/riihe/book/pdf/2014_p01.pdf）

▷4　日本学生支援機構『2019（令和元）年度外国人留学生在籍状況調査結果』（https://www.jasso.go.jp/about/statistics/intl_student_e/__icsFiles/afieldfile/2020/04/06/datar01z.pdf）

▷5　アルトバック，Ph.G.編，森利枝訳，2004，『私学高等教育の潮流』玉川大学出版部。

（参考文献）
杉本均編，2014，『トランスナショナル高等教育の国際比較——留学概念の転換』東信堂。
横田雅弘・太田浩・新見有紀子編，2018，『海外留学がキャリアと人生に与えるインパクト』学文社。

国際大学ランキングと ワールドクラス大学

① 世界大学ランキングの誕生と発展

　「大学ランキング」と言われて，どのようなものをイメージするだろうか。第一のイメージはいわゆる「偏差値」，すなわち大学の学士課程入学時点での選抜度に基づく大学の序列であり，これは場合によっては就職やその後のキャリアなど，生涯にわたって意識されるかもしれない。第二は，朝日新聞出版発行の『大学ランキング』のような，場合によっては100近い多様な尺度で大学を比較したものである。第三は，「THE（Times Higher Education）世界大学ランキング日本版」のように，さまざまな尺度で大学を評価した後，これらを組み合わせてスコア化し，総合ランキングの形で順位を示したものである。

　上記は，日本国内の大学を対象としたランキングに見られるバリエーションであるが，世界やアジアの大学などを対象とした国際大学ランキングは，この第三の総合ランキングの形式をとるものが圧倒的に多い。第一の入学者選抜の難易度による国際ランキングがないのは，入学者選抜の仕組みや使用言語が国ごとに異なるのだから当然とも言える。第二の方式をとるものとしては，欧州委員会の支援なども得た U-Multirank が存在する。これは，短期の学生交換を含めて国境を越えて学生が移動することが多い欧州において，学生や大学関係者には自国以外の大学の特徴を知りたいという一定の需要が存在するからであろう。第三の総合ランキング方式は，元々入学者選抜制度が多様で標準化が進んでいないアメリカにおいて有力な国内ランキングである US News & World 社が，少人数クラスの比率などさまざまな指標を用いて長年行ってきたもので，この方式が，国際大学ランキングの作成に引き継がれている。

② ワールドクラス大学をめぐる国家間競争

　国際大学ランキングの代表的なもの（Times Higher Education: THE, Quacquarelli Symonds: QS, 上海交通大学など）に使用されている指標を詳細に見てみると，主な指標には，論文数やそのインパクト，さらには，学術関係者の間の評判など，研究に関する尺度が強く反映されていることがわかる。これは，文化や言語の多様性が大きい教育に関して国際比較が困難であることの裏返しでもある。**国際大学協会**などによる World Higher Education Database には，2020年9月現在196ヶ国1万9400の大学・高等教育機関が登録されているが，

▷1　ただし，同時に，ヨーロッパには，大学間の序列付けを一元的に行うべきではないという強い信念が関係者の間に共有され，自分の考えにあったカスタムメードな探索を行うための設計となっている。

▷2　**国際大学協会**
International Association of Universities。世界最大の加盟校を擁する大学ネットワーク。1950年設立でユネスコを公式パートナーとし，大学の国際化や持続的開発など世界の大学が共通に抱える課題を中心に活動。

▷3　**ワールドクラス大学**
「世界水準大学」「世界一流大学」などとも訳され，新興国や先進諸国が育成を目指すが，必ずしも明確な定義があるわけではない。アルトバック，フィリップ・G.，ホルヘ・バラン編，米澤彰純監訳，2013，『新興国家の世界水準大学戦略──世界水準をめざすアジア・中南米と日本』東信堂。

▷4　日本政府は，2013年に日本の大学10校程度を世界100位以内に育てることを政策目標として掲げ，10

各種の世界大学ランキングがカバーできている大学数は最大1500程度にとどまり，特に膨大な資源や才能の集積が必要となる理工・生命科学系分野に強い総合研究大学が上位を占める。

　21世紀初頭から本格的な発達・普及を見せた世界大学ランキングはグローバルな知識基盤社会で各国が生き残るには，最先端の知識の創造に参加できるワールドクラス大学が重要な役割を果たすという考え方と結びついて発達してきた。中国の上海大学ランキングはその代表例で，中国から先進諸国と肩を並べるようなワールドクラス大学[43]をどのように作るかを主な動機として開始された。[44]

　こうしたランキングをめぐる国家間・大学間の競争に対しては，ランキングの指標が大学の発展の方向性をゆがめるとの批判がある。実際ランキングに使用される論文データベースに掲載される雑誌に載るとボーナスが支給されるなどの業績評価への反映が東アジアを中心に多くの新興国で行われてきた。また，どの大学に留学生を派遣するのか，どの大学と学術交流を進めるかなど，つきつめればかなり根拠が曖昧なランキングが大きな影響を与えている実態が明らかにされてきている。[45]

　ユネスコ，OECD，世界銀行などの国際機関は，一方で高等教育への積極投資を促す観点から，たとえば学問の自由や自治の重要性などワールドクラス大学建設のための望ましい方向性を示そうとしているが，他方で，個々の大学ではなく，国・システム全体で水準を高める「ワールドクラスの高等教育システム」という考え方も提唱している。また，ランキング作成団体の方も，QSなどが留学生獲得のコンサルティングなど商業的事業の拡大を図る一方，THEがSDGsなど大学による社会へのインパクトを評価するランキングを開始する[46]など，国際社会への貢献を意識するようになってきている。

③ 高等教育市場における国境の融解

　東京大学のように，学士課程段階で特定の大学に入学することに極端な価値付けを行うという考えは，実は世界の常識ではない。アメリカでは，津田梅子も卒業生であるブリンマー・カレッジのように，全米・世界から優秀な学生と教員を集め，豊かな質の高い学士課程教育を行うリベラルアーツ・カレッジが多数存在する。しかし，これらの大学は小規模でかつ大学院を持たないため，世界大学ランキングの上位に載ることはない。こうした隠れた世界トップの大学には，2014年に開学し，学生に世界7ヶ国に移り住みながらオンラインで世界にちらばる学生を結んで教育を行うミネルバ大学なども含まれる。[47]大学の国際展開のあり方が多様化する中で，学生や社会が求める大学の国際情報も変化する。高等教育市場における国境の融解が進む中，大学ランキングもまた，より多様で個別のニーズに応じた総合情報サービスへと変化していくことになるだろう。

（米澤彰純）

年間のスーパーグローバル大学創成支援事業を開始した。こうした動きは他国にも見られ，フランスは専門ごとに分化した単科大学の統合を進め，ドイツは研究資金を少数の大学に集中投資するエクセレント・ストラテジーを推進している。

▷5　こうした影響は，日本でも，たとえば偏差値で示される入学者選抜の難易度を上げるために入試科目を絞り込むなどは古くからあるが，スーパーグローバル大学などの政府の支援プロジェクトで大学に要求される業績指標にもその影響を明確に読み取ることができる。

▷6　持続可能な開発目標。2015年に国連サミットで採択され，2030年までに持続可能な社会実現に向けて達成を目指す。

▷7　ミネルバ大学の概要や実際については，たとえば，山本秀樹，2018，『世界のエリートが今一番入りたい大学ミネルバ』ダイヤモンド社などで紹介されている。

（参考文献）

ヘイゼルコーン，エレン，永田雅啓・アクセル・カーペンシュタイン訳，2018，『グローバル・ランキングと高等教育の再構築——世界クラスの大学をめざす熾烈な競争』学文社。

石川真由美編，2016，『世界大学ランキングと知の序列化——大学評価と国際競争を問う』京都大学学術出版会。

1　高等教育財政

　高等教育財政とは

　市川昭午によれば，「高等教育財政とは国または地方公共団体が高等教育に関する目的を達成するために必要な財源を確保し，公共経費として配分し，管理する活動」であり，具体的に政府が行う業務は，①国立の高等教育機関を設置し，国民（住民）に対し直接に高等教育サービスを提供する，②地方や学校法人による高等教育事業や家計の高等教育費負担に対する補助金の交付や資金の貸付を通じて，高等教育事業の量的規模と質的水準を調整する，③社会各方面からの高等教育需要に応じ，また教育部門内部の必要に即して，必要な財源を確保し関係各分野に対して適切な配分を図ることである。

2　高等教育財政の論点

　政府の高等教育に対する財政支出は，高等教育機関への補助金・貸付（機関補助），教員や研究プロジェクトへの研究助成（個人補助），学生への経済的支援（個人補助）および免税措置などからなる。高等教育財政はこうした政府負担部分（公教育費）を対象とするが，高等教育財政を論じる際には公教育費に留まらない。市川は「高等教育に関する総費用が政府・家計・学校法人の3者によって分担されており，高等教育財政の重要な問題が家計負担の軽減とか私学教育費の助成といったことにある以上，高等教育財政の考察は公教育費のみを論ずれば足りるというわけにはいかない」として，高等教育財政の基本的な論点を，高等教育費の支出論，負担論，需給論に分けた。高等教育財政が何を問題とするのかが簡潔に整理されているといえる（**表XI-1-1**参照）。「支出論」は，高等教育への政府支出の水準と配分の在り方を論じ，「負担論」は，高等教育費を誰がどう負担するかを論じ，「需給論」は，支出と負担を左右する高等教育サービスの需要と供給の在り方を論じる。

3　日本の高等教育財政の特徴と現状

　日本の高等教育財政の特徴として，第一に，高等教育費に占める公費負担割合が低く，私費負担割合が高い[1]。これは私立大学の学生が7割以上を占めるためで，ヨーロッパの大学，特に大陸の国々では国公立大学が大部分を占め，また一見私立大学の目立つアメリカでも大学生の7割以上が州立など公立大学の

▷1　OECDのデータ（2016年）によれば対GDP比だと高等教育費は1.4%で，OECD平均1.5%とあまり変わらないが，政府支出は0.4%でOECD平均0.9%に大きく及ばない。公費負担割合も31%でOECD平均66%（EU23ヶ国平均73%）よりはるかに低い。

▷2　金子元久，2012，「高等教育財政の展望」『高等教育研究』第15集。

参考文献

市川昭午，2000，『高等教育の変貌と財政』玉川大学出版部。

上山隆大，2013，『大学とコスト──誰がどう支えるのか』岩波書店。

島一則編，2011，『大学とマネー──経済と財政』玉川大学出版部。

学生であるのと大きく違う。

第二に，大学への政府機関補助の多くは国立大学に向かい，私学助成は学生数や大学数に比べれば小規模である。そのため私立大学は学納金に大きく依存する（基本財産収入などその他の収入は小さい）。

第三に伝統的に学生援助費（個人補助）は小規模であり，近年では高等教育費の中で位置を高めているが，ほとんどが給費型ではなく貸費である（貸与総額は1兆円を超える）。そのため家計や学生への依存は大きいままである。

第四に，学術研究費は長く学校経費の一部（校費）として配分される部分が大きかったが，現在では個人補助（科学研究費，省庁の研究助成金等）の比重が増している。

第五に，私費負担の多くは家計負担である。企業や財団からの資金もあるが特定の分野や機関に集中している。

今次の世紀転換期に，高等教育における資源の動員，効率性の向上，質的向上の3つの課題に対して，各国の高等教育財政がとった戦略は，政府誘導による市場化，高等教育機関の法人化，高等教育機関の機能分化・特化であった。日本は私学が多く，すでに受益者負担が進んでいるが，さらに奨学金（貸費）の拡大で負担が家計から学生へとシフトした。また国立大学が法人化され，ミッションの再定義や資源配分を通じて大学の種別化政策も取られ，世界的な動向と通じる部分が多い。　　　　　（阿曽沼明裕）

表XI-1-1　高等教育財政の基本的な論点

支出論	**高等教育への資源配分** 　高等教育費の規模および支出水準をどの程度にすべきか 　限られた資源をどの程度高等教育に振り向けるべきか（他の政府支出項目と比較して） 　国内的需要と国際的需要をどのように調整すべきか（留学生や国際交流にどの程度支出すべきか） **高等教育費の水準** 　高等教育支出に当たって量的拡大と質的水準のバランスをどうとるか 　機関の役割の違い（高等教育の構造化，機能分化）に応じて政府支出に格差を設けるべきか **公共支出の配分方法** 　一律配分方式か傾斜配分方式か 　機関補助（経常費や運営費の補助）か個人補助（学生個人への援助，教員や研究プロジェクトへの研究助成）か **学生援助費** 　奨学金のような直接援助か諸経費の免除や控除など間接援助か 　奨学金はどこまでの経費をカバーすべきか 　奨学金の選者基準はニーズかメリットかサービスか 　奨学金は給費（grant）か貸費（loan）か **学術研究費** 　教育と研究の不可分論から学校経費の一部として配分すべきか，効率性を考えて研究プロジェクトへ配分すべきか
負担論	**費用負担の基準** 　誰が高等教育費の負担者であるか，そして誰がそれを負担すべきか（公共財として政府が負担するのか，受益者である学生や企業が負担すべきか） 　学生負担分の教育費は，教育による付加価値分を負担すべきか，コスト分を負担すべきか，市場価格を負担すべきか **学生納付金額の設定** 　大学の収入は学納金に依存しすぎではないか，教育の質やサービスの水準に比べて学納金の割合は適切か 　国公立と私立の学納金格差（公費補助格差）は適切か 　教育段階（例えば学部教育と大学院教育）や専攻分野による学納金の違いは適切か 　家計の高等教育費負担をどのような方法でどこまで援助すべきか **公費負担の拡充** 　どこに財源を見出すか（増税や国債，教育以外の行政目的への支出の削減，他の教育分野への支出削減等） 　私学助成はどこまで可能か，望ましいか 　公的支援に伴う政府の介入をどう回避すべきか **民間財源（家計，慈善団体・寄付者，企業）の活用** 　必要な制度（減税措置等）は何か 　民間依存による弊害は何か
需給論	高等教育需要はどのような分野でどの程度の規模か 　人材需要推計，教育投資の収益率推計，マンパワー計画，高等教育計画 **高等教育サービスの供給主体** 　公共部門か民間部門か 　国か地方公共団体か 　一定の資格を有するものに限定するか，誰でも自由に供給を認めるか（非営利法人か営利法人か） **国立大学** 　法人化によって管理運営の効率化が図れるのか 　いかなる形の法人化を目指すべきか 　大学の経費の節減と資源の有効利用をどこまで進めるべきか **私立大学** 　私立大学の経営管理は国立大学より効率的か 　私立大学は本当に非営利事業か 　営利法人等の私立大学教育への参入規制はどうあるべきか **国立と私立の関係** 　国立大学と私立大学の関係はどうなるのか，どうあるべきか 　国立大学の存在理由は何か 　私立大学の存在理由は何か

出所：市川昭午，2000，『高等教育の変貌と財政』玉川大学出版部，第1章より作成。

2　政府財政補助

① 政府の財政補助の必要性

　大学の機能は，学校教育法第83条によると，教育研究とその成果の社会への提供である。教育機能について考えると，その費用をすべて受益者である学生に負担させるとすると，憲法第26条に定める教育の機会均等が実現できなくなる。高等教育の費用を全額自己負担できる学生は限られているからである。もし，教育にかかる費用に応じて学生の負担を定めるとなると，教育にかかる費用の高い理工系，特に医学系には富裕層しか学べなくなる。有能な人材を確保するという観点から考えても望ましくない。

　研究について考えると，大学が実施している学術研究は，その成果によって研究費を確保できるような性格のものではない。むしろ，企業の研究所が取り組まない研究，利益を生まないような学術研究を大学が行うのである。研究成果の社会還元で収入を賄えばよいではないかとの質問も受ける。大学の研究成果を社会に還元することは必要であるが，それにより大学に必要な収入を確保することは困難である。特許料収入を大学の財源とするとの議論もあるが，そんなことは僥倖でしかない。

　大学の教育研究機能の重要性を考えると，政府の財政補助は必要不可欠である。

② 機関補助か個人補助か

　機関補助としては国立大学法人運営費交付金（2020年度予算1兆807億円）や私立大学等経常費補助（2020年度予算4094億円）がある。機関補助とは国立大学法人や私立大学という機関を財政的に補助することである。その目的は①学生納付金を低く抑えることにより高等教育の機会均等に資すること，および，②高等教育の振興を図ることである。個人補助としては奨学金制度（2020年度予算1020億円）や授業料等免除制度，国費外国人留学生制度（2020年度予算185億円）などがある。学生個人を補助することによって①教育の機会均等を図るとともに，学生の大学選択行動を利用して大学間の競争を高め，もって②高等教育の振興を図ろうとするものである。

　一般論としては，機関補助の方がその制度運用にかかる経費は少なくて済むが，個人補助は学生一人一人を補助するため運営コストが割高であるという課

▷1　大学の研究費については，国立大学の運営費交付金のように基盤的経費として大学に配分される資金から研究に配分されるものと，科学研究費補助金や研究助成金のように研究者個人や研究グループに配分されるものとに分けられ，これをデュアル・サポート・システムという。

題がある。一方，機関補助の場合，補助を受けた機関の対応によっては政府の補助目的に沿った補助金の利用が行われない場合があるが，個人補助はそれぞれの学生のニーズに応じてきめ細かく支援することができる。アメリカのように授業料は高額でも奨学金制度が充実していれば教育の機会均等も確保できる。

③ 国立大学法人運営費交付金

　国立大学法人運営費交付金は，国立大学の基盤的な経費を補助する制度である。収入と支出の差額を国が補助することとなっているが，実際には前年度の政府予算上の金額に対して約1％の削減係数をかけた額が支出予算額とみなされ，支出予算額から授業料や雑収入を引いた額が運営費交付金額となる。したがって，国立大学に対する機関補助は毎年削減されることとなっている。運営費交付金の額は国立大学が法人化された2004年度の1兆2415億円から年々削減され，2015年度の1兆945億円と，11年間で1470億円12％の削減となっている。削減の理由としては，法人化されたから経営の合理化が可能であるということであるが，現実は，大学の教育研究活動を大きく歪めてしまっている。

　授業料収入は収入の約13.7％（2020年度予算）を占めている。国立大学の授業料は文部科学省令で標準額年53万5800円と定められており，2割を上限に各大学の判断で変更することが可能である。標準額を超える授業料を設定する大学は長い間見られなかったが，2019年度には東京工業大学と東京芸術大学が，2020年度には千葉大学，一橋大学，東京医科歯科大学が授業料を値上げした。

④ 私立大学等経常費補助

　私立大学の教育研究条件の維持向上，修学上の経済的負担の軽減等を図るため，教育・研究に必要な経常的経費（教職員の人件費，教育研究に必要な物件費等）について，日本私立学校振興・共済事業団を通じて学校法人に補助している。補助率は，法律では経常費の2分の1以内を補助するとなっているが，1980年度の29.5％をピークに漸減傾向にあり，2015年度には10％を切って9.9％となっている。

　私学関係者は，私立大学が学生数で74％を占めているにもかかわらず，政府の私学に対する支援が少なく，国立大学中心の高等教育行政を行っていると批判し，イーコール・フィッティング，すなわち国立と同等の支援を求めている。国立大学については国が資産を出資し，国の予算をもとに運営している。いわば設置者行政が行われている。しかし，私立大学の日々の運営は私学の自主性を尊重し，国は日々の運営にほとんど関与していない。むしろ政治的には私立大学の方が圧力団体を通じて政治に働きかける力を有している。（磯田文雄）

▷2　令和2年度学校基本調査

3

学生納付金と学生への経済支援

▷1　小林雅之，2018，「高等教育費負担の国際比較と日本の課題」『日本労働研究機構』No. 694：pp. 4-15。

▷2　卒業後に所得に応じて授業料を支払う点，高所得世帯も含めた全世帯の学生に支払負担がある点，専攻によって授業料が異なる点，所得から源泉徴収される場合が多いが，一定の所得以下であれば一定期間の返済免除に，一定年齢に達した場合は返済免除になる，という点などに特徴がある。

▷3　**デアリング報告**
イギリス政府の諮問機関として発足した高等教育制度検討委員会の報告書。日本の白書のようなもの。正式タイトルは『学習社会における高等教育』で，さまざまな改革提言が示されている。

▷4　留学生に対しては「フルエコノミックコスト」という考え方を採用し，教育を受けるのにかかるほぼ全額が授業料として徴収される。

1 学費負担のモデル

　教育費の負担は，公的負担と私的負担に大別され，私的負担には親負担と本人負担という考え方がある。第一の公的負担は，教育は社会が支えるという福祉国家主義に基づく考え方で，北欧諸国でよくみられる。授業料は税金で賄われ，学費は無償ないしきわめて低額に抑えられている。第二の親（保護者）負担は，子どもの教育には親が責任を持つべきという家族主義に基づく考え方で，日本，韓国，台湾などで強い考え方である。第三の，子（本人）負担は，教育は個人のためにあるという教育観が背景にあり，アメリカやオーストラリアなどのアングロサクソン圏で広く見られる考え方である。近年，多くの国で共通に起きている変化は，政府以外に受益者が負担するコストシェリング，特に本人負担へのシフトである。

2 オーストラリア・イギリスの場合

　公的負担から本人負担へと変化した最初の事例はオーストラリアである。1980年代まで大学授業料は無償であったが，1989年に HECS（Higher Education Contribution Scheme）という後払いの所得連動型ローン制度を導入した。高等教育をうける層の拡大（大衆化）と政府の財政難で，公的負担から私的負担に考え方を転換した。高等教育を受けたことでメリットがあるのは，親ではなく本人であり，そのメリットには個人差もあることから後払いの所得連動型ローンという考え方が登場し，在学中は政府が立替え，卒業後に本人が国に返すことになった。

　イギリスでも同様の変化が起きた。多くのヨーロッパ諸国と同様に授業料は無償だったが，1997年の**デアリング報告**で受益者負担の原則が確認され，1998年から授業料徴収を開始し，さらに2006年に授業料の大幅値上げをすると同時に卒業後の所得連動型ローン（Income Contingent Loan）を導入した。2012年からの新授業料制度導入後は，ますます授業料が高騰している。

3 アメリカの場合

　アメリカの大学では本人負担の考え方が強く，諸外国の中でも授業料は高い。高い授業料は質の高い教育を示す指標であるという考え方があり，エリート大

学ほど授業料が高い。また2000年代以降は州財政が厳しさを増す中で，公立4年制大学の授業料も高騰している。アメリカは，授業料が高いぶん奨学金が充実している。奨学金を出す主体も，連邦政府，州政府，大学，民間の会社などきわめて多様であり，学生本人に給付して返還の必要のない給付奨学金（scholarship），後から返還の必要がある貸与奨学金ローン（student loan）がある。連邦政府の最初の大規模な奨学金プログラムは，1944年に開始したGIビル（退役軍人援助プログラム）という第二次世界大戦からの復員兵の就学支援で，その後も朝鮮戦争，ベトナム戦争の復員兵，平和時の退役軍人，現役軍人へとGIビルは広がった。どのような学生に対して奨学金を出すのかという受給基準の観点からは，成績優秀者などに対して出すメリット型（merit-based）と低所得学生優先のニード型（need-based）がある。[5] 1990年代頃から，エリート私大を中心に，高授業料・高奨学金戦略が広がり，エリート州立大学にも広がっている。これは奨学金と組み合わせた授業料ディスカウントという経営戦略で，やり方によっては大学の使命に合致した学生を獲得できる。基本財産が潤沢で学費が高い大学では合否判定で所得を考慮しない方針（need-blind policy）を採用することが多いが，それ以外の大学ではメリット型奨学金を学生獲得競争の観点から活用することが多い。高額な授業料やローンを返還できない卒業生が多いことなど，社会問題にもなっている。

❹ 日本の場合

　戦後の国立大学の授業料は，育英主義という考え方から低授業料であった。[6] ところが1970年代に入ると私立大学の授業料との格差が課題になり，その是正のために国立大学の授業料の値上げが徐々に始まった。そうした結果として，OECD諸国の中でも日本の大学，特に私立大学の授業料は高い部類に入るため「無理する家計」が支えてきた。[7] 世論調査では，税金をあげて大学進学機会を確保することに否定的な考え方を持つ人が多い。[8] 相対的に低い国公立大学の授業料により，有能な人だけ大学に行けばよいという育英主義的大学観や学力に関係なく大学に行くような大衆大学は無駄だとする大衆大学無効説が支持されているためだ。

　諸外国と比べると，日本は授業料が高いにもかかわらず奨学金が充実していない典型例となっている。国の奨学金は，1943年の大日本育英会の創設時から貸与制度（無利子）であり，1984年からは無利子貸与と有利子貸与の2種類の貸与型奨学金制度として長らく運営されてきた。学生生活調査によれば，何らかの奨学金を受給する学部生（昼間部）の割合は2016年度調査で48.9％と，半数近くが貸与奨学金を借りて大学に進学している。各種調査で，家計の所得によって大学進学率が大きく異なることが示され，卒業後に奨学金を返せないことが社会問題となり，2017年には給付型奨学金がはじめて新設された。[9] （両角亜希子）

▷5　たとえば，援助総額，受給者数とも最大の学部学生向けの連邦政府の給付奨学金であるペル奨学金（Pell Grant）は完全にニード型である。

▷6　金子元久，1988，「受益者負担主義と『育英』主義──国立大学授業料の思想史」『大学論集』17：pp. 67-88。

▷7　小林雅之，2008，『進学格差──深刻化する教育費負担』ちくま新書。

▷8　矢野眞和・濱中淳子・小川和孝，2016，『教育劣位社会──教育費をめぐる世論の社会学』岩波書店。

▷9　白川優治，2018，「奨学金制度の歴史的変遷からみた給付型奨学金制度の制度的意義」『日本労働研究雑誌』No. 694：pp. 16-28。少子化に対処するための施策として消費税率引上げによる財源を活用し，2020年度から就学支援新制度も開始した。住民税非課税世帯およびそれに準ずる世帯の学生を対象に，授業料等減免と給付型奨学金の支給が行われている。

4 大学経営と財務

▷1 丸山文裕，2018，「大学の財務管理」東京大学大学経営・政策コース編『大学経営・政策入門』東信堂。

▷2 法人化した2004年の場合は，運営費交付金収益47.7％，付属病院収益25.5％，学生納付金収益14.6％，競争的資金7.9％，その他4.3％で，計2兆4454億円であった。

▷3 2004年には人件費42.7％，病院経費30.6％，研究経費9.9％，一般管理費7.8％，受託研究4.6％，教育経費4.4％であった。

▷4 山手寛人，2016，「私立大学の学納金の機関別格差」『IDE 現代の高等教育』584。

▷5 長野公則，2018，『アメリカの大学の豊かさと強さのメカニズム——基本財産の歴史，運用と教育へのインパクト』東信堂。

▷6 福井文威，2018，『米国高等教育の拡大する個人寄付』東信堂。

▷7 国立大学や大規模私立大学では，寄付募集のための部門（ディベロップメント・オフィス）を設置する動きもみられる。

▷8 間接経費
競争的資金を獲得して，

大学の目的は，教育と研究の遂行であり，財務運営はそれを支える基礎である。独立した経営体として将来に向けて自らの責任で財務運営・管理を行うことが重要であるのに加えて，国立大学は約40％，私立大学は約10％の公的資金が投入されており，過去の財務情報の開示は，社会に対する説明責任としても重要である。

1 日本の大学の財務構造

財務構造は設置形態によって異なる。たとえば，国立大学全体の経常収益の内訳は2017年時点で，運営費交付金収益33.3％，附属病院収益35.2％，学生納付金収益11.3％，競争的資金14.3％，その他6.1％の計3兆1401億円である。基盤的財源である運営費交付金は法人化後の12年間で12％程度減少したが，大学の経営努力によって，附属病院収益や競争的資金を増やしてきた。国立大学の機関属性によっても収入構造は大きく異なる。私立大学の事業活動収入の内訳は，学生生徒等納付金収入が78％，補助金収入が9％，手数料収入が3％などであり，学納金に大きく依存している。

支出面に目を向けると，国立大学全体の2017年度の経常費用は，診療経費（病院人件費含む）39.2％，人件費32.8％，研究経費9.4％，受託研究7.9％，教育経費5.3％，一般管理費5.3％である。2004年よりも，人件費や一般管理費を大幅に削減してきた。私立大学の事業活動支出の内訳は，人件費54％，教育研究経費37％，管理経費7％である。

2 収入の多元化

国の財政逼迫により政府からの資金配分方式が変化する中で，機関レベルの財務運営も大きな影響を受けてきたが，ひとつの大きな趨勢として収入の多元化がある。政府からの交付金や補助金が減少する中で支出も削減してきたが，それにも限界があり，新たな収入源が模索されている。授業料は，国立大学では長らく一律の金額であったが，法人化後の国立大学では，各機関の裁量で国が定める授業料標準額の20％を上限に授業料を設定できることになり，近年，都市部の大学を中心に値上げに踏み切る国立大学もある。ただし，財政状態が厳しくなったから授業料を上げるというロジックは受け入れられないため，授業料の値上げと教育の充実はセットで考えられている。私立大学では国立大学

との学生獲得競争のために，威信の高い大学ほど授業料を低く抑える傾向が指摘されてきたが，近年は，一方で威信の高い私立大学で質の高い教育を提供するために授業料を値上げし，他方で地方私大などでは学生の家計の状況に配慮して値上げできないといった変化が起きている[4]。

　多様な収入源を獲得するアメリカの大学をひとつのモデルとして，日本の大学においても企業との共同研究や寄付金といった外部資金をより積極的に獲得することが求められている。アメリカのエリート私大を中心に，寄付をもとにした資金等を基本財産として保有し，その資産運用収益の一部が経常的収入として大学の教育研究活動を支えている[5]。そうした経営努力に加えて，寄付税制の改正が，1990年代のIT革命などの金融市場とうまく連動して，寄付収入を大きく増加させてきたが[6]，日本でも個人や法人が寄付した場合の控除額は諸外国並みに改正されてきた[7]。外部資金獲得に向けた努力は行われているが，収入構造を大きく変えるところまでは至っていない大学が多い。

③ 新たな課題と学内資金配分の変化

　大幅な収入増もなかなか見込めないことに加えて，ICT化，国際化や教育のさらなる充実のための支出は増加傾向にあり，財政管理・分析の重要性は増している。省エネ，省コストの観点から光熱水量の削減やスペース管理の効率化も進みつつある。

　収入源が増えたことに加えて，政府からの補助金でも競争的配分が増加しているため，機関として責任を持つ範囲が拡大し，学内の資金管理も複雑化している。経常的な補助金が減少することは，常勤教職員数を増やさず，特定の資金で雇用し，任期がついた教職員を雇用することに繋がり，その管理も複雑になる。公的研究費を含む外部研究費の中には，**間接経費**の一部または全部の手当されないものもあり，大学の持ち出しも増えている。

　研究活動自体の変容もあり，産学連携，特許取得，研究成果の商業的応用が活発化することによる大学の収入への効果も期待されており，研究者の**利益相反**[9]を適切に管理する重要性も高めている。目的や使途を指定した寄付も多い[10]アメリカの大学ではそれらの適切な管理・運用も課題となっている。またアメリカでは基本財産から経常的な運営費に支出（ペイアウト）する際に，世代間の公平性に配慮した，ルールを設定している。

　収入構造の変化は，学内資金配分のあり方にも変化をもたらし，学外からの競争的資金の獲得と同様の競争原理が学内管理にも持ち込まれている[11]。学生数などに応じて機械的に配分する割合を減少させ，部局に新規事業を提案させて評価・配分する大学が増え[12]，大学の財務構造の変化は学内資源配分のあり方にも大きく影響を与えている。

（両角亜希子）

個々の研究プロジェクトをする場合も，大学の設備・機器，研究スペースなどの管理コストは不可欠である。これらの管理等に必要な経費として，研究に直接的に必要な経費（直接経費）α一定比率で上乗せして配分される経費を間接経費という。

▷9　**利益相反**
産学官連携をすすめると，大学や教職員が特定の企業等から利益を得たり，必要な範囲での責任を負うことがある。そうした外部から得る利益と大学における責任が衝突する状況を利益相反という。これらを適切に管理することが重要と考えられている。

▷10　小林信一，2018，「研究のマネジメント」東京大学大学経営・政策コース編『大学経営・政策入門』東信堂。

▷11　たとえば，アメリカの研究大学の一部で採用されている責任センター方式管理・予算（Responsibility Center Management/ Budget）方式もその一例である。学部など基本組織を責任の単位とし，そこに予算も含めて権限を委譲し，部局の自己責任で運営する。阿曽沼明裕，2017，「米国研究大学の分権的運営を支える部局の経営」『年報科学・技術・社会』26。

▷12　両角亜希子，2020，「大学の財務マネジメントの実態と課題——財務担当理事調査の分析から」『大学経営政策研究』10：pp. 1-17。

5 アカデミック・キャピタリズム

1 知識基盤社会（ニュー・エコノミー）と新自由主義

1980年代以降，大学および大学人は研究教育にあたって，大学の外部からの資金獲得に重きをおくようになった。このような態度あるいは傾向をアメリカの高等教育研究者 S. スローターと G. ローズは「アカデミック・キャピタリズム（大学資本主義）」と呼んだ。

▷1 スローター, S., ローズ, G., 成定薫監訳, 2012, 『アカデミック・キャピタリズムとニュー・エコノミー——市場，国家，高等教育』法政大学出版局。

20世紀末から急速に進展した IT 革命の進展，とりわけインターネットの普及は知識の生産と流通を加速し，新しい知識や情報が大きな経済的価値を有する「知識基盤社会」（ニュー・エコノミーとも呼ばれる）が到来した。その結果，知識や情報は富の源泉とみなされ，知は私有財産の性格を強く持つようになった。時期を同じくして，日本を含む先進諸国の政府は，財政支出の拡大によって財政危機に瀕した結果，新自由主義的な政策を導入した。すなわち，各国政府は競争原理を重視し，規制緩和に努め，効率的な行財政運営を目指すようになった。東西冷戦の終結に伴って資本と労働の大規模でグローバルな移動が可能になったことも新自由主義的な政策を後押しした。この結果，社会全般で国家の役割が相対的に減少し，企業や個人の責任と役割が重視されるようになった。

2 知と学問の体制の変容

20世紀末以降，国家や経済社会全般に生じた変貌の中で大学も変容を余儀なくされた。大学は公共の財産としての知を探求する場から，私有財産としての知を探求する場，すなわちアカデミック・キャピタリズムを追求する場へと転換を迫られるようになったのである。スローターとローズは，伝統的な大学のあり方を「公共的な知と学問の体制」と呼び，新しい大学の状況を「アカデミック・キャピタリズム的な知と学問の体制」と呼んだ。

公共的な知と学問の体制にあっては，大学は知的共同体であり，大学人はアカデミック・フリーダム（学問の自由）を享受しつつ，世俗的な利害を超越して，知的好奇心のおもむくまま基礎的な研究に励み，研究と教育の一致が目指される。このようにして得られた知識や情報は国境を越えて流通し広く共有される。発見を通じて有用な知識が得られれば，国や企業の研究所で応用・開発研究がすすめられ，経済社会に大きなインパクトをもたらす技術，システム，商品が生まれることもあるが，あくまで「ひょうたんから駒」にすぎない。

アカデミック・キャピタリズム的な知と学問の体制にあっては，大学は市場経済の一角を構成し，大学人は研究教育にあたって，経済的利害に重きをおく。そのため，国や企業からの外部資金が期待される応用科学が重視される。特許につながるような研究成果は，論文として公表される前に特許取得が急がれ，商品開発が目指される。教育は消費者としての学生に対するサービスとみなされ，教育内容や教材が標準化されて，著作権の対象となることもある。

アカデミック・キャピタリズム的な知と学問の体制を先導したのはアメリカであり，大きな転機となったのは1980年のバイ＝ドール法の制定であった。この法律によって，「連邦政府資金によってなされた研究から得られた利益（特許料など）を大学や企業が私有できる」ことになったからである。連邦政府資金による大学教員の研究成果を大学が特許化し，その特許をライセンスした企業が製品開発に成功すれば，大学，研究を担った大学教員，企業それぞれが大きな金銭的利益を手にすることができる。

アカデミック・キャピタリズム的な知と学問の体制の進展につれて，大学教員は基礎研究よりも応用研究を重視し，研究成果および教材に関する知的所有権（特許，著作権）に強い関心を持つ「知の資本家」へと変貌しつつある。一方，学生は学習者から教育サービスの受益者・消費者へと変貌しつつあり，従来にも増して，就職や資格につながる実学的分野に強い関心を示すようになった。それに対し，人文科学，教養教育，人間教育など非実学的分野に対する関心は低下せざるをえない。

アカデミック・キャピタリズム的な知と学問の体制の構築と推進に熱心な大学執行部は，理事会などを通じてニュー・エコノミー企業の経営者とのネットワークを強化し，産学連携を推進する。また，政府や財団からの資金獲得を目指して優秀な教員を雇用し，教材や研究成果に関する知的所有権の取得・管理・配分に関する体制を整えて技術移転を奨励し，さらには起業を支援することもある（大学発ベンチャーの育成）。このような努力が実を結べば，大学ランキングが上昇し，ブランド化した大学は優秀な学生を集めることができ，大学経営者としての学長は高く評価される。

アメリカの大学におけるアカデミック・キャピタリズムの進展は，当然にも日本の大学に大きな影響をおよぼした。2004年の国立大学法人化に代表されるわが国の高等教育政策は，アカデミック・キャピタリズムに掉さすものだといえよう。公共的な知と学問の体制とアカデミック・キャピタリズム的な知と学問の体制は，現時点では共存あるいは拮抗していると思われる。今後，大学がアカデミック・キャピタリズム的な知と学問の体制に収斂していくなら，教養教育を通じて健全な市民を育成するという近代大学の重要な機能が失われかねないし，大学に公的資金（税金）を投入する根拠も危うくなるだろう。

（成定　薫）

▷2　宮田由紀夫，2012，『米国キャンパス「拝金」報告——これは日本のモデルなのか？』中公新書ラクレ。

6 大学病院

 ## 1 大学病院の必要性

　大学設置基準第39条は，医学または歯学に関する学部を置く大学には，「医学又は歯学に関する学部」の教育研究に必要な施設として，附属施設である附属病院を置くものとするとされている。42の国立大学に45の附属病院が設置されている。公立大学 8 大学の医学部及び 1 大学の歯学部すべてに附属病院があり，31の私立大学医学部すべてに附属病院があり，複数の附属病院を持つ大学が多い。私立大学歯学部についても15大学17学部に附属病院が設置されている。

　附属病院は病院という診療機関としての機能の他に大学設置基準に示されているように教育研究機関としての機能を有する。教育機能においては，医学部学生の臨床教育にとどまらず，卒業後の臨床研修・専門研修等の場を通じ医師・歯科医師等多岐にわたる医療従事者を育成する機関として重要な役割を果たしている。臨床実習については診療参加型実習のさらなる充実が必須である。

2 大学病院は医療の最後の砦

　1948年の新制大学発足後，公立大学（医学部）の一部については国立への移管が行われたが，医学部の新設は行われなかった。しかし1961年に国民皆保険が開始され医療需要が増大，全国的な医師不足問題が生じる。1970年，政府は1985年を目途に人口10万人あたり医師数を150人程度確保することを提唱，既設医学部の入学定員増を行うとともに1970年には国立秋田大学に医学部を新設，以降，私立を中心に相次いで新設が行われた。1973年には無医大県解消計画が閣議決定され，1973年から1979年までに16の国立医科大学（医学部）が新設された。

　無医大県が解消したということは，日本の各都道府県において大学附属病院が提供する最高水準の医療が国民に保障されることになったということである。病院のうち高度の医療の提供，高度の医療技術の開発および高度の医療に関する研修を実施する能力等を備えたものは，厚生労働大臣の承認を得て特定機能病院と称することができる。2020年12月 1 日現在で全国87病院が特定機能病院として承認されているが，そのうちの79病院が大学附属病院である。大学附属病院は地域医療提供体制の中心的な役割を担っており，医療の最後の砦であり，国民に安心・安全を提供している。

③ 医学部入学定員の抑制・拡大

　医学部の入学定員は，医学部の新設が始まる前の1969年度4040人から1981年度8280人となる。しかし，1982年の閣議決定および1997年の閣議決定で医師供給抑制のため医学部入学定員の削減が進められ，2003年には7625人にまでなる。再び2008年には医師不足対策として定員の増員が始まり，2021年には9357人となる。1979年に琉球大学に医学部が新設されて以降，医師養成の需給調整は医学部入学定員の抑制・拡大で行い，医学部の新設は認めてこなかったが，2016年には東日本大震災の復興目的で東北医科薬科大学に新設医学部が，2017年には国際戦略特区として国際医療福祉大学に新設医学部が認められる。

　永井良三が論ずるように「医療は複雑系である。臨床現場，教育，研究，制度などの各要素の微妙なバランスの上に成立しており，いずれの要素のわずかな変化も，全体に大きな影響をもたらす」。このため，医師養成は抑制と拡大の変転を繰り返してきたのである。

④ 国立大学附属病院の収支の拡大

　2020年度の国立大学法人予算において，附属病院収入は１兆1674億円，法人全体収入予算の44.1％を占めている。法人化初年度の2004年度予算では附属病院収入が5957億円，法人全体収入予算の27.1％であったことを考えると，法人化後16年間でほぼ倍増していることがわかる。

　その主な理由は，国立大学法人化前まで政府が大学附属病院の施設設備の整備を財政投融資資金で賄ってきたが，法人化の際にその償還金の返還債務を各国立大学法人に負わせることとしたからである。その結果，2004年度予算でいうと約1000億円を大学附属病院全体で返還しなければならなくなった。全額の返還が困難なため，2004年度予算では政府から赤字補填のための附属病院運営費交付金584億円が投入されたが，この附属病院運営費交付金も2013年度には計上されなくなった。政府の説明では各病院の経営努力により収入が増加し財政投融資の償還金も返済できる。しかし，現実には償還財源の確保と赤字回避けのためしゃにむに収入増を図っている附属病院の姿が見える。

　病院の診療活動を拡大し，拡大すればするほど病院収入が大学全体の収入に占める割合が増加し，病院経営が大学経営を大きく左右することとなる。附属病院の経営が，施設を整備しその整備費債務の償還に明け暮れるという施設整備を中心に展開されているのである。その結果，2016年会計検査院報告でも明らかなように，医師の診療時間が増加，研究従事時間は減少した。附属病院の重要な機能である研究力が低下しているのである。　　　　　　（磯田文雄）

▷1　永井良三，2011，「医療系人材養成の課題」『IDE 現代の高等教育』4：pp. 8-9。

▷2　2016年9月の会計検査院報告によると，国立大学附属病院の4割が医師の研究従事時間が法人化前と比較し減少したとしている。

7　私学助成

私学助成の根拠

　私学助成とは，私立学校に対する政府からの支援であり，教育サービスのすべてを政府が直接に供給するのではなく，民間の学校法人による供給に委ねたうえで財政的に支援することである。

　私学助成は公の支配に属しない事業に対する公金支出を禁じた憲法第89条に違反するとの意見もあるが，政府見解では，私立学校は学校教育法・私立学校法・私立学校振興助成法等の法令に基づく規制や監督を受けているので公の支配に属しているとされる。この見解は，私立学校の公共性を踏まえたものということができる。

　高等教育における私学助成としては私立大学等経常費補助があり，国から日本私立学校振興・共済事業団を通じて大学・短大・高専を設置する学校法人に交付される。

　私立大学等経常費補助は一般補助と特別補助に分けられる。特色ある教育・研究の取り組みに応じて配分される特別補助だけでなく，専任教職員数や学生数に基づいて配分される一般補助についても，収容定員充足率，専任教員1人あたり学生数（ST比）[1]，教育研究経費比率，情報公開の状況，教育の質の客観的指標などによる増減がなされ[2]，補助を通じて私立大学を一定の方向へ規制する役割を果たしている。

　私学助成の根拠法である私立学校振興助成法は，私学助成の目的を，①私立学校の教育条件の維持および向上，②私立学校在学者の修学上の経済的負担の軽減，③私立学校の経営の健全性の向上とし，私学助成の水準については，教育または研究に係る経常的経費の2分の1以内を補助することができるとしている。

助成目的の達成度

　2018年度にわが国の私立大学が得た補助金収入の総額は3319億円であったが[3]，これが上記の目的や水準をどの程度達成しているかを考えてみよう。

　まず，ST比によって私立大学の教育条件をみると，2018年度の私立大学学生（学部＋大学院）は210.4万人，専任教員は10.2万人であるから，ST比は20.7である。この年度の私立大学教員人件費1兆2232億円のうち90％が専任教員給

▷1　ST比（student-teacher ratio）は，教育条件の基本的な指標であり，OECD加盟国の高等教育機関の平均値は約15と推定されている（OECD, 2020, *Education at a Glance*）。

▷2　日本私立学校振興・共済事業団「私立大学等経常費補助金配分基準」（https://www.shigaku.go.jp/s_hojo.htm）

▷3　日本私立学校振興・共済事業団, 2019, 『今日の私学財政──大学・短期大学編』学校経理研究会。以下の私立大学（病院部門・法人部門・短大部門を除く）に関するデータも同書による。

与費で、それには私立大学が受けた補助金のうちの30％が充当されていたとすると、補助金が無い場合の専任教員給与費は1兆13億円となり、給与水準を変えないならば、雇用できる専任教員数は9.2万人となる。この場合のST比は22.7で、実際の値よりも2.0大きい。このST比の差は、教育条件向上に対する補助金の効果を示すものということができる。

次に、2018年度の経常費補助金は学生1人あたり15.8万円であり、補助金がなければこれだけの負担を学生（家計）に求めざるを得なくなり、学生納付金がそれだけ高くなる。同年度の実際の学生あたり納付金は128.1万円であったから、補助金によって11％安くなっていることになる。この比率は、学生の経済的負担軽減に対する補助金の効果に相当する。この比率は補助金が私立大学の経常的経費の3割近くに達していた1980年前後で大きく、1980年度には26％であった。

さらに、2018年度の全私立大学の事業活動収入（負債とならない収入の全体）は3兆4674億円、1校あたり58.6億円であった。1校あたりの消費的支出は56.5億円であり、収入との差の約2億円を施設整備等の資本的支出に充てることができる状態であるが、実際は5.3億円が資本的支出（基本金組入）に充てられており、私立大学は平均すると3.3億円の赤字である。現状の補助金（1校あたり5.3億円）がなければ、この赤字はさらに拡大していたことになり、補助金は経営悪化の緩和という意味で健全性の向上に寄与している。

❸　私学助成は十分なのか

このように、現在の経常費補助金は、私学助成の目的を不十分ながら実現している。「不十分」と言わざるを得ないのは、補助金額が少ないために効果が小さいからである。教育条件（ST比）にしても、学生の経済的負担にしても、たとえば国立大学と同等にするためには、なお多くの補助金が必要である。

表XI-7-1は2018年度データにより、学生1人あたり大学教育の費用と収益を大学設置形態別・費用負担区分別に整理したものである。表中、家計が負担する直接費用は4年間の学生納付金であり、政府が負担する直接費用は、国立大学は運営費交付金、私立大学は経常費補助金である[4]。これをみると、政府は私立大学を通じて費用の10倍近くの収益（税収）を得ていることがわかる。国立大学を通じた収益は費用の1.8倍、収益率にして2.2％であるから、投資として良好といえるが、政府が私立大学を通じて得る収益の高さが際立っている。私立大学への補助金が少ないためである。こうした推計も、現状の私学助成の水準が適正であるか否かを判断する基準のひとつとなる。　　　　（浦田広朗）

表XI-7-1　大学教育の費用と収益（設置形態・負担区分別）

（金額単位：万円）

	国立大学		私立大学	
	家計	政府	家計	政府
直接費用	243	688	459	63
機会費用	1,067	80	1,067	80
便益	6,628	1,421	6,628	1,421
便益／費用	5.1	1.8	4.3	9.9
収益率	6.8%	2.2%	6.0%	9.9%

出所：『官報』2019年号外第132号、厚生労働省「賃金センサス」、私立学校振興・共済事業団『今日の私学財政』より筆者作成。

▷4　いずれも学生1人あたり4年分。直接費用以外の推計方法は次の通り（矢野眞和、2015、『大学の条件』東京大学出版会を参照）。機会費用すなわち高卒後に就職していれば4年間で得られた所得は、国立・私立共通で1148万円であるが、このうち80万円は直接税として政府が得られたものであるので、政府の機会費用とする。残りが家計の機会費用である。収益すなわち大卒者と高卒者の賃金差も、国立・私立で共通で約8000万円であるが、このうち約1400万円は直接税・消費税として政府の収益になる。

（参考文献）

市川昭午、2006、『教育の私事化と公教育の解体』教育開発研究所。
米澤彰純、2010、『高等教育の大衆化と私立大学経営』東北大学出版会。

大学における知の生成

 ディシプリン，パラダイム，科学革命

　大学の研究者は，学部卒業後，大学院での講義，演習あるいは実験を通じて訓練を受け，修士論文，博士論文を提出し，指導教員から一定の評価を得ることによって，大学でのポストを獲得する。英語のディシプリン（discipline）に訓練という意味と学科・学問分野という意味があるのは，或る学問分野の専門家になるには長期間の訓練が不可欠だという事情を反映している。彼あるいは彼女は，研究者となるための訓練を通じて何を学び，わがものとするのだろうか。科学史家 T. クーンは，研究者志願者が学ぶのは「一般に認められた科学的業績で，しばらくの間，専門家の間に問い方や解き方のモデルを与えてくれるもの」であり，これを約言して「パラダイム（paradigm）」と呼んだ。[1] パラダイムは自然科学に特有なものだとクーンは論じたが，人文・社会科学においてもすぐれた研究業績や研究手法はパラダイムとしての役割を果たしている。

　研究者はディシプリンの中でパラダイムを学び，パラダイムに則して研究をすすめる。クーンはこのような研究を「通常科学（normal science）」，あるいは「パズル解き」と呼んだ。大学でなされている研究の大半は，研究者の主観的意図（「ノーベル賞を狙う」など）は別にして，通常科学でありパズル解きである。通常科学の遂行に飽き足らず，パズル解きを拒否する研究者は異端者とみなされ，大学に任用されるのは難しいし，昇進の機会にも恵まれないだろう。

　通常科学に携わる研究者は，パズルを早く解き，その成果を学会で報告し，論文として発表するという作業に没頭する。この作業は，しばしばライバルたち（同一分野あるいは隣接分野の研究者）との競争的環境のもとで効率的に遂行される。かくて通常科学は急激かつ累積的な発展を遂げる。

　しかし，そのパラダイムでは解くことのできない変則的な事例がいくつも登場するなどして，パラダイムの限界が見え始めると，ディシプリンは混乱を余儀なくされる。既存のパラダイムに固執する研究者（しばしば年長世代）もいるが，新しいパラダイムを提案する研究者（しばしば若年世代）も登場する。この混乱の中から，多くの弟子・支持者（disciple）を集めたパラダイムが新しいディシプリンを形成する。クーンは，旧パラダイムから新パラダイムへのパラダイム・チェンジこそ，歴史上生じた，そして今後も生じるであろう**科学革命**[2]（scientific revolutions）にほかならないと論じた。科学革命が学問的にも社会的

▷1　クーン，T. S., 中山茂訳，1971，『科学革命の構造』みすず書房；中山茂，2013，『パラダイムと科学革命の歴史』講談社学術文庫。クーンは語形変化のパターンを示す言語学上の用語パラダイムを科学論の用語に転用した。クーンの著作が広く読まれた結果，パラダイムは「ものの見方，考え方」を表わす一般用語となった。

▷2　**科学革命**
17世紀西欧における近代科学の成立を「科学革命」と呼ぶ場合，日本語ではカッコをつけて，英語では大文字　The Scientific Revolution で表記する。

にも重要なものとみなされれば，大学では従来の学科や専攻が廃されて，新しいパラダイムに依拠した学科や専攻が設置され，そこで新たな通常科学が遂行されることになる。

2 知識生産のモード（様式）

通常科学遂行の場，そして科学革命の主要な舞台としての大学における知の生成は，経済社会の変化と高度情報化の進展によって変化を迫られている。ひとつは「知と学問の体制」の変容であり[3]，いまひとつは知識生産の様式（モード）の変容である。

M. ギボンズらは，従来の知識生産の様式を「モード1」と呼ぶ[4]。モード1とは，大学に拠点をおいたアカデミズム科学的な研究のあり方，知識生産のモードである。ディシプリン中心の学問のための学問ともいえる。したがって知識生産は，専ら大学人の専売特許とされる。大学人は，自らが生産した知識の応用可能性，すなわち，知識が役に立つか立たないかについて概して無頓着である。知識の生産の場としての大学は外部に対して閉ざされており，大学という「象牙の塔」にたてこもって，専門細分化した研究に勤しむというのが知識生産のモード1のイメージである。

しかし，社会経済の複雑化に伴って，大学における研究課題は，社会の要請に応える形で，応用的・実践的になってきた。たとえば地球環境問題といった広範で複雑な研究に取り組むにためには，当然にも学際的・総合的にならざるをえない。単一のディシプリンでは課題に対応できないからである。そして，こういった研究の遂行にあたっては，大学・企業・官庁の研究者相互の，さらには一般市民との連携協力が不可欠となってくるが，社会の情報化の進展によって，このような連携協力が従来よりもはるかに容易になった。大学は知識生産の主要な拠点でありつつも，実践的な課題の解決に取り組む。大学と他のセクターとの連携のもとになされる知識生産がモード2とされる。

モード2の知識生産にあっては，研究者は研究費のスポンサーに対して，あるいは納税者・消費者としての市民に対して，研究の意義とその成果に説明責任（accountability）を果たすように求められる。このようにして，大学は外部に対して開かれた存在となりつつある。

知識生産のモード2の登場は，モード1の拠点であった大学の機能とイメージを変容させつつある。知識生産のモード1とモード2は，排除しあうものではなかろう。両者が互いに補完し合うことによって大学における知の生成は，より多様になり，より豊かになるだろう。近未来の大学は，従来にもまして人材の育成に尽力しつつ，コンピュータ・ネットワークの結節点として機能し，知識の生産・蓄積そして継承に重要な役割を果たす存在となるだろう。

（成定　薫）

▷3　XI-5 参照。

▷4　ギボンズ，M. 編，小林信一監訳，1997，『現代社会と知の創造——モード論とは何か』丸善ライブラリー。

学界・科学者集団・科学コミュニティ

1 大学と学界・科学者集団

　大学を考えるときに学界，科学者集団，科学共同体，科学コミュニティ（scientific community）の存在を無視することはできない。大学教員にとって大学はそこに帰属し，雇用され，給与を得ている組織であるがゆえに重要であるが，他方で学界・科学者集団はいわば準拠集団であり，大学教員はそこに目を向け，そこで認められ自らの位置を得ることに腐心する。大学はタテの組織であるのに対して，学界・科学者集団は大学を越えたヨコの組織（ネットワーク）である。

　学界・科学者集団は，学問の世界全体を指す場合もあるが，一枚岩ではなく多くの専門分野に分かれる（専門学界）。具体的な組織は，各専門分野の学協会（専門学会）になるが，日本学術会議のような全国組織，国際的な規模の学会から，小規模の研究会まで多様な組織レベルがある。萌芽的なものは「見えざる大学（invisible college）[41]」と呼ばれることもある。

2 知識の正当化・維持機能

　知識は散発的にあちこちで生み出されるが，淘汰される。そしてどの知識が正当なのかを決めるのは個人ではなく，専門分野の学界・科学者集団である。アマチュアの天才が大発見をしても，それが学界・科学者集団で認知され，一定の手続きを経て共有されなければ，正しい知識とはされず，自己満足に終わらざるを得ない。この意味では学界・科学者集団には素人排除機能がある。

　具体的なプロセスとして，研究者は研究成果を関連する専門学会で発表する。口頭でも発表するが，学会誌に投稿し掲載されることでその成果はより確実なものとなる。学会誌だけでなく，商業誌としての学術雑誌もある（学術機関の紀要もある）。論文を投稿すると，学界・科学者集団の有力者で構成される編集委員会が査読（審査）を行い，論文の掲載を決定する。いわゆる同僚審査（ピア・レビュー）と呼ばれるもので，このプロセスを経て知識は学界・科学者集団内部で共有され，維持される。これが「ジャーナル・システム」である[42]。

3 知識の方向を左右

　学界・科学者集団は研究の方向も左右する。トマス・クーンの唱えたパラダイム（paradigm）は「一般に認められた科学的業績で，一時期の間，専門家に

▷1　クレーン，D.，津田良成訳，1979，『見えざる大学――科学共同体の知識の伝播』敬文堂。

▷2　バーンズ，B.，川出由己訳，1989，『社会現象としての科学――科学の意味を考えるために』吉岡書店；村上陽一郎，1994，『科学者とは何か』新潮選書。

▷3　クーン，T.，中山茂訳，1971，『科学革命の構造』みすず書房。なお，パラダイムと混同される概念にディシプリン（discipline）がある。専門分野や学科と訳されることもあるが，もともとは訓練，しつけ，規律を意味する。研究者は厳しい訓練（ディシプリン）を経てそれぞれの専門分野（ディシプリン）に固有の考え方（ものさし），方法，流儀，文化等を身につけるが，その際にパラダイムも習得する。

▷4　普遍主義は，科学的成果は科学者の個人的性格や社会的地位と無関係に評価されねばならないという規範，公有制は，科学的成果は個人に属さず，科学者集団の共有財産となるという規範，利害の超越は，科学的成果を個人的利益のために用いてはならないとい

対して問い方や答え方のモデルを与えるもの」であり，科学者集団で形成・維持される。つまり何が研究課題として研究すべきかを決めるのは学界・科学者集団である。そのパラダイムに依拠して行われる研究は，「パズル解き（puzzle solving）」であり，その営みは通常科学（normal science）と呼ばれる[3]。同時に研究助成金の配分では学界・科学者集団の評価に基づくことも多いので，資源配分を通じて研究の方向の決定に学界・科学者集団が大きな影響を及ぼす。

４ 規範構造と褒賞制度

研究者は研究訓練を通じて，科学者集団の独自の規範（norm），科学的エートス（scientific ethos）を身に付ける。ロバート・マートンは，科学の制度的目標は確証された知識の増大であり，科学制度は独自のエートスを有するとして公有制（Communalism），普遍主義（Universalism），利害の超越（Disinterestedness），系統的懐疑主義（Organized Skepticism）をあげた。頭文字をとってCUDOSと呼ばれる[4]。

だが，規範だけでは研究の動機にはならない。独自の評価システムがある。科学者にとっては，研究の「独創性（originality）」が学界・科学者集団で認められること（「認知」）が褒賞であり，この認知獲得が職業的な地位の獲得や昇進，給与の増額，研究資源の獲得（研究費の増額）を可能にしてくれる。認知を求めて科学者は熾烈な競争を展開する（「先取権獲得競争」）。その結果科学者集団内に階層構造が形成され，マタイ効果も生じる[5]。だが，過剰な競争は，研究上の不正行為（捏造，剽窃，改ざん等）を招くことがあり，学界，科学者集団は不正行為に対する対策，自浄作用を求められる。

５ 学界・科学者集団の自律性と閉鎖性

認知は学界・科学者集団の中でのみ獲得でき，一般社会で獲得できるものではないため，科学者集団の外の政治的・経済的な利害関心によって大きな影響を受けることなく，科学者は研究に邁進することができる。科学者集団は独自の規範構造と褒賞制度があるがゆえに自律性（閉鎖性）を維持できる[6]。

しかし，科学の規範は実際には機能していないとの批判もあるし[7]，学界・科学者集団中心の褒賞制度が機能しない領域もある。学界でのアカデミックな関心ではなく，企業の関心や政府の要請に基づく研究も増え，社会貢献や社会的インパクトが評価される。かつての産業化科学，現在ではモード２と呼ばれる活動なども拡大している[8]。また大学経営が強まれば学界とは別の評価で教員は雇用される。さらには褒賞制度だけでなく，研究助成金などの資源配分の上でも学界・科学者集団以外のアクターの影響力が大きくなっている。

さらには軍事研究や研究倫理の問題などから閉鎖的科学者集団への批判もあり，学界・科学者集団の自律性は絶えず揺らいでいる。　　　（阿曽沼明裕）

▷3　う規範，系統的懐疑主義は，知識は経験的，論理的基準に照らして客観的に批判検討されねばならないという規範である。マートン，ロバート・K.，森東吾ほか訳，1961，『社会理論と社会構造』みすず書房などを参照。

▷5　マタイ効果とは，富める者はますます富むという聖書の言葉をもとに，評価と研究資源が著名な科学者に集中することを示したもの。マートンの科学社会学については，Merton, R. K., 1973, Sociology of Science, University of Chicago Press；有本章，1987，『マートン科学社会学の研究——そのパラダイムの形成と展開』福村出版などを参照。

▷6　松本三和夫，1989，「科学者集団と産業化科学——科学社会学再考」成定薫・佐野正博・塚原修一編『制度としての科学——科学の社会学』木鐸社。

▷7　ザイマン，ジョン・M.，村上陽一郎ほか訳，1995，『縛られたプロメテウス——動的定常状態における科学』シュプリンガー・フェアクラーク東京など。

▷8　モード２とは，知識生産の様式のひとつで，アカデミックな関心に基づくモード１に対して，アプリケーションのコンテクストの中で問題が設定され解決されるものである。ギボンズ，M.，小林信一監訳，1997，『現代社会と知の創造——モード論とは何か』丸善ライブラリー。

大学と研究機関

　研究所や研究機関と聞いて何を思い浮かべるだろうか。NASA（アメリカ航空宇宙局）や理研（理化学研究所），あるいは科捜研（科学捜査研究所）などを思い浮かべる人が多いのではないか。たしかにこれらは研究機関に相当するといえるが，実は何をもって研究所や研究機関と呼ぶかに関する明確な規程は存在しない。特に民間の研究機関の場合には，研究所と銘打っていても，実際には研究とはほとんど関わりのないことを行っているところもある。したがって，名前だけでは研究機関といえない場合があることにまずは注意する必要がある。

 設置主体別にみた研究機関の種類

　そこで研究機関を誰が設置したか，つまり設置主体別にみれば，そこにはおおまかに①大学，②政府，③民間企業，④非営利団体，⑤国際機関の5つがある（センターや機構という名前がつけられている場合もある）。このうち，①大学が設置した研究機関には，大学の学部に附属する学部附置研究所，特定の学部ではなく大学全体に附属する大学附置研究所，特定の大学に附属するのではなく，大学全体で利用する大学共同利用機関法人などがある。②政府が設置したものには，府省が設置した国立試験研究機関，都道府県や市町村など地方自治体が設置した公設試験研究機関がある。

　これらのうちどの設置主体が設置した研究機関が多いかは，その国の科学技術の発展段階によって異なる。日本を含む先進国では，③民間企業の研究所が量的にも資金規模も大きいが，産業の規模が大きくない国々では政府の役割が相対的に大きくなる。ただしそうした国々でも科学技術が発達するにつれて（産業の発展が進むにつれて）民間企業の研究所の占める割合が大きくなる。

 機能と特徴

　研究所の機能としては，基礎研究と応用研究のふたつにわけることができる。概して基礎研究を行う研究所は，①大学が設置した研究機関と②政府が設置した国立試験研究機関や公設試験研究機関が多い。一方，応用研究を行う研究所は③民間企業が設置した研究所が多い。ただし，②政府が設置した国立試験研究機関や公設試験研究機関のなかにも応用研究を行う研究機関がある。たとえば，地方自治体が設置した公設試験研究が地場産業の課題解決のために応用研究を行ったり，国立試験研究機関のなかにも宇宙航空研究開発機構（JAXA）

のように宇宙科学だけでなく，衛星の打ち上げなど実利用を目的とした研究を行っている研究機関もある。

3　研究機関の歴史

　世界でいつ初めて研究機関が設立されたかを知ることは難しい。よくとりあげられるのは，コンスタンティノープルから亡命したゲオルギオス・プレトンがメディチ家の庇護を受けて1443年にフィレンツェに設立したアカデミア・プラトニカ（プラトンアカデミー）であるが，もちろん現在のように立派な設備を有するものではなく近年ではその存在さえ疑問視する声がある。

　しかし，研究機関が本格的に設立されるようになるのは，19世紀以降のことである。欧米では19世紀半ば頃から，物理学と産業技術の関わりが密接になりつつあり，標準化をめぐる各国の主導権争い，学生の急増による大学の実験設備の不足等により研究所新設の機運が高まった。

　最初は大学に附属する研究所が多くつくられたが，教育負担の重さから解放されて研究に専念できる機関を求める声により，ドイツでは，ヴェルナー・ジーメンスの働きかけで，1887年に帝国物理学・技術研究所（PTR）[1]が設置された。

　PTR の設立をきっかけに，イギリスでは1900年に国立物理学研究所（NPL）[2]が，アメリカでは1901年に国立標準局（NBS。現在の国立標準技術研究所（NIST））[3][4]が設立された。こうした動きを受けて，ドイツでは1911年にさらに大規模なカイザー・ヴィルヘルム協会（現在のマックス・プランク協会）が設立された。

　日本で理化学研究所（1917年設立）が誕生したのもこうした欧米での研究所設立ブームがあったからである。日本では江戸時代にも幕府が設立した蛮書和解御用や種痘所，天文方などがあったが，明治以降，西欧近代科学技術を導入するための試験研究機関が相次いで設立されることになる。とりわけ第一次世界大戦によって科学技術の軍事的有用性への認識が高まると戦間期から第二次世界大戦期にかけて，大小さまざまな研究機関が設立されることになる。もちろん，当初は研究というよりも製品の試験などを行う機関も多かったが，次第に質的にも高度化していくことになる。

　戦後になり高度経済成長期を迎えると，民間企業のなかには中央研究所を設立し，基礎研究から応用研究まで自前で行うものも現れた（なお，世界で初めて基礎研究を組織的に行った民間企業はアメリカのジェネラル・エレクトリック社）。

　しかしながら，90年代に入り，バブル経済が崩壊し，ポスト冷戦期の産業競争が激化するにつれ，かつてのように中央研究所で基礎から応用まで自前で行うことは難しくなりつつある。そこで特に基礎研究については，大学や公的研究機関にアウトソーシングすることが進みつつある。　　　　（綾部広則）

▷1　Physikalisch Technische Reichsanstalt の略。

▷2　National Physical Laboratory の略。

▷3　National Bureau of Standard の略。

▷4　National Institute of Standards and Technology の略。

参考文献

古川安，2018，『科学の社会史——ルネサンスから20世紀まで』筑摩書房。

4　学術政策

▷1　学術政策と似たものに，科学政策（Science Policy）や研究政策（Research Policy）があるが，それらの範疇は学術政策と若干異なる。また，学術政策は日本独自の用語で，適切な英訳がなく，たとえばacademic policy は，大学の方針，学校の方針のような意味で使われることが多い。

▷2　学問研究に対する国家の支援は，フランスが1666年の科学アカデミー創設時からすでに行っており，さらに18世紀末にエコール・ポリテクニクなどのグランド・ゼコールに重点的に支援が行われ，フランスは数学や物理諸科学で大きな成果を挙げた。

▷3　潮木守一，1993,『ドイツ近代科学を支えた官僚——影の文部大臣アルトホーフ』中央公論新社。

▷4　Roger L. Geiger, 1986, *To Advance Knowl-*

1　学術政策とは

　学術政策とは，大学・高等教育機関で行われる主に学術研究活動の促進のための政策である。具体的には，研究者の養成・確保（研究者の需給予測，流動性，任期制），研究組織（研究基礎単位，大学の内部組織，研究所），研究環境・研究費，研究設備・施設や研究支援体制，研究評価，学術国際交流，社会的連携・協力の推進（産官学連携），特定領域の重点的推進，学術情報，学術研究に対する社会的理解などに関わる政策である。

　高等教育政策は教育機能を扱い，学術政策は研究機能を扱うという違いはあるが，たとえば大学院教育は研究と不可分だし，場合によっては学術政策が高等教育政策の一部と位置づけられる。また科学技術政策は国や民間企業を含めた研究開発活動全般を対象とするが，大学も国の研究開発全体の中に位置づけて，学術政策を科学技術政策の一部とみる見方もある。なお，学術政策は間接あるいは直接に，経済・産業政策や産業政策，安全保障政策の影響を受ける。

　学術政策には，政策内容というよりも主に担当する特定官庁（文部科学省）の行う研究政策という側面がある。大学の研究活動は文部科学省以外の官庁や政権の政策対象でもあるが，文科省以外が行う研究政策はふつう学術政策とは言わない。ただしアメリカでは，日本の文科省のような担当官庁はない。

2　学術政策の特殊性

　大学の研究活動を促進するという学術政策の目的は単純であるが，そのやり方は単純ではない。というのも，学術政策は，学術知識の生産者であり評価者であり消費者である専門家の集団，つまり学界・科学者集団・科学共同体の役割が重視されるという点で，他の政府の政策一般と異なるからだ。こうした傾向は，「学術研究は内在的論理に基づき自律的に発展するものだから，政府は専門家である学者個人や学者集団の要請に基づいて，もっぱらサポートに努めるべきだ」，という伝統的な考え方によく現れている。

　しかし，学術研究活動に必要な資源が膨大になったり，学術研究の水準が国家目標になったり，学術研究が経済活動に影響を及ぼしたり，遺伝子研究のように社会の価値観にも影響を及ぼすなどの問題がでてくる，つまり学術研究が社会と密接な関わりを持つようになると，単に研究者の要求する通りに政府が

サポートする，というわけにはいかなくなる。それゆえ，政府は社会の要求を背景に，次第に効率性を重視した独自の学術政策を展開するようになる。たとえば，戦時中の大規模な科学動員，科学技術人材養成計画，特定領域への重点投資，産学協同促進のための法的措置，研究倫理上の規制などである。

かくて学術政策では，尊重すべきは自主性か効率性か，が常に問題となる。

③　学術政策の形成

大学を対象とする学術政策が始まったのは，19世紀ドイツで研究機能が大学の重要な機能になったときと言えるだろう。たとえばアルトホーフのような官僚が教員人事や予算配分などの研究基盤の枠組み作りに大きな力を発揮した。[12][13]

ドイツと比べて民間の自主性を重んじるイギリスでは，政府が率先して学術研究を支援する体制の整備は遅れた。逆に日本は後発であるがゆえに政府がドイツを手本にしながら帝国大学を整備することで学問研究の振興に努めた。

他方で，アメリカでは伝統的に（研究資金も含めて）政府に依存することは避けられ，エリート科学者が科学政策をリードする構造が形成された。しかし第二次世界大戦の科学技術動員で成功した連邦政府は大学に対して膨大な研究助成金を支援することになり，政府の研究政策の役割が飛躍的に拡大した。[14][15]

④　日本の学術政策

日本では明治期に政府主導による帝国大学の創設や講座制の導入等を通じて大学の研究体制が整備された。第一次世界大戦後に大学の附置研究所の設置が始まり，昭和の戦時体制下で設置数が急増した。研究助成金も1918年に文部省科学研究奨励金が始まり，本格的には1932年の日本学術振興会助成，1939年の文部省科学研究費の開始で，基盤的資金である講座費と外部研究資金との二元構造が形成された。なお昭和期には大学は陸海軍から膨大な研究費を受けた。

第二次世界大戦後には，アメリカの民主化政策を背景に，政府主導ではなく学者自身による学術政策が求められ，1949に「学者の国会」と言われる日本学術会議が創設された。当初附置研究所設置や科学研究費配分で学術会議主導の政策がすすめられたが，左傾化した学術会議が政府と対立するようになると，政府は次第に独自の学術政策を展開するようになった。1967年には学術審議会が設置され，政府主導の科研費制度改革，研究所設置が行われるようになった。

その後大学共同利用機関の設置，研究費の重点配分，大学院重点化，競争的研究資金の拡大（マルチファンディング化），産学連携関係の諸制度の整備などが行われた。2001年には文部省は科学技術庁と統合され，学術審議会は科学技術・学術審議会に再編，科学技術会議は総合科学技術会議に再編され（2014年には総合科学技術・イノベーション会議に改称），学術政策も経済成長への貢献，イノベーション重視の学術政策に傾斜している。[16]　　　　（阿曽沼明裕）

---

edge : *The Growth of American Research Universities*, 1900-1940, Oxford University Press.

▷5　連邦政府は大学の研究活動を支援する全米科学基金（NSF）を創設，本格的な研究助成を始めた。NSFとすでに1870年代に設立されていた全米保健機構（NIH），さらに冷戦構造を背景に国防省，エネルギー省などからの膨大な研究助成金が大学の研究活動を支え，戦後アメリカを世界の学問の中心地に押し上げることとなった。現在でも研究大学の研究費の大部分は連邦政府の研究助成である。

▷6　21世紀に入って特に官邸主導が強くなり，学術政策に対しても，官邸を通じて経産省や産業界の要求が貫徹される傾向が強くなってきた。とりわけ近年では世界の大学ランキングや研究力が問われるなか，生産性向上のために教員評価や組織改革へ圧力が強くなっている。

参考文献

阿曽沼明裕，2002，『戦後国立大学における研究費補助』多賀出版。

中山茂・後藤邦夫・吉岡斉編，1999，『通史　日本の科学技術』（全6巻・別巻1）学陽書房。

吉岡斉編集代表，2011，『新通史　日本の科学技術——世紀転換期の社会史1995年-2011年』第3巻，原書房。

古川安，1989，『科学の社会史——ルネサンスから20世紀まで』南窓社。

大学と科学技術

① 西欧における科学と技術

　日本では科学技術と表記するのが一般的だが，西欧では近代になるまで科学と技術はまったく別の歩みをたどってきた。おおまかにいえば，西欧では科学は比較的早い時期から大学のなかに位置づけられていたが，技術が大学のなかで正式な地位を占めるのは19世紀になってからである。

　ギリシアでは，技術はテクネーと呼ばれ，学問や哲学（科学）に携わる人々は，奴隷の手仕事や肉体労働のようなテクネーには手を出さないものであった。

　こうした両者の高い垣根，あるいは深い溝はその後も長く続いた。技術については，12世紀頃に手工業者の組合である同職ギルド（ツンフトともいう）が作られ，その中で技術は伝承された。

　一方，ギリシア時代に花開いたさまざまな知（科学と呼ぶ）を大規模に継承したのは，西アジアであった。それは異端認定により迫害されたキリスト教の一派が難を逃れて東ローマ帝国（ビザンツ）からササン朝ペルシアに移ったためであった。ササン朝ペルシアはこうした人々を庇護するとともに，ギリシアの知的遺産の吸収に積極的に努めた。ところが，7世紀にイスラームによって占領されると，科学の中心はアラビアに移動することになる。そして中国やインドの思想が加味されたアラビア科学が形成されることになる。

　このイスラームに遷移していたギリシアの知的遺産を西欧が発見することになったのが，12世紀ルネサンスである。これは国土回復運動（レコンキスタ）によってもたらされた。こうして西欧の学問の共通言語であったラテン語への翻訳が始まり，それとともに大学も相次いで誕生した。ただし当時の西欧の学問は，ギリシアの知的遺産とキリスト教の教義とを接合させたものであった。また12世紀ルネサンスで西欧に流入したギリシアの知的遺産はアリストテレスの著作など限られたものであった。それがさらに大規模に流入してくるのは，イタリアルネサンスを俟たねばならなかった。イタリアルネサンス期になって，12世紀ルネサンスには入ってこなかったその他のさまざまな思想が西欧に持ち込まれ，それが16世紀から17世紀の近代科学の誕生へとつながる。

② 科学と技術の結びつきと高等教育機関

　とはいえ，近代科学が誕生したからといって科学と技術の垣根がなくなった

わけではなかった。フランシス・ベイコンのように技術のための科学を唱える論者もいたが，スローガンの域を出るものではなかった。そうした状態に変化をもたらすきっかけとなったのが，1789年に勃発したフランス革命であった。革命の勃発によって技術者不足に陥ったフランスでは，公共事業に関わる技術者の育成が急務となった。こうして生まれたのがエコール・ポリテクニクと呼ばれる世界初の本格的な高等技術者養成機関であった（ただし，設立時は公共事業中央学校）。エコール・ポリテクニクが斬新だったのは，同職ギルドに入らずとも，試験さえクリアすれば，誰でも学校で技術を学べるようになったこと，科学と技術を結びつけるカリキュラムが作られたことであった。

▷1　École polytech-nique

▷2　École centrale des travaux publics の訳。

エコール・ポリテクニクのモデルは諸外国にも飛び火し，ドイツでは，TH（テーハー）が生まれた。ドイツではさらにギーセン大学のユストス・フォン・リービッヒによって今日の実験系の研究者養成システムがつくられた。こうして19世紀に入ると科学者（scientist）と呼ばれる人々が急増していく。

▷3　なお，scientist という言葉は1834年にウィリアム・ヒューウェルがはじめて使った造語。

このように西欧では，大学と科学の結びつきは大学が誕生する12世紀頃からあったが，技術については，長らく大学の外に置かれていた（エコール・ポリテクニクや TH は大学ではなかった）。この点，日本では，明治初期には大学とは別に工部大学校が作られたもののほどなくして帝国大学と合併したように，技術は比較的早い時期から大学のなかに位置づけられていた。

20世紀に入ると政府や産業が科学技術の有用性を認めていく時代が訪れる。その結果，両大戦では戦争に科学者や技術者が動員され（科学動員という），そこで生まれた成果が毒ガスや原子爆弾といった兵器として用いられた。こうした状況は戦後にも引き継がれ，冷戦期には産官学がいわば複合体を形成する体制が形作られた。

しかしながら，アメリカでは，アポロ計画が成功裏に終わった60年代末を契機に科学技術の軍事化に対して大学では反対の機運が高まる。日本でも水俣病を始めとした公害問題が深刻化するにつれて，科学技術の負の側面がクローズアップされるようになる。こうして日本を含む先進各国では，70年代に入る頃からそれまでの科学技術のあり方に対する反省の機運が高まっていく。とりわけ，反戦運動が高まったアメリカでは，かつてのようにおおっぴらに大学キャンパス内で軍事関係の研究を行うことが困難となり，次第に産官学複合体は綻びをみせていくことになる。そこでいわゆる研究型大学は，それまで軍から得ていた資金の不足を補うべく産業界と手を結び始めた。一方，産業界もそれまでのように中央研究所を設立して基礎から応用まで自前で行う余裕がなくなりつつあった。アメリカで80年代以降，産学連携が進展したのは，このように大学と産業界の利害が一致したからであった。ただし，こうした変化は，知的財産の強化など，科学技術の私的独占を強化する可能性があり，公共財としての科学技術をどう考えるかが課題となっている。　　　　　（綾部広則）

参考文献

古川安，2018，『科学の社会史──ルネサンスから20世紀まで』筑摩書房。

大学と政府・市場

 ## 大学を取り巻くステークホルダー

　その創設以来，大学には自由と孤独を標榜する「象牙の塔（iron tower）」というイメージが流布する一方で，他の社会制度との関係性の中で存続してきた。中世から近世にかけての大学は，聖職者養成に関わって教会（キリスト教）や，所在する都市との間にはつねに緊張と相克が見られた（「タウンとガウンの対立」）。

　しかし近代以降，ヨーロッパにおいて国民国家が成立し，市場経済が発展するにしたがって，大学は両者から大きな影響と圧力を受けるようになってきた。国家や市場といっても，具体的には国ごとにその形態はさまざまだが，ここで言う国家とは各国の政府や諸官庁などの統治機関，また市場とは自由経済体制にあれば私企業など，大学を取り巻く多種多様なステークホルダー（利害関係者）を指している。今日，大学はこうした国家や市場との相互作用の中で，存立していると言ってよい。

B. クラークのトライアングル・モデル

　現代の大学は，国家から正当な高等教育機関として認証や評価を受け，その一方で組織を運営管理していくための財政的な公的支出を得ている。また市場との関係では，大学には市場におけるマンパワーのニーズや必要とされる高度な知識やスキルにあわせた人材を輩出することが求められている。したがって，大学（教育）に対してはつねに関与・介入をせざるを得ない。

　B. クラークは，こうしたさまざまなレベルでの利害対立のため大学はつねに分裂と対立の危機にさらされているが，それを回避する調整と統合のメカニズムが埋め込まれているとした[1]。そのパターンとして，国家的権威，市場，大学寡頭制という3つを理念型として措定し，各国の大学はこの三者から成るトライアングル内にプロットできるとした。高度の計画能力を有する中央国家が大学と市場を征服してしまったソ連，威信の高い年配教授（アカデミックバロン）が権力を掌握する大学寡頭制のイタリア，年配大学人の調整は働かず分権化された非政府的な市場の調整が働く合衆国（アメリカ）という3つをそれぞれの極に近い点にプロットしている。日本は，クラークによれば，複雑なため位置づけるのが難しいものの，大学内の講座制をテコにした教授支配と，私立

▶1　クラーク，バートン・R.，有本章訳，1994，『高等教育システム──大学組織の比較社会学』東信堂，pp. 154-201。

セクターが大半を占める点を考慮して，大学（寡頭制）と市場の中間にプロットしている（**図XIII-1-1**参照）。

　クラークは，さらにこの3つの形態には独自の調整力学が働くとして，①「官僚制的」調整（層化，管轄権の拡大，人員増大，管理の専門化，規則拡大），②「専門職的」調整（専門知識の増大，同僚団体の拡大，教授団の利害組織の拡大など），③「政治的」調整（政治的な優先権の増大，政治的介入，内部利害の対立を通した各派閥の代表権の統合），④「市場的」形式（消費者・労働・機関などの市場における交換による調整）といった4つの調整形式を想定している。

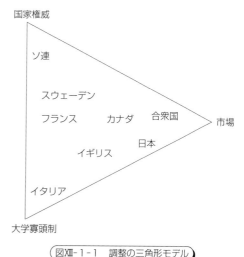

図XIII-1-1　調整の三角形モデル

出所：クラーク，B., 有本章訳, 1994，『高等教育システム──大学組織の比較社会学』東信堂，p. 161より作成。

③　レジームとシフト（変容）

　クラークの大学，国家，市場という各セクター観の関係性を措定・摘出したモデルは，1970年代までの各国のマス段階にあった高等教育を想定したものである。しかしソビエト連邦はすでになく，また中国など急速に拡大を遂げてきた東アジア諸国などはどこに位置づけられるだろうか。さらに，現在のわが国の大学も，この図と同じ場所にプロットされるだろうか。クラークが想定したモデルからすでに40年近くが経っており，新たなシフト（変容）を取り込む必要がある。

　特に，1980年代以降，これまで大学をはじめとする公共部門に多額の公的支出をしてきた福祉国家（「大きな政府」）の在り方は大きく見直され，市場主義的な行財政改革が先進諸国で進められるようになった。その結果，大学は国家による規制緩和に伴って自律性が拡大するとともに，新たな経営管理手法（new public management: NPM）[2]の下で，競争主義的な市場環境に置かれるようになった。したがって，国家・大学・市場それぞれの役割と関係は大きく変容しており，上記の調整力学についても再考が必要だろう。

　いずれにしても，大学を国家と市場との関係性の中に捉えたこのモデルは一種の理念型であり，大学のあり方を問う際の「レジーム（体制）」とも言い換えられるだろう。レジーム論といえば，エスピン＝アンデルセンの国家・市場・家族からなる「福祉レジーム論」が有名である[3]。すなわち，福祉供給に当たって「国家」「市場」「家族」という3つのセクターを措定し，福祉国家形成に関わって三者のいずれが制度形成の基盤として重視されたかを説明するものだが，ここで家族を大学に置き換えてみると，現代の各国の大学教育の相違についても，大きなヒントが得られるだろう。このように，トライアングル型レジーム論は古今東西の大学教育のあり方の相違を考察するにあたって，大学を取り巻く外部の他者との関係性の中で問い直す相対的視点を与えてくれている。

（橋本鉱市）

▷2　NPMとは民間企業における経営手法を公共部門に導入し，効率的な行政運用とサービスの向上につなげようとするものである。松永佳甫編, 2015，『公共経営学入門』大阪大学出版会などを参照。

▷3　エスピン＝アンデルセン, G., 岡沢憲芙・宮本太郎監訳, 2001，『福祉資本主義の三つの世界──比較福祉国家の理論と動態』ミネルヴァ書房。

大学と各種団体

▷1　中間団体論については，政治学で圧力団体や利益集団の観点から調査・研究が進められてきた。村松岐夫・伊藤光利・辻中豊，1986，『戦後日本の圧力団体』東洋経済新報社などを参照。

大学は，中世における成立以来，さまざまな社会集団との関係の中で存続してきた。そうした社会集団は，国家（マクロ）と個人（ミクロ）の間に位置する「中間団体」[1]として理解されるが，それらが大学とどのような関係を結び，どのような役割を果たしてきたのかについて，ここでは大学団体，大学評価団体，学術団体，専門職団体，経済団体に分けて概観してみたい（政治団体（政党）などもあるが，ここでは扱わない）。

① 大学団体

わが国の主な団体としては，国立大学協会（86校），公立大学協会（93校），公立短期大学協会（13校），日本私立大学連盟（125校），日本私立大学協会（404校），日本私立短期大学協会（303校）などがある（数字は2020年現在）。また専門領域別にも，日本私立医科大学協会，日本私立薬科大学協会，日本教育大学協会などがあり，加盟大学の情報交換，相互交流，政策提言，調査研究などを実施し，それぞれ機関誌などを発行して広報活動を行っている。私学各団体は1960年代初めの入学定員増加，1970年代の私学助成の制度化，国立大学協会は2000年代の法人化などの際に少なからぬ役割を果たしたが，しかしいずれの団体もアメリカの ACE（American Council of Education，全米教育協議会）のように高等教育界を代弁しているわけでなく，各セクター内でも確執を抱えており，高等教育の政策過程でどれほどの影響力を及ぼしているかは検討を必要とする。

② 大学評価団体

▷2　このほかに，大学改革支援・学位授与機構がある。

わが国の大学は1990年代以降，定期的な外部評価が求められるようになり，今日では 7 年以内に 1 回（専門職大学院は 5 年以内に 1 回），文部科学大臣の認証を受けた評価機関による第三者評価（認証評価）が義務づけられている。認証評価機関としては，アメリカにおける地区・専門領域別のアクレディテーション団体が著名であるが，わが国でも1947年に設立された大学基準協会のほか，大学教育質保証・評価センター，日本高等教育評価機構，短期大学基準協会などの評価団体がある[2]。また専門職大学院については上記の団体のほかにも分野ごとに，法科大学院は日弁連法務研究財団，経営系（経営管理，技術経営など）は ABEST21，教職大学院は教員養成評価機構などがある。

3 学術団体

　専門分野別の学会も，大学を取り巻く学術団体として取り上げるべきであろう。専門学会は，「ジャーナル共同体」として専門的学術の認証を行い，研究者の評価を行うという点で大学教員に必要不可欠な存在である。わが国の場合，専門学会が各種の職能資格を認定・授与に関わることも多い。また，内閣総理大臣所轄のもとにある「日本学術会議」はこうした専門学会を「協力学術研究団体」として束ねており（2020年現在の加盟は全体で2051団体），文部科学省所管の独立行政法人である「日本学術振興会」「日本学生支援機構（JASSO）」などとともに，わが国の研究・学術について大きな影響力を有している。学術振興会は科学研究費補助金の審査・配分機関でもある。

4 専門職団体

　上述のように，アメリカでは専門職養成については，分野ごとにアクレディテーション団体が大学カリキュラムなどを認証評価するシステムが取られており，専門職団体の大学（院）への影響力は非常に大きいと言える。わが国では1970年代に医学部（医大）増設などで日本医師会が要望を出すなどのケースはあったものの，既存の専門職団体が大学（教育）に直接かかわることは少なかった。しかし2000代以降の専門職大学院，2010年代後半の専門職大学の設置に絡んで，その養成数や教育プログラムなどに対して関与・介入を強めてきている（たとえば法曹養成に対する日弁連など）。

5 経済団体

　わが国では，短期大学を改編して専門大学を新設する要求など，戦後間もない頃から経済団体の大学教育への要求や圧力は，今日に至るまで小さくはない。事実，経済団体連合会（経団連，2004年以降は日経連と合併して日本経済団体連合会），日本経営者団体連盟（日経連），経済同友会（同友会）といった全国規模の経済団体（このほかに，関西経済同友会，関西経済連合会，東京商工会議所など）は，つねに研究，教育両面での産学連携・交流と理工系を中心とした人材育成を一貫して要求し続けてきている。その意向は，陰に陽にわが国の大学教育のあり方を左右する動因ともなっている。

　以上のように，大学間ならびに大学を取り巻く社会集団には，さまざまな中間団体があり，またその役割や機能についても多様であることがわかるが，それらの存在意義と影響力については，高等教育政策の形成と決定過程を丹念に検証することによって，浮かび上がらせることができるだろう。（橋本鉱市）

▷3　藤垣裕子，2003，『専門知と公共性』東京大学出版会。

▷4　たとえば，日本心理臨床学会など関係4団体による臨床心理士や，日本学生相談学会による大学カウンセラー資格や学生支援士資格の認定・授与など。

▷5　同様の機関としてアメリカではNSF（全米科学財団）やNIH（アメリカ国立衛生研究所）がよく知られている。後者は医学分野に特化しているが，前者はそれを除く広い専門分野を扱う。

▷6　飯吉弘子，2008，『戦後日本産業界の大学教育要求──経済団体の教育言説と現代の教養論』東信堂。

大学と戦争

▷1　XII-5 参照。

戦争のために大学が本格的に動員されるようになるのは20世紀に入ってからのことである（高等教育機関にまで拡大すれば，1794年に設立されたフランスのエコール・ポリテクニク（設立時は公共事業中央学校）があるが，エコール・ポリテクニクは大学とは別に作られた機関である）。とりわけ科学技術を介して両者の結びつきが強まっていった。そうした流れを形作る重要なきっかけとなったのが，二度にわたる世界大戦であった。

① 第一次世界大戦のインパクト

化学戦と呼ばれるように，第一次世界大戦では，化学研究の成果により毒ガスが作られ，それが戦局の行方を左右することになった。世界で初めて化学戦を実戦として展開したのはドイツであったが，そこで中心的な役割を果たしたのがアンモニア合成法（ハーバー・ボッシュ法）でノーベル賞を受賞したフリッツ・ハーバーであった。もっとも化学戦を考えていたのは，ハーバーらドイツの科学者だけではなく，連合国のなかでもたとえばイギリスでは，ウィリアム・ラムゼイがガス兵器の研究を行っていたし，フランスでも催涙弾の生産と備蓄を開始するなど化学戦への準備はなされていた。アメリカでも陸軍に化学戦部局が新設され，後にハーバード大学長となるジェームス・ブライアント・コナントらも関与していた。そして化学戦だけで5500人の研究者が動員され，約53万人の兵士が死傷したと推定されている。

▷2　ハーバー，L. F.，佐藤正弥訳，井上尚英監修，2001，『魔性の煙霧』原書房。

第一次世界大戦により科学技術の軍事的有用性を認識した各国政府は，科学技術へのテコ入れを始めるようになる。日本でも第一次世界大戦が勃発すると，ドイツからの輸入に頼っていた合成染料・医薬品の不足という事態に陥ったことから，化学分野の振興が図られたが，1930年代になると，日本学術振興会を新設するなどさらに科学技術へのいっそうテコ入れが図られた。

こうして第二次世界大戦が始まる頃になると，第一次世界大戦の科学動員の経験に基づいて，さらに大規模な科学動員が図られることになる。科学者が個人として戦争に参加することはそれ以前からみられたが，そうした散発的な関与から組織的な取り組みが展開し始める契機となったのが第一次世界大戦であった。第一次世界大戦の経験があったからこそ，第二次世界大戦で大規模な科学動員が行われ原子爆弾が開発可能となったのである。マンハッタン計画と呼ばれたアメリカの原爆の開発は，陸軍主導のもと行われたが，初期の頃はシカ

ゴ大学など大学のキャンパス内で行われ大学に籍をおく多くの科学者が原爆の開発に関与してた。

② 戦後の状況

こうした大学と戦争の関わりは，少なくとも欧米では，第二次世界大戦が終わっても途切れることはなかった。アメリカのいわゆる研究型大学は，第二次世界大戦直後に海軍から研究協力の打診を受けた際には二の足を踏んでいたものの，軍から資金を得ることで大学の規模を拡大できることから，軍との関係を次第に深めていくことになる。1957年に**スプートニクショック**[3]が起こると，産官学が強力なタッグを組んでソ連に対峙する「軍産複合体」と呼ばれる体制が構築されるまでに至った。こうしてマサチューセッツ工科大学（MIT）やスタンフォード大学など，ペンタゴン・イースト（東海岸の国防総省）やペンタゴン・ウェスト（西海岸の国防総省）と揶揄される大学まで現れた。

しかし60年代末になるとこうした状況に変化の兆しが現れ始める。その背景には**アポロ計画**[4]が成功裏に終わったこと，また米ソ間にデタント（緊張緩和）が訪れたことなどがあるが，とりわけ大学に対して大きな影響を与えたのが反戦運動の高まりであった。アポロ計画に加え，泥沼化するベトナム戦争にコミットしていたアメリカでは，科学技術の軍事化に対する批判の声がキャンパス内で高まっていた。こうした反戦運動の高まりによって MIT の計測工学研究所やスタンフォード大学のスタンフォード研究所など，多額の軍事契約を結んでいた研究所が大学から分離独立させられるなど，大学キャンパス内で大手を振って軍事研究を行うことができなくなっていった。80年代にレーガン政権が誕生すると新冷戦とも呼ばれる状況が生まれるが，89年のベルリンの壁崩壊，91年のソ連の崩壊と続く冷戦の崩壊により，全体的なトレンドとしては，冷戦型科学技術は終焉を迎えた。

しかし冷戦が終わったとはいえ，大学と戦争の関係が消滅したわけではない。米ソという超大国間の争いは鎮静化したものの，局地的な紛争はいまなお続いている。特に90年代に入るとテロリズムが頻発したことで，テロ対策という名目で大学と戦争との新たな関係が生まれつつある。こうしたこともあり冷戦期の花形分野であった核と宇宙関連の科学技術から，バイオや IT，ロボット技術などに注目が集まりつつある。日本では，1950年の日本学術会議による「戦争を目的とする科学研究には絶対従わない決意の表明（声明）」や，1967年の物理学会による「今後内外を問わず，一切の軍隊からの援助，その他一切の協力関係をもたない」とする決議など，戦争との関わり合いを拒否する姿勢がとられてきたが，近年では，防衛技術にも転用可能な民生技術（デュアルユース技術という）を積極的に活用しようとするなど，大学と戦争との結びつきを強化しようとする状況も生まれつつある。 （綾部広則）

▷ 3 **スプートニクショック**
1957年10月4日にソ連が打ち上げた人類初の人工衛星スプートニク1号に端を発する西側諸国が受けた衝撃。アポロ計画につながった。

▷ 4 **アポロ計画**
1961年から72年に行われた NASA による人類初の月への有人宇宙飛行計画。69年7月20日にアポロ11号が初めて月面着陸に成功した。

4 大学スポーツ

 1 わが国の大学スポーツ

　地域のクラブがスポーツを振興するヨーロッパと異なり，わが国とアメリカは大学スポーツがアマチュアスポーツの中では大きな部分を占めている。戦前からわが国の大学スポーツは一般学生の大きな支援を受け，大学の収入源となるほか，大学の知名度向上にも役割を果してきた。早稲田と慶應の野球の試合は1903年に初めて行われたが，早くも1906年には１勝１敗ののち双方の一般学生があまりに熱狂したため第３戦が中止となり，その後20年間行われなかった。1937年には文部省（当時）が東京六大学野球の入場料の高騰に介入して値下げさせることもおきた。[1]

　戦後も大学スポーツは野球やラグビーで人気を博したが，近年は野球以外にも実業団スポーツのプロ化が進んだため大学スポーツの人気は相対的には低下した。しかし，注目されるのは１月２日と３日の箱根駅伝の人気である。本来は関東陸連主催の地方大会なのだが1989年からの日本テレビによる完全生放送が開始されると，高視聴率中継での知名度向上を目指した大学が力を入れるようになっている。

　政府は「東京オリンピック・パラリンピック2020」を起爆剤にスポーツ産業の成長を目指している。2025年には市場規模を15兆2000億円（2012年の2.8倍）にしようとしている。そして，今日ほとんど収益をあげていない大学スポーツを含むアマチュアスポーツ市場は2025年までに3000億円規模になることが期待されている。その際，注目されているのがアメリカの大学スポーツである。アメリカで大学スポーツ全体の売り上げは8000億円近く，メジャーリーグとほぼ同規模である。[2]この商業的成功には大学スポーツ全体を統括する全米大学体育協会（National Collegiate Athletic Association: NCAA）の役割が大きいと考えられ，文部科学省とスポーツ庁の働きかけもあって，日本版 NCAA というべき UNIVAS が2019年３月に設立された。

2 アメリカの NCAA

　1906年に設立された NCAA（ただし，この名称になったのは1910年）は安全なアメフトの統一ルールを作る目的で設立されたが，その後アメフト以外のスポーツも管轄するようになった。一方，アメフトとバスケットボールでは収益と

▷１　天野郁夫，2017，「学生スポーツ事始め」『IDE 現代の高等教育』5912：pp. 59-67。

▷２　「大特集：大学スポーツの潜在力」『月刊　事業構想』2016年11月号。

知名度を上げるための勝利至上主義がはびこり，学生になりすました選手（学業成績が悪い選手）の出場，選手への裏金（入学時に親に支払ったり，入学後に小遣いとして渡される），監督への高額な給与などの問題が生じたが，これらは20世紀初めから今日まで根本的な解決がなされていない。スポーツの強い大学いわゆる Division I-A の120校でもアメフトとバスケットボールが黒字なのが半数，その黒字でレスリング，水泳，陸上，重量挙げなどの赤字を補填して黒字になっているのが20％程度である。その黒字もスポーツのさらなる強化に向けられるので，大学本体の財務に貢献することはなく，大学スポーツによって図書館が整備される

図XIII-4-1　2019年甲子園ボウルでの関西学院大学ファイターズ

出所：関西学院大学体育会アメリカンフットボール部提供。

ことは起こらない。むしろ Division I-A 以外のすべての大学でスポーツは大学本体からの補助金で行われており，この点は日本と変わらない。大学スポーツが知名度を向上させ志願者が増えたり，感動した卒業生からの寄付が増えることも，たとえばアメフトの戦績が7勝5敗から9勝3敗に変化したくらいでは効果はない。無名校の躍進とか古豪の何十年ぶりの復活といった「シンデレラ校」でのみ効果がある。

▷3　宮田由紀夫，2017，「アメリカの大学スポーツ NCAA から何を学ぶか」『現代スポーツ評論』36：pp. 37-52。

③ 日本版 NCAA

　日本版 NCAA 設立の議論の際には，大学スポーツによって収益源が多様になることが期待されたが，アメリカでもほんの一握りの強豪校以外，大学スポーツは儲かっていないという現状は幸い知られるようになった。アメリカの花形スポーツのアメフトとバスケットボールでは，高校を出た選手はすぐにはプロ入りできず前者では3年，後者では1年間は待たなくてはならない。優秀な高校生選手がすぐプロに行かずそれまで大学でプレーしてくれるので試合のレベルが高く，観客も視聴者も惹きつけるのである。それが定められていない日本の大学スポーツには収益性はなおいっそう，期待できない。

　全種目を横断的に統括する UNIVAS や NCAA のような組織が大学スポーツの健全化につながるかについては慎重に議論する必要がある。たしかに，あるスポーツで有力校が不正を犯した場合，所属のスポーツ連盟は有力校を厳しく処罰できないが，全種目を統括する組織ならば処罰できるかもしれない。しかし，ある種目で不正を行ったら，すべての種目で制裁を課すような広範な連帯責任は好ましくないであろうから，全種目横断的組織の力には限界がある。実際，本家の NCAA はアメフトやバスケットボールの有力校の発言力が強く，アメリカで大学スポーツの健全化が100年以上進まないのは NCAA が共犯者だからだ，との意見もある。UNIVAS は日本版 NCAA というよりはまったく別物を作っていく，という考えの方が好ましいであろう。　　　（宮田由紀夫）

5 # 産学協同・連携

 1 産学連携とは何か

　大学の使命は教育，研究，社会貢献と言われる。教育も研究も長期的には社会に貢献すると考えられてきたのだが，近年は大学の研究成果を企業と協力して商品化・実用化する産学連携による，より直接的な社会貢献が求められている。産学連携の手段として注目されているのは，企業からの資金で研究を行う受託研究，企業の研究者と協力する共同研究，大学教員によるコンサルティング，大学教員・卒業生による起業，大学の研究成果で特許を取り企業にライセンスすることである。もちろんこれらは組み合わせて行われ，ライセンス契約の次の日から大量生産が始まるわけでなく，試作品を量産品にまで仕上げる過程で，発明した教員がライセンスを受けた企業と共同研究したりコンサルタント契約を結んだりする。

2 モデルとしてのアメリカの産学連携

　多くの大学改革がアメリカの制度の導入であるように，産学連携の推進もアメリカの成功を範にしたものである。もともとアメリカの大学，特に州立大学は地域経済への貢献を目指していた。しかし，第二次世界大戦をきっかけに多額の連邦政府資金が大学に投入されて大学の研究はノーベル賞狙いの基礎研究志向となり，大企業は自社内で研究したので大学と産業界との距離は広がった。ところが産業競争力に陰りが見えてきたのでアメリカは大学から企業へのより直接的な技術移転を求めてバイ・ドール法を制定した（1980年制定，1981年施行）。

　バイ・ドール法によって，連邦政府資金で大学が行った研究成果は，教員のものでも政府のものでもなく大学の帰属となり，大学が特許化してライセンス先を探し，その収入は発明者である教員，その所属学科・学部，大学全体で共有し，政府に返納しなくてよいことになった。しかし，大学の特許は論文を書くために行われた研究の副産物であるので，萌芽的で画期的である。企業は苦労して実用化したら既存製品を陳腐化させてしまう大学の特許には興味を示さず，1980年代を通してアメリカのハイテク産業の苦境は続いた。1990年代に入り，大学は自らベンチャー企業を設立することに積極的になった。大学発ベンチャーは大学の技術を洗練して再度企業へのライセンスを試みたり，IT 産業

▷1　大学発ベンチャーは国によって，国内でも担当省庁によって定義がまちまちである。アメリカでは大学の特許をライセンスしてできた企業ということだが，日本では学生・卒業生による起業や設立後に大学から特許を受けた企業も含まれる。

ではグーグルのように自ら成長
し上場を目指したり，バイオ産
業では臨床試験の得意な製薬会
社に身売りしたりする。ただ，
現在でもアメリカの大学の研究
の中心は連邦政府資金による基
礎研究であり，大学が企業の下
請けになっているわけではない。[2]
コンピュータや生命科学などで

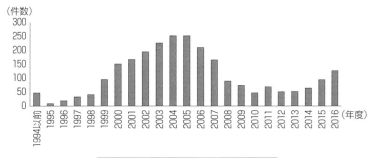

（件数）

図XⅢ-5-1　大学発ベンチャー新規設立件数

出所：文部科学省。

大学の基礎研究成果が商品化されやすい時代になったのである。

3　日本の産学連携

　わが国の場合，もともと教員に発明の権利を与えられていたが，よほど商品
化に自信がない限り教員は特許申請やライセンス先を探す努力はしなかった。
大学の教員と個人的なつながりを持たない企業は，大学の発明にアクセスでき
ず産学連携は低調であった。また，第二次世界大戦中の産学連携は軍国主義へ
の協力であったとの反省があり，学生運動が高揚した時期には産学連携は国家
独占資本主義への協力だとして批判されたので，学内の規範として産学連携を
避ける傾向があった。

　しかし，バブル崩壊後の不況に苦しむわが国は，アメリカに倣う形で産学連
携を国策として推進した。1998年より国が大学からの技術移転を行う大学関連
組織に補助金を出すようになり，また，国立大学が2004年に法人化されたこと
で，組織として特許を持てるようになり，特許申請やライセンス先の探索を教
員任せでなく資金を持った大学が行うというアメリカ型の制度が整った。

　日本でも大学発ベンチャーの設立が促され，政府によって2002年度から3年
間で大学発ベンチャーを累積で1000社にするという目標が掲げられたこともあ
った。この時期は毎年250社近い大学発ベンチャーが新規開業し目標が達成さ
れた。しかし，ブームが去ると大学発ベンチャーの新規設立数は2012年には50
社近くまで低下した。2016年には100社以上に回復しており，2020年現在生き
残っている数は不明だが，大学発ベンチャーはこれまでに2500社以上が設立さ
れたことになる。そのうち上場している64社の時価総額は2兆3700億円である。
2016年の新規開業企業数に占める大学発ベンチャーは0.15％に過ぎないが，ア
メリカでも0.24％でそう変わらない。[3]

　産学連携は大学の研究を事業化するノウハウがないと成功しないので，その
ような人材を忍耐強く養成し知見を大学間で広めねばならない。一方，大学に
は企業ができない長期的で収益性はなくても公共の利益に資する研究を行う使
命があり，これは公的な資金で支えていかなければならない。（宮田由紀夫）

▷2　2015年でアメリカの
大学に使用する研究費の民
間負担率は5.2％である。
日本（2.6％）やフランス
（2.8％）は低く，ドイツ
（13.9％）や中国（30.2％）
が高い（文部科学省，2019，
『産学連携の最近の動向及
び今後の論点について』
（文部科学省ホームページ，
2019年12月18日アクセス））。

▷3　価値総合研究所，
2019，『平成30年度　産業
技術調査事業（大学発ベン
チャー実態等調査）報告
書』。

学生運動

学生運動は，言葉通り，大学生が主体となって起こす運動であるが，大学生がひとつの輪郭のある集団と見なされ，またその運動もキャンパス内にとどまるだけでなく外部社会へのインパクトを持ち，さらにさまざまな社会運動（労働，政治，文化運動などを含む）と連動している必要がある。つまり，エリート段階において社会から隔絶した教育機関内で引き起こされた事件などは，学生運動というよりは学校騒動，学校紛擾というべきものである。ここでは，大学外での社会運動と密接に関連しながら，キャンパス内外で大学生が主役となった運動について，わが国を中心に概観しておきたい。

① 戦前期の学生運動

戦前期，わが国の学生運動で有名なのは，東大新人会による政治的・思想的な運動である。同会は大正デモクラシーの影響下に，1918（大正7）年に東京帝国大学の学生を中心に組織され，当初は人道主義的な団体であったが次第に社会主義，マルクス主義へと傾倒して，日本共産党などによる労働運動との関係を強めていく。この新人会のほか，早稲田大学や第一高等学校など各大学・高校・専門学校に設立された社会科学系の研究会を中心として，1922（大正11）年に「全国学生連合会（学連）」が結成されたが，1925年に京都府警はマルクス主義を標榜し，無産階級運動を支援したとして京都帝大・同志社大学などの同メンバーを逮捕，初めて治安維持法が適用されることとなった（京都学連事件）。翌年から全国的な摘発が続き，文部省は学生の思想善導（左傾化防止のために伝統的な日本精神を注入する指導）に乗り出し，東大新人会などの学生団体に解散命令を出し，学生運動は弾圧されていくことになる。

② 全学連と新左翼

第二次世界大戦後に各地の大学で学園民主化運動が広がり，1948（昭和23）年9月に145大学の学生自治会が「全日本学生自治会総連合」（「全学連」）を結成し，インフレによる授業料値上げ反対を中心に運動を展開していく。結成初期には日本共産党の強い影響下にあり，学問の自由，教育のファッショ化反対などをスローガンとして掲げ，国内外の政治運動とも協調した。しかし，1950年代に入って日本共産党で党内分裂や方針変換などが相次ぎ，1955年7月の第6回全国協議会（六全協）での武装闘争方針の放棄決議以降は全学連と党との

▷1 伊藤彰浩は戦前期の学校騒動について，学生の自治要求，学生処分への反発，教育環境や学校経営の不満などを原因としてあげている（伊藤彰浩，1999，『戦間期日本の高等教育』玉川大学出版部）。

▷2 橋本鉱市編，2010，『大学生——キャンパスの生態史』玉川大学出版部を参照されたい。

乖離・対立は決定的となる。学生側は党への批判派である「新左翼」が主流派となって1958年に共産主義者同盟（ブント）を結成する。全学連は，このブントの指導の下に1960年の日米安全保障条約改定をめぐる反対運動（安保闘争）で中心的な役割を果たすが，同年6月をピークに安保闘争は収束，その後ブントはさまざまな諸派（セクト）に分裂して，学生運動はいったん落ち着きを見せる。

③　全共闘と全国への波及

しかし，1960年代半ば，再び学生運動が活発化する。その契機のひとつは，早稲田，慶応義塾など私立大学での学費値上げ反対運動であったが，他方で東大医学部のインターン問題をめぐる学生処分，日大での使途不明金問題，各地の学生会館や学寮の管理問題などが，国内外の政治問題（ベトナム反戦運動，70年安保問題など）と合流して，大きなうねりとなっていく。

この時期，全学連は大きく3つに分裂しており，キャンパスでの学生運動は，日大・東大で生まれたノンセクトの一般学生を包摂する「全学共闘会議（全共闘）」という新たな形態が主導するようになる。運動の形式は各校により多様ではあったが，次第に全国の大学に波及して，キャンパスは学生による無期限ストライキ，バリケード封鎖が席巻していく。しかし「大学の運営に関する臨時措置法」の施行（1969年8月），機動隊による封鎖解除などによって，70年代半ばには収束していく（「学園正常化」）。

④　世界における動向と現在

1960年代後半は，わが国だけでなく先進諸国で「スチューデント・パワー」といわれる同様の学生運動が広がった。いずれの国の高等教育もエリート段階からマス段階を迎え，トロウが指摘するように一般学生が増加し，それに対応する社会に開かれた大学のあり方が根底的に問われるようになった。そしてそれに伴って大学生の地位低下，教育環境の悪化，授業料の高騰などの制度的な変化が否応なしに進み，学生らの心理面でも「アイデンティティ・クライシス」と「集団的摩擦反応」を引き起こして，幅広い層を巻き込む学生運動を惹起させることになった。同時に，各国の事例に見られるように，大学が一般社会と地続きになることで，国内外の政治・経済状況とも密接に連動し，ヒッピー運動やカウンターカルチャー運動といった若者全般の社会・文化運動とも深くリンクしていくこととなった。

1970年代以降，学生運動は一部過激化する一方で，新たな社会運動（フェミニズム，エコロジー，地域運動など）にもかたちを変えていく。さらに東アジア諸国での軍事政権に対する学生運動など，今日もさまざまな形態でキャンパス内外での運動は続けられている。　　　　　　　　　　　　（橋本鉱市）

▷3　高木正幸，1985，『全学連と全共闘』講談社現代新書。

▷4　たとえばアメリカでは，その後の学生運動のひな形となった1964年のカリフォルニア大学バークレー校などでの学生運動が，またフランスでは，1968年3月の学生運動を契機とし，ド・ゴール大統領の退陣にまで至った「五月革命」が有名である。

▷5　小熊英二，2009，『1968——若者たちの叛乱とその背景』（上）新曜社，p. 99；小熊英二，2009，『1968——叛乱の終焉とその遺産』（下）新曜社，p. 777。

▷6　学生運動を扱った小説として，柴田翔，1964，『されどわれらが日々』文春文庫；村上春樹，1987，『ノルウェイの森』講談社；川本三郎，2010，『マイ・バック・ページ』平凡社など。

7 大学とエピステーメー

1 エピステーメーとは何か

　エピステーメーは，ギリシア語 ἐπιστήμη のカタカナ表記であり，語源的には，エピ ἐπι（〜の上に）＋ヒステーミ ιστήμι（立つ）からなる動詞エピスターマイ ἐπιστ（上に立って見る＝知る）の名詞形である。[1] ソクラテスやプラトンは，エピステーメーとは，理性によって獲得される絶対的な真の知識だと捉えた。その対比的な語は，経験による知識，憶測や意見などを指すドクサ δόξα である。当時，知識を弁論や説得のための道具として市民に伝授しようという職業教師のソフィストたちが人気を博していたが，ソクラテスたちはこれを大いに憂いた。真の知識（エピステーメー）は単なる実用的な経験知であってはならないのである。[2]

　古代ギリシア語のエピステーメーは，ラテン語では scientia（スキエンティア）と訳された。scientia は，動詞 scio（知っている）の名詞形である。scientia や14世紀頃より使われるフランス語・英語の science は，18世紀末頃まで，学問的な知識という包括的な意味で使われていた。その後は，近代の学問の体系化と細分化とともに，現代英語でいう science（科学）を意味するようになった。ただし，moral science が「道徳科学」というより，「道徳についての学問」を意味することに示されるように，science には学問的知識（エピステーメー）の意味が残存している。

2 アリストテレスの学問体系

　エピステーメーのあり方をめぐり，大学の学問研究に大きな影響を与えたのは，アリストテレスによる体系的な学問観である。アリストテレスのいうエピステーメーとは，実用的な知識や制作の知識と対照的に，「知ること自体のために求められる」知識である。エピステーメーは固有の原理を持ち，他の知識による正当化を必要としない。たとえば，幾何学は点や線の存在を原理とし，天文学は天体やその運動の存在を原理とするが，相互の知による論証を必要としない独立した学問である。アリストテレスにおいて，学問的知識（エピステーメー）はその原理において互いに自律したものとして構想された。[3]

　現代でも理論と実践を区別し，事実を対象とする知識と価値を対象とする知識を区別する傾向にあるが，これはアリストテレスの観想と行為・制作との区別に由来する。また倫理学，政治学，形而上学など，彼が使った学問名は現在でも使われている。[4]

▷1　英語の表記は episteme，フランス語の表記は épistémè である。

▷2　現代英語でいえば，knowledge と opinion の違いである。

▷3　アリストテレス，神崎繁訳，2014，『アリストテレス全集15──ニコマコス倫理学』岩波書店，pp. 228-261。

▷4　このように知を区分するためには，この区分を正当化する知も欠かせない。それが論理学である。アリストテレスの論理学は，自然学とともに，中世の大学，スコラ哲学に大きな影響を及ぼした。

③　大学と学問的知識（エピステーメー）の探究

　大学と学問的知識（エピステーメー）の探究は，どのような関係にあったのか。

　中世大学は，自由な学問のコミュニティとして始まり，スコラ哲学やアリストテレスの諸学を中心に学問的知識（エピステーメー）の探究で隆盛を極めた時期もあった。しかし，やがて教会権力の介入や，王権・都市からの影響を受け，近代初期までには国家の機能に取り込まれ学問研究は廃れ，官僚の養成機関となっていった。

　一方，ルネサンス期にアリストテレスの自然学を揺るがすような発見が相次ぐと，学問研究は，アカデミー▷5や工房など，今度は教会や大学の権威の及ばないところで展開された。たとえば，ガリレオは直ちにアリストテレスの間違いに気づき，独自に，実験により数学的に解析しなければ力学は究めることができないと考えた。またケプラーの法則は実証的データに基づくもので，自然界に数学的秩序を読み込むことを前提としていた。こうして，アカデミーは，数学や実験を取り入れることにより科学革命を牽引し，学会誌の刊行など研究活動を制度化することにより，学問の専門分化に寄与していった。

　近代国家の成立とともに，自由な学問的知識（エピステーメー）の研究は国家に資するという理念から，大学において再び学問研究が制度化された。1810年に設立のベルリン大学は，国家からの「学問の自由」において，大学が学問研究の場であることを理念としてうたい，近代の大学の範型のひとつとなった。ベルリン大学は自然科学を受入れ，かつ諸学を統合する哲学とそれによる人格陶冶を目的としたのである。ただし，19世紀の後半には，その目的は薄まり，官僚養成と企業向けの技術者など専門職養成の役割を果たすようになっていった。

　ドイツ型の研究大学をモデルに，アメリカで1876年にジョンズ・ホプキンズ大学が設立されると，以後20世紀初頭にかけてアメリカ型の研究大学が出現していった。アメリカ型大学の特徴は，実業家の寄付による設立が多く，設置者（理事会）と経営者（学長）の発言力が強いことである。学問的知識（エピステーメー）の探究は，実用性を重視するアメリカでは独特のレトリックを必要とした。「科学を社会に役立たせるための最善の道は，科学をそれ自身の道に進むに任せることだ」▷6というメッセージである。科学の基礎研究，すなわち，学問的知識（エピステーメー）の探究こそが結局のところ社会に役立つという主張であった。

　このように学問的知識（エピステーメー）の探究の中心は，17世紀の科学革命のイギリスから，フランス，19世紀のドイツ，そして20世紀のアメリカへと移り，それぞれの重点的な学問領域も変化した。つまり，学問的知識（エピステーメー）（純粋学問）は，実用的知識（実学）との関連において，歴史の中でさまざまに理解されてきたのである。▷7大学の理念は，中世以来，真理の探究として一貫しているようにみえる。しかし，大学が置かれてきた外部との関係において，学問的知識（エピステーメー）の探究の形態が多様に変化してきたことを理解する必要がある。　　　　　　　　（松下晴彦）

表XⅢ-7-1　アリストテレスの知の分類

知の機能	性格	学問
ソピアー（智恵）	観想	数学
エピステーメー（学問的知識）		自然学
ヌース（知性）		神学
プロネーシス（実践知）	行為	倫理学 政治学
テクネー（技術）	制作	制作術

出所：内山勝利他編，2008，『哲学の歴史　第1巻古代Ⅰ』中央公論新社，p. 542。

▷5　1600年までにイタリアだけで約400ものアカデミーが設立されたといわれるが，科学革命の中心となったのはフィレンツェの実験アカデミー（1657年），ロンドンの王立協会（1660年），パリの王立科学アカデミー（1666年）などである。

▷6　ベン-デービッド，ヨセフ，潮木守一・天野郁夫訳，1974，『科学の社会学』至誠堂，p. 221。

▷7　たとえば，実用目的の知識が，純粋学問へと展開されたり，基礎研究（純粋学問）と応用研究（実学）のカテゴリーがにわかに用意されたりする。

学歴社会

 学歴社会とは

　学歴とは個人が受けた最も高い学校教育段階（高卒か大卒かなど）か，またはどの学校を卒業したかを指す。後者は学校歴と呼ばれることもある。さらに学歴社会とは，個人を社会的に選抜し評価する際に学歴が重視され，社会的地位に対して学歴の影響が相対的に大きい社会を指すことが多い。たとえば企業が新入社員を採用するとき，性別・年齢・縁故などの基準よりも学歴を重視する社会である。したがって高卒者より大卒者が，平均的に所得が高くより高い比率で専門的・管理的な職業に従事していれば，学歴社会だと判断される。今日の多くの国家は程度の差こそあれ学歴社会であり，日本も例外ではない。

2　なぜ学歴社会が生まれたのか

　学歴社会はいつ頃なぜ生まれたのであろうか。近代以前の社会では高い地位は世襲や縁故によって決まることが多かった。しかし西欧では産業革命を経て近代社会を迎えると，高い地位には能力の高い者が就くべきだというイデオロギーが強まった。「何であるか」を重視した属性主義から，「何ができるか」の業績主義への転換が求められたといってもよい。これがいわゆるメリトクラシーの勃興である。メリトクラシーとは，merit（＝IQ＋努力）と cracy（〜による支配・主義）をつなげてヤングが造った用語であり，地位を知的能力に応じて配分することを指す。ただし merit を直接測ることはできないので，そのひとつの指標として学歴がしだいに用いられるようになったと考えられている。

　特に遅れて近代化が始まりそれに要した期間が短かった日本では，学歴社会化の進展も急速であった。明治維新以降，近代的な官僚制度の確立や工業化を成し遂げるために，広範な知識や高い技術を持つ人材の育成が急務だったからである。そこで江戸時代の士農工商といった出自（身分）とは関係なく，初等・中等教育において能力の高い者を選抜し，高等教育によって高度な職業人を養成することが目指された。

3　学歴社会の何が「問題」とされたか

　もっとも，戦前の大卒者はごく少数であったから庶民にとって学歴社会は縁遠い存在であった。しかし人口規模が大きい第一次ベビーブーマーが高度経済

▷1　教育や学歴には個人の能力を高め地位を決める側面と，能力や地位を示す側面がある。天野は前者を地位形成機能，後者を地位表示機能として区別した。天野郁夫，1983，「教育の地位表示機能について」『教育社会学研究』38：pp. 44-49。

▷2　根拠となるデータや学歴社会の成立についての諸理論は，平沢和司，2014，『格差の社会学入門──学歴と階層から考える』北海道大学出版会の第7章を参照。

▷3　ヤング，M.，窪田鎮夫・山元卯一郎訳，1982，『メリトクラシー』至誠堂。メリトクラシーの訳語としては能力主義が用いられることが多い。同書はメリトクラシーを貫徹すると息苦しい社会が到来することを未来小説のかたちで提示している。

▷4　ドーアはこうした過程を「後発効果」と呼んだ。ドーア，R. P.，松井弘道訳，1978，『学歴社会──新しい文明病』岩波書店。

成長期に大学進学の時期を迎え，やがて進学率が男子で4割を超えると，誰にとっても学歴社会はより身近になった。就職や昇進において学歴（学校歴）による選抜が自明視され，広範な影響を及ぼすようになったからである。それに伴い「実力はあるのに学歴が低いために，あるいは有名大学出身者による学閥のために，正当に処遇されない（出世できない）のは不公平だ」という問題意識が生じた。学歴社会に対するノン・エリートからの異議申し立てである。

さらに学歴じたいは業績であってもいったん獲得すると属性（身分）化し，学校や職業とは関係ない日常生活に影響するという指摘もなされた。結婚相手として，高学歴であればあたかも優れているかのごとく見なす風潮がみられるのではないか，と。

❹　学歴社会は変化しているのか

このように学歴社会への批判は根強いが，変化は生じているのであろうか。2009年には大学進学率が男女計で5割を超え，大卒者はごくありふれた存在になった。そのため学歴インフレ（大卒の価値が相対的に下がること）が生じ，学歴社会はしだいに消滅するという見立てがある。他方で，知識社会化が進展しているので高学歴者の受け皿である専門職の需要は漸増しており，大卒プレミアム（大卒であることの利点）はむしろ高まっているとする見解もある。いずれが正しいかは今後の動向を注視する必要があるものの，いまのところ冒頭で定義した学歴社会が大きく変容したことを示すデータは見当たらない。

そうであるならば，誰もが高い学歴を得る機会が平等に与えられているかどうかが問われる。かつての日本では「誰でも努力すれば高い学歴を得られる」と考える傾向が強かったため，学歴取得前の機会の不平等は等閑視されてきた。しかし実際には進学率が上昇しても育った家庭の所得や親の学歴が高い子どものほうが，大学へ進学しやすい。子どもは親を選べない以上，これは社会的に看過できない問題である。

同時に，学歴社会があまり変化しない背景を考えることも重要である。日本における学卒直後の就職では，職務の内容を決めずに採用されることが一般的である。そのため学校で何を学んだか（学習歴）よりは，入職後に期待される職務能力やその訓練可能性のシグナル（指標）として学歴が重視されやすい。もちろん能力は多元的で多義的な概念であるため，学歴がその適切なシグナルかどうかの判断は難しいが，他方で学歴は一次元的に捉えやすいため，選抜や評価に際して機能的である点は否定できない。どうすれば学歴を適切に利用しそれに翻弄されずにすむのか，われれの知恵が試されている。

（平沢和司）

▷5　新堀通也編，1966，『学歴——実力主義を阻むもの』ダイヤモンド社。

▷6　学歴社会に対する批判や評価については，原純輔・盛山和夫，1999，『社会階層——豊かさの中の不平等』東京大学出版会，pp. 59-62にまとめられている。

▷7　大卒プレミアムについては矢野眞和，2015，『大学の条件——大衆化と市場化の経済分析』東京大学出版会，7章を参照。

▷8　苅谷剛彦，1995，『大衆教育社会のゆくえ——学歴主義と平等神話の戦後史』中央公論新社，pp. 144-150。同書は▷5の新堀らによる研究についても論じている。

▷9　平沢和司，2018，「世帯所得・親学歴と子どもの大学進学」中村高康・平沢和司・荒牧草平・中澤渉編『教育と社会階層——ESSM全国調査からみた学歴・学校・格差』東京大学出版会，pp. 107-128。

▷10　この点に関しては Ⅲ-1 を参照。

9 大学とキャンパス

1 ヨーロッパの大学都市

　「キャンパス」は大学内の敷地，または建物も含む大学それ自体を指すが，西欧の中世都市に大学ができ始めたとき，固有の敷地や建物はなかった。修道院と異なり，寄付をする者がなかったためだという。大学とは何よりも「学生や教師の集まり」であり，最初期の講義は教会の回廊や教師の自宅，授業料収入で借りた建物で行われた。人里離れた地ではなく，町の喧騒の中に大学が生まれたのも，教場が借りられ，異邦人に住居や食事を提供できたことが大きい。大学は町に，家賃収入など経済的利益や，文化的威信をもたらしたのである。

　城壁で囲まれた中世の都市は土地が限られる。大学（学部）は建物を賃借，のち所有するようになり，都市に施設が散在する形で発展した（大学都市）。他の町への集団移転すら行う身軽な存在だった大学は市街地に定着していく。

　時代が下ると，大学は一ヶ所に教室を集中させるようになる。ヨーロッパの大学は停滞の時期を経て，近代科学を受け入れ始めると，町の各所に研究室や実験室が増え，施設は再び分散化する。19世紀のドイツには研究重視の近代大学が現れ，城壁外への敷地・建物の拡張や，郊外移転も行われた。

2 学寮（カレッジ）中心の大学

　中世では，一軒家を借り切って共同生活する学生は比較的裕福な方である。大学が寄進の対象になり始めると，篤志家は貧しい学生向けに学寮（寄宿舎）を設け，一種の特待生として，その生活費を基本財産の収益からまかなった。のちにパリ大学本部に発展したソルボンヌも，当初は小さな学寮だった。

　イギリスのオックスフォード大学，ケンブリッジ大学は学寮中心の大学である。修道院に似て，四角い中庭を囲む建築（クォードラングル）は居室や食堂，チャペル，図書館も備えた。学寮の生活は規則に従ったもので，年長者は年少者に個別指導も行う。この寮内の教育活動の比重が，寮外の授業より高まるうち，自費の学生も増えた。こうして規律ある生活を通した「ジェントルマン」養成機能が形成され，王室や高位聖職者の寄進により学寮の増設も相次いだ。

3 アメリカの大学と「キャンパス」の誕生

　城壁も都市もない北米では，大学は荒野に生まれる。17世紀以降，東海岸の

▷1　Ⅷ-1 参照。

▷2　たとえばパリのセーヌ川左岸の「カルチェ・ラタン」（国際語のラテン語が話される界隈の意）には，こうして大学施設が集積した。パリ大学は今もここにある。

▷3　たとえばボローニャ大学は16世紀，チャペルや解剖教室も備えた本館（アルキジンナジオ）を建てた。

▷4　Ⅷ-4 参照。

▷5　Ⅷ-2 参照。

▷6　Ⅷ-5 参照。

▷7　広場の両脇に建物が軒を連ねる「モール」形式に対し，大規模化への反省から，19世紀末には英国流カレッジ教育への再評価が起き，クォードラングルの建物も建造された。

▷8　コミュニティ・カレッジなど，戦後は大都市に通学型キャンパス（都市型大学）が発達した。

▷9　Ⅷ-6 参照。

▷10　Ⅷ-6 参照。

各植民地にはイングランドのカレッジを模範とする大学ができ始めた。[6]「キャンパス」の語を18世紀に最初に用いたのは，現在のプリンストン大学だという。ラテン語カンプス（campus）に由来し，野原や耕地，野営地を意味した。大学キャンパスの原型は，「囲われた原っぱ」なのである（図XⅢ-9-1）。

図XⅢ-9-1　18世紀のプリンストン大学（当時はニュージャージー大学）

ナッソーホールの前に，柵で囲われた「原っぱ」がある。
出所：岩城和哉，1998，『知の空間』丸善，p. 87。

もっとも，アメリカ流の広大で開放的なキャンパス（美しい緑の芝生に覆われたオープンスペースを取り囲むような，ゆとりある建物配置）を各大学が形成したのは，19世紀後半から20世紀初めにかけてであった。アメリカにも研究重視の波が押し寄せ，学生数でも大規模化する。[7]都市化が進む中，既存の敷地を拡張できない場合は郊外に移転した。建物の全体配置図などの「マスター・プラン」の策定，計画的キャンパス整備が始まったのもこの頃である。[8]

❹ 日本の大学キャンパスの形成と展開

大学都市，学寮，キャンパス。日本の大学の校地・校舎は，これらの原型のどれとも異なるが，似た面もある。現在の東京大学の前身，帝国大学（1886年）[9]は，元は首都東京に散在する諸学校だった。東京開成学校（法理文三学部。現学士会館付近），東京医学校（秋葉原駅付近），司法省法学校（法務省旧本館付近），工部大学校（文部科学省付近）は，結果としては本郷に集結し，定着した。

しかし，1877年の旧東京大学の成立前には，現市川市の広大な敷地に官立大学を設置する構想があった。関東大震災後には，三鷹に移転して狭隘化を打開する案もあった。欧米で進む大学の研究重視・大規模化の流れに乗り，広い校地一ヶ所に施設を集中して，総合大学の実を挙げようとしたのである。

日本の大学は，ほぼ通学型である。だが旧制高等学校は寄宿制を重視した。英米のカレッジとはまったく異なる学校だが，共同生活による人間形成も目指しており，（特に明治期は）外部から閉ざされた建築様式であることは似ている。

ではアメリカ風のキャンパスはというと，ミッション系，なかでもマスター・プランのもと，郊外の広い敷地に緑の芝生の広場を囲んで統一的な建物を配置した関西学院大学が代表格だ。もっとも，大学令下で大学「昇格」を目指し，[10]供託金の準備，予科開設のため神戸の土地を売って，1929年に現西宮市に移転した点は通学の便も考慮したもので，他の日本の私学と同様だった。

東京に集中する高等教育機関の地方分散化は，早くから政策課題であった。国立（官立）の場合，戦前・戦後を通じて，創設費の地元負担を伴いながら，全国的な配置にはほぼ成功を収めた。地方都市の公私立大学も，かつてに比べ大きく増えた。人口が減り，都市自体が縮小する時代に大学，そしてキャンパスが地域社会に果たす固有の役割とは何かが問われている。　　　　（朴澤泰男）

参考文献

天野郁夫，1991，「都市と大学」有馬朗人著者代表『都市』東京大学出版会，pp. 265-288。

市川昭午，2001，『未来形の大学』玉川大学出版部。

岩城和哉，1998，『知の空間——カルチェラタン・クォードラングル・キャンパス』丸善。

潮木守一，2007，「都市と大学——歴史のなかでみる」米澤彰純編『都市と大学との連携・評価に関する政策研究——地方分権・規制緩和の時代を背景として』科研費報告書，pp. 5-27。

木方十根，2010，『「大学町」出現——近代都市計画の錬金術』河出書房新社。

立川明，2018，「キャンパス」児玉善仁編集委員代表『大学事典』平凡社，pp. 335-336。

寺﨑昌男，2020，『日本近代大学史』東京大学出版会。

中野実，1999，『東京大学物語——まだ君が若かったころ』吉川弘文館。

横尾壮英，1992，『中世大学都市への旅』朝日新聞社。

10 学問の自由，大学の自治

 上位の権力との関係

　自治とは「自分たちのことを自分たちで治める」ことを意味する。民主主義と似ているが，治めるやり方が民主的かどうかや，目指すところが進歩的かどうかは，自治とは関係ない（独裁的・保守的な自治もある）。それは自治が上位の権力との関係において成り立つ概念だからである。たとえば，主権国家は自分より上位の権力を持たないから，「国家の自治」という言い方はしない。

　自治の概念は，むしろアジールやギルドといった近代以前の古い制度に近い。アジールは統治権力の支配が及ばない空間であり，宗教的な聖域や交易場所などがそうした性格を持っていた。ギルドは独占的で排他的な同業者組合であり，中世ヨーロッパ都市の商工業者の間で発達した。こうした歴史を紐解いていくと，自治と上位の権力との関係は，権力に自治を認めさせる代わりに条件を飲む，あるいは権力が自治を利用する代わりに保護する，といった相互作用のバランスにおいて規定されてきたことがわかる。

　自治が認められた空間には，権力の秩序とは異なる，固有の論理に支配された秩序がある。大学の自治によって守られる固有の論理とは，学問の自由である。自由だから何でもあり，ではない。学問というのは，人類が蓄積してきた知の共有財産と，時間と空間をまたぐ知の共同作業を組織して行われる一大事業である。そこではディシプリン（専門分野＝規律訓練）を身につけ厳しい批判に耐えられるものだけが，自由にふるまうことができるのだ。

 自己決定と他者依存

　自治は，その固有の論理に則って自己決定する。特に誰をメンバーに選び，どう教え育て，何を研究するかが学問の自由にとって重要である。その一方で，権限や財源などの自らの存立基盤を上位の権力に依存している。それが権力の介入や干渉を誘発する。自治は，自己決定と他者依存をめぐる綱引きのバランスの上に成り立っているのである。

　とはいえ，自治と上位の権力の関係を，支配や抑圧のような一方的な統制関係としてのみ捉えるのは一面的である。自治の難しさは，親子関係の難しさに通ずる。自治をめぐる問題が，上位の権力（国家）との距離が近い大学ほど起こりやすいのはそのためである。日本の帝国大学は1886（明治19）年に「国家

▷1　大学が，中世ヨーロッパの学生や教師の組合に起源を持ち，都市の世俗的・宗教的権力との相互作用のなかで自治を獲得してきた経緯については，Ⅷ-1　Ⅷ-2 参照。

▷2　Ⅻ-1　Ⅻ-2 参照。

ノ須要ニ応スル」使命を帯びて誕生し，国家による手厚い保護のもとで大事に育てられてきた。戦前の場合，家はまだ貧しく親も若かったから，長男（帝国大学）に特権と投資を集中させて，弟妹たち（他の高等教育機関）と差別化した。親は子のために良かれと思い口を出す。子は成長するに従い親の干渉を嫌うようになる。この親子の葛藤は帝国大学に集中した。教授の任免や総長の選出などの人事については，次第に自治を認められるようになる一方で，反体制的な学者の処分をめぐって国家権力が介入する事件もしばしば起こった。森戸事件（1920年），滝川事件（1933年），矢内原事件（1937年），平賀粛学（1939年）などはいずれも帝国大学で起こった。

▷3　帝国大学令第1条。

③ 上位の権力が曖昧になると大学は不自由になる

1945年の敗戦という国家的な挫折により，自治と上位の権力の力関係は大きく変化する。戦争を止められずに加担してしまった悔恨と反省から，学問の自由と大学の自治の意義が，平和と民主主義という進歩的な価値を守る砦として，大幅に見直された。いわば親の権威が弱くなった代わりに長男以外の弟妹たちの地位が引き上げられ，さらに家計に余裕ができたおかげで一家の命運を子に託さなくてもよくなったのである。こうして子が自治と自由を謳歌する時代は，1960年代末の壮大な反抗期を挟んで1980年代まで続いた。

経済力が弱まり先行き不透明になると，ふたたび子への期待が高まってくる。1990年代に到来した大学改革の時代において，大学の自治にとっての上位の権力とは，直接的には文部（科学）省であるが，究極的には有権者・納税者としての国民である。実際には，政治家や官僚や財界が国民の代理人としてふるまい，財政難や国家戦略や経済再生を盾に文科省に圧力をかける。文科省は補助金や許認可を盾に大学に圧力をかけ，大学執行部は文科省の意向を盾に教授会に圧力をかける。こうした圧力の連鎖の末端において，自治と自由の余地が狭められていると感じる大学教員は少なくない。

大学改革の時代における上位の権力は，戦前の帝国大学の時代よりも何重にも間接的になり，戦後の経済成長の時代よりも経済力の後ろ盾がはるかに弱くなった。つまり上位の権力が相対的に曖昧になったのであるが，これは大学の自治の拡大を意味しない。逆である。支配や抑圧といったハードな統制の代わりに，責任の所在が曖昧な自律というソフトな管理が浸透する。これは「自分の頭で考えなさい」と子を突き放しながら親の「正解」を言い当てるまで否定し続けるダブルバインド（二重拘束）である。そうした親子関係のもとでは，子は考えたり反抗したりするのではなく，生き延びるために心を麻痺させるだろう。そうならないために，大学の自治と学問の自由はどのように捉え直されるべきか。教科書のなかに正解はない。高等教育論を学ぶ人は，自治と自由を自ら引き受け試行錯誤しながら問い続けてほしい。　　　（井上義和）

▷4　それゆえ大学に国家権力が介入・干渉すると戦前以上に激しい反発を招いた。東大ポポロ事件（1952年）では学問の自由と大学の自治に関する最高裁判所判例をもたらした。

▷5　学生運動は日本だけでなく世界中の大学で起こった。XⅢ-6 参照。

▷6　Ⅶ-5 参照。

▷7　「自治から自律へ」という転換については，広田照幸，2019，『大学論を組み替える』名古屋大学出版会，p.235以下。

(参考文献)
石原俊，2017，『群島と大学』共和国。
寺﨑昌男，2020，『日本近代大学史』東京大学出版会。

人 名 索 引

事 項 索 引

執筆者紹介（氏名／よみがな／現職／業績／執筆担当／高等教育論について学ぶ読者へのメッセージ）　　＊は編著者

＊阿曽沼明裕（あそぬま・あきひろ／1965年生まれ）

東京大学大学院教育学研究科教授

『戦後国立大学における研究費補助』（単著，多賀出版，2002年）

『アメリカ研究大学の大学院──多様性の基盤を探る』（単著，名古屋大学出版会，2014年）

Ⅰ-1 Ⅱ-1 Ⅳ-2 Ⅴ-4 Ⅴ-5 Ⅴ-6 Ⅵ-1 Ⅶ-1 Ⅷ-1 Ⅷ-2 Ⅺ-1 Ⅻ-2 Ⅻ-4

大学や高等教育は現代社会で最も重要な制度の一つです。本書はそれを学ぶための入り口になるはずです。

綾部広則（あやべ・ひろのり／1968年生まれ）

早稲田大学理工学術院教授

『新通史──日本の科学技術』（共著，原書房，2011年）

『岩波講座現代2　ポスト冷戦時代の科学／技術』（共著，岩波書店，2017年）

Ⅻ-3 Ⅻ-5 ⅩⅢ-3

日本の大学の研究者の半分以上は自然科学系の研究者です。ぜひ科学技術という観点からも大学をみて下さい。

磯田文雄（いそだ・ふみお／1953年生まれ）

花園大学学長

『新しい教育行政──自立と共生の社会をめざして』（単著，ぎょうせい，2006年）

『教育行政──分かち合う共同体をめざして』（単著，ミネルヴァ書房，2014年）

Ⅶ-3 Ⅺ-2 Ⅵ-6

政府と市場と社会の間の緊張感のある関係を形成することが，人間の今後の生き方の基本といわれています。

伊藤彰浩（いとう・あきひろ／1960年生まれ）

名古屋大学大学院教育発達科学研究科教授

『戦間期日本の高等教育』（単著，玉川大学出版部，1999年）

『シリーズ大学2　大衆化する大学──学生の多様化をどうみるか』（共著，岩波書店，2013年）

Ⅵ-3 Ⅵ-4

高等教育は大きく変化をしています。このテキストを手掛かりに様々な現実の動きにも目をむけてください。

井上義和（いのうえ・よしかず／1973年生まれ）

帝京大学共通教育センター教授

『未来の戦死に向き合うためのノート』（単著，創元社，2019年）

「学生多様論の鵺的な性格──1990年代以降の改革言説における展開と機能」（『高等教育研究』第21号，2018年）

Ⅳ-7 ⅩⅢ-10

専攻に関係なく，すべての大学生に学んでほしい内容です。自分の大学についても新たな発見があるはずです。

浦田広朗（うらた・ひろあき／1958年生まれ）

桜美林大学通信教育課程教授

『新説　教育社会学』（共著，玉川大学出版部，2007年）

『大学教授職の国際比較』（共著，東信堂，2020年）

Ⅲ-7 Ⅺ-7

大学人にとって高等教育論は自己吟味であり，アテネに対するソクラテスに喩えられます。

苑　復傑（えん・ふくけつ／1958年生まれ）

放送大学教授

『情報化社会におけるメディア教育』（共著，放送大学教育振興会，2020年）

『教育のためのICT活用』（共著，放送大学教育振興会，2017年）

Ⅳ-9

大学教育とテクノロジーはどのような関係にあるか，またどのような重要問題を提起しているか，考えてみよう。

小方直幸（おがた・なおゆき／1967年生まれ）

香川大学教育学部教授

『リーディングス日本の高等教育4　大学から社会へ』（編著，玉川大学出版部，2011年）

『大学マネジメント論』（編著，放送大学教育振興会，2020年）

Ⅲ-2 Ⅲ-4 Ⅲ-6 Ⅳ-1

初学者の方は大学の多様な側面に，現場の方は歴史や比較に触れることで，常識を一旦リセットしてください。

木村拓也（きむら・たくや／1978年生まれ）

九州大学大学院人間環境学研究院教育学部門教授／大学入試センター研究開発部教授（クロスアポイントメント）

『キャリア形成支援の方法論と実践』（共編著，東北大学出版会，2017年）

『混迷する評価の時代，教育評価を根底から問う』（共編著，東信堂，2010年）

Ⅱ-2 Ⅱ-3

本書を通じて，社会の中の学問知の集積である大学が社会にとって，学生にとって，高校生にとって，どういう存在であるのか，を問い続けてくれることを期待しています。

齋藤崇徳（さいとう・たかのり／1985年生まれ）

独立行政法人大学改革支援・学位授与機構助教

『戦時日本の大学と宗教』（共著，法藏館，2017年）

『高等教育組織の環境と適応──戦後日本における国際基督教大学成立の事例から』（『教育社会学研究』第94巻，2014年）

Ⅲ-3 Ⅵ-6

あなたが学校から離れ「大人」になった後にも，本書が大きな学びになることを期待します。

執筆者紹介(氏名／よみがな／現職／業績／執筆担当／高等教育論について学ぶ読者へのメッセージ)　　＊は編著者

坂本辰朗(さかもと・たつろう／1952年生まれ)

創価大学教育学部教授

『アメリカ大学史における女性大学教員支援政策』(単著,東信堂,2020年)

「ナショナル・リサーチ・フェローシップの創設とその大学史上の意義」(『アメリカ史研究』第42号,2019年)

Ⅵ-5　Ⅷ-5　Ⅸ-5

ますます多くの人々が,大学に行くようになりました。21世紀初頭の現在,高等教育とは何か,改めて考えてみましょう。

白鳥義彦(しらとり・よしひこ／1966年生まれ)

神戸大学大学院人文学研究科教授

『大学界改造要綱』(共著,藤原書店,2003年)

『「知識人」の誕生——1880-1900年』(翻訳,藤原書店,2006年)

Ⅷ-3　Ⅸ-3

大学や高等教育は時代や社会で多様です。今の日本を自明視せず,より良いものを本書を通じて考えて下さい。

杉谷祐美子(すぎたに・ゆみこ／1971年生まれ)

青山学院大学教育人間科学部教授

『リーディングス日本の高等教育2　大学の学び——教育内容と方法』(編著,玉川大学出版部,2011年)

『進化する初年次教育』(共編著,世界思想社,2018年)

Ⅳ-5　Ⅳ-6　Ⅴ-1

日常的,経験的に知る大学を捉え直し,社会における大学の意義を考える契機にしてもらえればと思います。

田中正弘(たなか・まさひろ／1971年生まれ)

筑波大学大学研究センター准教授

Student Engagement and Quality Assurance in Higher Education : International Collaborations for the Enhancement of Learning.(編著,Routledge,2019)

「イギリスにおける大学教員の教育力評価——学生視点による評価」(『大学評価研究』第19号,2020年)

Ⅸ-2

高等教育論の研究を大学院レベルで行いたいのであれば,筑波大学高等教育論ゼミへの進学をご一考ください。

成定　薫(なりさだ・かおる／1946年生まれ)

広島大学名誉教授

『科学と社会のインターフェイス』(単著,平凡社,1994年)

Ⅷ-4　Ⅺ-5　Ⅻ-1

大学とは何かを問うことは,科学とは何かを問うことに通じます。科学とは何かを問うことは,大学とは何かを問うことに通じます。

南部広孝(なんぶ・ひろたか／1967年生まれ)

京都大学大学院教育学研究科教授

『中国高等教育独学試験制度の展開』(単著,東信堂,2009年)

『東アジアの大学・大学院入学者選抜制度の比較——中国・台湾・韓国・日本』(単著,東信堂,2016年)

Ⅸ-6　Ⅹ-2

高等教育の多様なあり方を知りそれを理解するための多様な視点を身につけて,視野を広げてください。

＊橋本鉱市(はしもと・こういち／1965年生まれ)

放送大学教養学部／大学院文化科学研究科教授

『高等教育の政策過程』(単著,玉川大学出版部,2014年)

『専門職の質保証』(編著,玉川大学出版部,2019年)

Ⅰ-2　Ⅳ-3　Ⅵ-4　Ⅶ-5　Ⅷ-6　Ⅸ-1　Ⅸ-8　Ⅻ-1

Ⅻ-2　Ⅻ-6

高等教育には,幅広い入口と,深い奥行きがあります。本書が新しい知の探険に役立ちますように。

服部美奈(はっとり・みな／1964年生まれ)

名古屋大学大学院教育発達科学研究科教授

『インドネシアの女子教育——イスラーム改革運動のなかの女性』(単著,勁草書房,2001年)

『ムスリマを育てる——インドネシアの女子教育』(単著,山川出版社,2015年)

Ⅸ-7

イスラーム世界は,西洋的な知の系譜とは異なる知の継承の観点から歴史的・地域的に奥深い世界です。

平沢和司(ひらさわ・かずし／1962年生まれ)

北海道大学大学院文学研究院教授

『格差の社会学入門［第2版］——学歴と階層から考える』(単著,北海道大学出版会,2021年)

『入門・社会調査法［第4版］』(編著,法律文化社,2021年)

Ⅱ-4　Ⅲ-1　Ⅻ-8

本書を読んで,高等教育の拡大がもたらした光と影の双方を冷静に考えられるようになれば嬉しいです。

福留東土(ふくどめ・ひでと／1971年生まれ)

東京大学大学院教育学研究科教授

『教養教育の日米比較研究』(編著,広島大学高等教育研究開発センター高等教育研究叢書158,2021年)

『カリフォルニア大学バークレー校の経営と教育』(編著,広島大学高等教育研究開発センター高等教育研究叢書149,2019年)

Ⅴ-7　Ⅵ-2　Ⅶ-2

本書を通して大学と高等教育が持つ多様な側面をぜひ味わって下さい。

執筆者紹介（氏名／よみがな／現職／業績／執筆担当／高等教育論について学ぶ読者へのメッセージ）　　＊は編著者

藤墳智一（ふじつか・ともかず／1962年生まれ）
宮崎大学教育・学生支援センター准教授
「主体的に学ぶ次世代エンジニアの育成」（『工学教育』67巻6号，2019年）
「自己決定学習を促すカリキュラムの特性──『工学教育』の内容分析からの考察」（『工学教育』67巻5号，2019年）
Ⅳ-4　Ⅳ-8　Ⅳ-10
社会から求められる高等教育の機能には両立の難しいものが多く，それは思考力を鍛える格好の題材となります。

藤村正司（ふじむら・まさし／1956年生まれ）
広島大学名誉教授
『マイヤー教育社会学の研究』（単著，風間書房，1995年）
『データから読む高等教育の構造──日本型システムの行方』（単著，玉川大学出版部，2022年）
Ⅴ-2
大学教員は，教師と研究者の二つの「貌」を持っています。皆さんからみてどのように見えるでしょうか。

朴澤泰男（ほうざわ・やすお／1976年生まれ）
国立教育政策研究所高等教育研究部総括研究官
『高等教育機会の地域格差──地方における高校生の大学進学行動』（単著，東信堂，2016年）
『教育社会学事典』（共著，丸善出版，2018年）
Ⅱ-5　Ⅻ-9
「あなたの大学」の常識を捉え直すには高等教育の基礎概念の理解や，他の国・時代との比較が有益でしょう。

松下晴彦（まつした・はるひこ／1957年生まれ）
名古屋大学大学院教育発達科学研究科教授
『〈表象〉としての言語と知識』（単著，風間書房，1999年）
『民主主義と教育の再創造』（共著，勁草書房，2020年）
Ⅻ-7
大学の仕組みのルーツを探ると意外な歴史が見えてきます。文化と歴史の変遷の中で理解を深めましょう。

宮田由紀夫（みやた・ゆきお／1960年生まれ）
関西学院大学国際学部教授
『アメリカの産学連携と学問的誠実性』（単著，玉川大学出版部，2013年）
『暴走するアメリカ大学スポーツの経済学』（単著，東信堂，2016年）
Ⅻ-4　Ⅻ-5
アメリカの高等教育の制度は，なぜそれができたのかを歴史的に検討してから導入することが大切です。

村澤昌崇（むらさわ・まさたか／1968年生まれ）
広島大学高等教育研究開発センター・副センター長／准教授
『大学と国家──制度と政策』（編著，玉川大学出版部，2010年）
「計量分析の新展開」（共著，『高等教育研究』20巻，2017年）
Ⅲ-5　Ⅴ-3　Ⅶ-6　Ⅶ-8
空虚なキーワードに踊らされた大学改革の横行を，この書を読んだ皆さんによって止めてほしい！

両角亜希子（もろずみ・あきこ／1973年生まれ）
東京大学大学院教育学研究科准教授
『日本の大学経営──自律的・協働的改革をめざして』（単著，東信堂，2020年）
『学長リーダーシップの条件』（編著，東信堂，2019年）
Ⅶ-7　Ⅺ-3　Ⅺ-4
皆さんにとって身近な組織である大学について学ぶことで，大学生活を見つめ直す機会になるとうれしいです。

米澤彰純（よねざわ・あきよし／1965年生まれ）
東北大学国際戦略室副室長教授，総長特別補佐（国際戦略担当）
Japanese Education in a Global Age : Sociological Reflections and Future Directions.（共編著，Springer, 2018）
Emerging International Dimensions in East Asian Higher Education.（共編著，Springer, 2014）
Ⅹ-1　Ⅹ-4　Ⅹ-5
高等教育は，国際性と多様性に富んだ分野です。先入観を捨てて，自由な知的冒険に出かけましょう。

吉川裕美子（よしかわ・ゆみこ／1964年生まれ）
独立行政法人大学改革支援・学位授与機構研究開発部教授
『ドイツ資格社会における教育と職業』（単著，教育開発研究所，1999年）
「ドイツの高等教育における職業教育と学位」（『高等教育における職業教育と学位』大学改革支援・学位授与機構研究報告第2号，2016年）
Ⅸ-4　Ⅹ-3
世界の大学が直面している課題には，多くの類似点がみとめられます。ぜひ比較の視点を身につけてください。

やわらかアカデミズム・〈わかる〉シリーズ

よくわかる高等教育論

| 2021年4月30日　初版第1刷発行 | 〈検印省略〉 |
| 2023年3月10日　初版第2刷発行 | |

定価はカバーに
表示しています

編著者	橋　本　鉱　市
	阿 曽 沼　明　裕
発行者	杉　田　啓　三
印刷者	江　戸　孝　典

発行所　株式会社　ミネルヴァ書房

607-8494 京都市山科区日ノ岡堤谷町1
電話代表 (075) 581 - 5191
振替口座 01020 - 0 - 8076

© 橋本・阿曽沼ほか，2021　　　　共同印刷工業・新生製本

ISBN978-4-623-09113-3

Printed in Japan

やわらかアカデミズム・〈わかる〉シリーズ

ミネルヴァ書房

https://www.minervashobo.co.jp/